樱雪丸高清
日本史 8

江户时代
幕末血风

樱雪丸 —— 著

重庆出版集团 重庆出版社

图书在版编目（CIP）数据

江户时代. 幕末血风 / 樱雪丸著. -- 重庆 ：重庆
出版社, 2022.1
　（樱雪丸高清日本史 ；8）
　ISBN 978-7-229-15921-4

　Ⅰ. ①江… Ⅱ. ①樱… Ⅲ. ①日本—中世纪史—江户
时代—通俗读物 Ⅳ. ①K313.360.9

中国版本图书馆CIP数据核字(2021)第129806号

江户时代：幕末血风
JIANGHU SHIDAI: MUMO XUEFENG
樱雪丸　著

丛书策划：李　子　李　梅
责任编辑：李　子
责任校对：杨　婧
装帧设计：九一设计

　　重庆出版集团
　　重庆出版社　出版

重庆市南岸区南滨路 162 号 1 幢　邮政编码：400061　http://www.cqph.com
重庆升光电力印务有限公司印刷
重庆出版集团图书发行有限公司发行
E-MAIL:fxchu@cqph.com　邮购电话：023-61520646
全国新华书店经销

开本：890 mm×1240 mm　1/32　印张：12　字数：360 千
2022 年 1 月第 1 版　2022 年 1 月第 1 次印刷
ISBN 978-7-229-15921-4
定价：65.00 元

如有印装质量问题，请向本集团图书发行有限公司调换：023-61520678

版权所有　侵权必究

CONTENTS

目次

第一章
黑船来航
001

第二章
日本开国
017

第三章
安政大狱
032

第四章
樱田门外
053

第五章
和宫下嫁
062

第六章
畅夫的奇妙旅行
081

第七章
天诛攘夷
089

第八章
近藤与土方
111

第九章
攘夷战争
136

第十章
芹泽鸭
154

第十一章
血战池田屋
181

第十二章
禁门之变
197

第十三章
鬼副长
214

第十四章
西乡隆盛
226

第十五章
血色的浪漫
237

第十六章
南浜之龙
253

第十七章
四境战争
280

第十八章
德川庆喜
295

第十九章
《船中八策》
309

第二十章
大政奉还
327

第二十一章
决战伏见鸟羽
344

第一章 黑船来航

"武士的国度！"

曾几何时，每当日本人说起自己国家的时候，都会如此称呼。言语间，透露着一股无法掩饰的自豪。

不过这一切在距今一百六十多年前的一天被改变了。

那是和历嘉永六年（1853 年）六月三日的下午。

这一天，江户湾的海面如往日般平静，天上的太阳照射在波动的水上，泛出点点碎金色的光芒。

海岸边三五成群地聚集了不少江户（今东京都）市民，他们或晒太阳，或观海听涛，一片其乐融融的祥和派头。

猛然间，看海的那些人忽地就乱了起来，三三两两地一边指着海面一边互相询问道："看，什么东西过来了？！"

紧接着晒太阳的那些人也围了过来并迅速加入讨论："这是啥呀？黑乎乎地就这么过来了，是船吧？"

"你傻啊，怎么会有船往这里开？"

"你等等，好像还挺多，一……二……三……四，四个！"

"都浮在海面上啦，应该是船吧。"

"船，是船！"

"好大的船啊！"

不错，来者正是船。确切地说，是蒸汽军舰，总共四艘，由时年

001

58 岁的佩里提督率领，自大洋彼岸的美利坚合众国航行而来。

因为这四艘船清一色通体漆黑，所以围观的老百姓们当下就给它们起了个名字——黑船。同时又开始议论纷纷，猜测着这些不速之客到访的由头。

但扯了半天仍不得要领，谁也捉摸不透，好端端的江户湾，怎么就会凭空冒出这四艘黑船来？而这四艘黑船到底从哪儿来，上面都有些什么人，同样无人知道。

当然，收获还是有的，毕竟看了那么一场大热闹，这对于将"烟花、火灾、打闹"奉为人生三宝的江户人而言，简直是上好的享受，今晚回家又能多吃两碗饭了。

然而，同样是这四艘黑船的到来，在江户城内却上演了截然不同的一幕。

"大人，不好了！在浦贺水道出现了四艘外国船！"

"是嘛……终于来了啊。"

"他们已经越过打沉线了！大人，我们如何是好？"

"无妨，召集其他老中，先开个会吧！"

那个惊慌失措前来报告的，不是什么重要人物，可以忽略不计。而那个淡定应答的则是德川幕府的首席老中——阿部正弘。

说到这里，先科普几个名词：幕府、老中和打沉线。

所谓幕府，是当时日本的统治机构，系军人干政的产物，也就是类似于今天的军政府。

而日本的军人，在那个年头有一个专门的名称，叫做武士。

幕府的首脑称为征夷大将军，简称幕府将军或将军，总部设在江户，因此也叫江户幕府。同时因为将军姓德川，亦被称作德川幕府，而由德川家将军治世的时代，则称为德川时代或江户时代。

将军底下有各类官员帮忙干活，其中实权最大的叫老中。老中通常由幕府的直属家臣也就是所谓的旗本来担任，主要替将军处理全国

002

的政务，一般设 4 到 5 人，每月轮番处理不同的事儿，其中设首席一名。

换成中国的话，也就类似于明朝的内阁，清朝的军机处。

至于打沉线，则和德川幕府的一条基本国策——锁国令有关。

截至嘉永六年（1853 年），日本已经度过了两百余年的闭关锁国岁月。究其锁国的原因，还要从宽永十四年（1637 年）的岛原之乱说起。

那是一场爆发在九州的农民暴乱，虽说规模并不算太大，但江户方面还是费了老大的力气才将其彻底摆平。摆平过程中甚至还请来了荷兰人帮忙从海上放炮来对起兵者的根据地岛原城（岛原半岛）进行轰击。

日本人是一个善于总结经验的民族，暴乱过后，他们对此次参与人员的身份查了三代，最终发现，这群人基本上都是天主教徒。

同时，在众天主教徒的背后，还有一双更可怕的黑手在幕后操纵，那便是以罗马教廷为首的西洋各国势力。他们企图通过这种方式来推翻幕府的统治，再将天主教完全输入日本，从而将列岛改造成自己所期望的那样。

天主教和洋枪洋炮（日本把洋枪叫铁炮，大炮叫大筒）一样，是舶来品，但是后者是给人用的武器，而前者则很有可能成为破坏日本原有社会宗教秩序的洪水猛兽。在这个问题上，幕府再一次运用了拿来主义，留下铁炮，取缔天主教。

而为了更有效地杜绝天主教在国内的蔓延，幕府干脆连外国人一起给取缔了，这便是那道著名锁国令的由来。

锁国期间，一切外国船只禁止进入日本境内，一切日本船只没上头的批条儿禁止走出日本境内，违者一律坐牢或是杀头。唯独两个国家可以在长崎搞一些贸易往来，一个是被日本多年来视为兄长的中国；另一个就是非常义气地出手帮助日本镇压岛原之乱而且并不信奉天主旧教的荷兰。

同时，幕府在各港口海面画线，明令"异国船擅入此线，本国船

003

擅出此线者，一律开炮打到沉"，简称打沉线。

说实话，自锁国以来，日本的大炮铁眼无情，只认线不认船，确实打沉了不少擅闯者。

现在，美国人越线了。

但这次阿部正弘却并不准备将其打沉，只是下令负责海岸炮台的部队严加看守，密切观察。

不是不想打，而是不敢打。

因为在距这四艘黑船到来的十多年前，发生了一件让很多日本人从此不再敢蔑视和轻易排斥外国人的事情。

那便是爆发于公元 1840 年的鸦片战争。

数千年来，一直被日本当作恩师和兄长的中国，被英国人用军舰大炮给轰开了国门，当权的清政府被迫和英国缔结了《南京条约》，虽然当时大清国内仍是一片醉生梦死不问国是的景象，但也已然惊醒了一些人，开始睁眼看起了这个世界。其中有个叫魏源的，还写了一本介绍世界各国情况的《海国图志》。不过这本书在国内完全没市场，出版印刷的书商们纷纷亏本，其中还有一两家因为印得太多，卖得太少而走向破产。

反倒是在一海之隔的日本，这本书卖得脱了销，一连再版了十几次，读者甚众。书中的一些地理名词，至今仍被日本沿用。比如把美国叫做米国，德国叫做独国等等。

《海国图志》给当时日本带来的冲击不可谓不大，锁国 200 多年来，大家第一次明白这个世界原来那么辽阔，有那么多国家以及日本根本就还是一个很弱的国家。

阿部正弘看过《海国图志》，他也知道美国人来者不善，因此并未下令对四艘黑船有所举动，但同时他骨子里终究还是个遵守祖法的幕府武士，故而也不打算和美国人有什么进一步接触。

于是，这天一众高官开会得出了一个不太像话的结论：姑且不管，

004

继续观察。

话分两边说，这美国人并非是第一次来日本。

早在嘉永五年（1852年）的3月，还是这位佩里提督，带着8艘军舰浩浩荡荡地来到了长崎，要求会见长崎奉行，并提出五点要求：

1. 要求和日本通商；

2. 在长崎和美国人做生意；

3. 签署通商条约；

4. 要求日本开国；

5. 如果不同意，那就即刻开战。

按理说，在19世纪，面对封闭的国家，上门前来要求开国门互通有无也并非是什么新鲜事，提一点签条约做生意的要求其实很正常，实在没必要这么"如若不从将刀兵相见"地要流氓玩恐吓。

这主要是因为美国人很急。至于为什么很急，我们放到后面说。

江户时代的长崎由幕府直辖，幕府设长崎奉行用于处理当地各种事务。面对美国人的到来，长崎奉行非常客气地为他们补满了给养，还请这些人好吃好喝了几顿，然后很淡定地表示，你们走错门了。

他告诉这些来自远方的客人：虽说现在全日本就长崎一处对外开放，可长崎本身并非国家的政治中心，像你们这种国与国的外交事务，不归长崎奉行管，你们应该去江户，那里才是说了算的地方。

不过，江户管着全日本，您要去，最好先提前告知一下，以便大家做个准备。

要说佩里提督其实也不是蛮不讲理的人，听完之后当下就表示，那我明年春夏之际前去江户拜访，您看如何？

长崎奉行连连点头，说若真如此，那真是极好的。

就这样，美国人被送走了。长崎方面不敢怠慢，连夜就写了报告派人送去江户。

这也就是阿部正弘在听说黑船来了之后会一副意料之中的表情，

还来一句"终于来了"的原因。

事实上从佩里第一次离开到再一次到来这一年左右的时间里，阿部正弘考虑过很多应对的方法，其中最著名的莫过于炮台论。

简单来说就是在日本沿海各处修炮台，很多很多的炮台，用炮台把日本给保卫起来，这样就不怕军舰了。

多到什么程度？用阿部老中自己的话来讲，就是"绕全日本一圈，无论萨摩（今鹿儿岛县）还是长州（今山口县），只要沿海的地方，都造上炮台"。

这个即便放在今天也是非常浩瀚的大工程，在提出之后便立即遭到了强烈的反对，反对者是日本江户时代两百多年来为数不多的外国老朋友之一——荷兰。

反对的理由很简单。荷兰人认为，如此巨大的工程，暂且不说预算、人力，也不说各地的官员和百姓干不干，单从你阿部正弘要的那个防御效果来说，也是达不到的。毕竟炮台是死的，射程也是死的，可人家军舰是活的，人家一走你就没辙了，人家要弄了个射程够远的舰炮，那你就等着清扫炮台废墟吧。更何况，这炮台整天暴露在外，风吹日晒，难免要修修补补，可这是绕日本一圈的大工程，你交给谁去办？谁肯办？谁能办？

阿部正弘一琢磨，觉得确实有道理，于是便问荷兰朋友，那究竟该怎么办才好？

荷兰人给了两个计划供参考。

第一个是买军舰，建立海军，跟美国人英国人之类的抗衡，自己用大炮保卫自己的领海。

当然，这军舰最好要从荷兰购买，因为打得远，开得快，售后服务也有保障。

为了表示自己纯粹是出于国际人道主义，为盟友着想，避免引起日本友人以为自己在变相推销军舰的误会，荷兰人接着就说出了第二个计划——将锁国令给废了，实行开国。

阿部正弘想了想，表示锁国大业乃是祖宗大法、基本国策，五百年不能变。至于从你们荷兰买船造海军，这个倒是可以有，只不过速度太慢，这美国人明年就要来了，现在才买船似乎晚了点。

于是最终得出的结论是——再议。

所谓再议就是再研究研究、再讨论讨论、再琢磨琢磨、再考虑考虑、再商榷商榷、再……

结果还没再完，这美国人又来了。

于是便出现了本文开头的那一幕。

这次佩里前来，当然比上次更急，而且态度也较上回认真了许多，甚至还带着时任美国总统皮尔斯的亲笔信，要求和日本建立国与国的外交关系，共同谋发展求进步。

对此，以阿部正弘为首的幕府高官团的态度仍和之前一样：再议。

其实阿部正弘明白，再议也议不出什么东西来。通过一年来的了解，他很清楚日本与美国之间的实力差，也知道如果美国真要以国力要挟日本做点什么，日本不做是不行的。可是，祖宗定下的锁国令他也不想废在自己的手里，所以只能是纠结并拖延着了。

于是佩里的黑船越过打沉线后，既没被打沉，也没人来接待，只是在海面上漂来漂去，跟幽灵船似的。

一连漂了四五天，佩里明白了，自己被人晾在一边了。

6月8日，这一天是阳历的7月13日，美国人自己告诉自己是为了纪念刚刚过去的美国独立日（7月4日），决定放炮庆祝。

于是船上的一百多门大炮被拉了出来，每门平均鸣了将近几十下。

虽说是空炮，但赤裸裸的威胁不言而明——你要是再不理我们，就轰死你。

不但告诉幕府，也告诉江户的老百姓。

不出美国人的意料，这几千响过后，整个江户果然沸腾了。但是

007

跟佩里猜测的有点不同，那就是江户的老百姓不是害怕，而是兴奋。

大家很欣喜地判定，看热闹的时候又到了。

就这样，大批的江户老百姓再一次冲出了家门，涌向了海边，规模空前地对美国军舰和大炮进行了围观，更有甚者还自备游艇，来到军舰附近近距离观摩并打算跟美国人来一次亲密接触，搞得美国人自己都有点摸不着头脑了：你们……到底知道不知道情况啊？

老百姓不知道，但阿部正弘知道。他明白，不能再拖了。

数日后，阿部老中派人登上黑船，收下了国书。

国书上除了问候将军身体安康全家幸福之外，还罗列了几条要求，大致跟之前长崎的那五条差不太多，希望幕府能够答应。

幕府当然不想答应了，可眼看着人家炮弹就填在炮膛里了，你要再拒绝那可就是敬酒不吃吃罚酒了，于是只好表示目前将军重病不起，实在没办法马上给您拍板答复，而且国内的情况也是相当复杂，这种大事儿一定要听取各方面的意见，所以还请美国朋友再耐心地等上一段时间。

这是真话，当时幕府的十二代将军德川家庆确实正生着重病，都已经快要死了，压根没工夫来管你黑船白船；再加上事关国家外交，也的确不能跟菜市场买猪肉似的搞一刀子买卖，所以美国人很理解地表示，既然你们收下了国书，也算是展现了足够的诚意，我们也就先回国去静候佳音吧。

不过同时也放了狠话，声称如果敢忽悠人拖时间，那我大美利坚船上的大炮，可不是摆着看的。

望着远去的四艘军舰，阿部正弘长长地舒了一口气。

但立刻，他就又开始紧张起来。

他知道，要是这一回幕府依然拿不出像样的对策来，保不齐美国人真的会像英国对中国那样对待日本，到了那个时候，事情可就真的糟糕了。

而这对策，说起来也很简单，无非就是二选一：是接受美国人的条件，还是将其拒之门外？是开国，还是接着锁国？

事关重大，即便贵为首席老中，阿部正弘亦不敢擅专。他将幕府中说话够点分量的大小官员全都召集了起来，一起开了个会，讨论到底该怎么办。

讨论现场相当和谐，因为基本上所有的与会幕臣都是锁国派，坚持祖宗大法不可变，美国人要敢来就让他尝尝咱武士钢刀的厉害。

不是他们认不清现实，而是关乎政治正确。

在大多数幕臣看来，日本和美国一战到底孰胜孰负尚且是个未知数，但如果现在在这会场里高呼废了锁国令这条祖制，那很有可能会被其他人认为是数典忘祖，轻则被穿小鞋遭鄙视，重则搞不好当场就能被当卖国贼给拖出去处理了。所以为了确保政治正确，很多人都违心地表示，要战就战吧，谁怕谁啊。

但到底还是有坚持真理的，就在大伙群情激愤要和美利坚宣战时，一个坚定而又阴沉的声音响了起来："开战之事，万万不可行。""如果幕府现在和米利坚开战，那么必然会遭受惨败。"

说话者，名叫井伊直弼。

井伊直弼，彦根藩藩主，当年东照大权现德川家康麾下四天王之一井伊直政的子孙。

他针对美国人的到来提出了八字方针："随机应变，积极交流。"

这话说得在理，让很多与会者都默默地在心中点了个赞，但却不敢说出来。

果不其然，井伊直弼的八字方针引起了更多与会者的不满。他们纷纷指责直弼是国贼。井伊直弼当然也不是善茬儿，兵来将挡地一一驳斥回击，历陈开战之愚昧，交流之利处，认为日本应该顺应当今世界潮流，充分融入国际社会。

于是两派当场就开始撕了起来，眼看着再吵下去就要动手了，阿部正弘很是时候地站了出来，表示吾有一言，请诸君静听。

"此次黑船来航，已然绝非我幕府一家之事，更何况此处彼此商议无断。依吾辈愚见，当广开言路，听取天下意见。"

这人的意思简单来讲就是想搞一次大民主，听取大家的意见。

这里的大家，除了没来参加当天会议的幕府高级官僚外，还有大名和公家，甚至包括了一些江户市民。

在由黑泽明导演的著名电影《七武士》中，曾经出现过一面旗子，上面画着六个圈圈一个三角，以及一个"た"字假名。

这是一个被誉为传世经典的画面，六个圈圈代表着片中的六个武士，一个三角代表既是武士又是农民的菊千代，而那个位于所有图案最下方的"た"字，则代表着大地，或者说是农田。

黑泽明想表达的意思很明确——武士，或者说整个武士阶级，都是建立在土地的基础上的。

正是如此。

话说在天平十五年（743年），为了改变当时日本贫穷，粮食产量低下，土地无法被全面开垦的悲惨局面，圣武天皇特地颁布了一部名为《垦田永年私财法》的法律。

这部法律文如其名，就是无论何人，只要去开垦了土地，那么除去每年按照一定比例上交给国家的公粮之外，剩下的无论是粮食也好土地也罢，都将永远是此人的私有财产。

而这些开发者，也有一个法定的名称，叫开发领主，简称领主。

那些田，也是有专门的称谓的，叫做名田，即有名字的田，换言之就是私人的田。所以领主们有时候也会被叫做名主。

再后来，有的领主因为名下的田地很多，地盘很大，于是便被人叫做大名。

而给大名看家护院的，叫"侍"，也就是传说中的武士。

说白了大名就是一方诸侯，武士就是他们的家臣。

010

家臣混得好，也能混成大名；大名混得差了，同样得沦落到当家臣，这两者其实是共通的。

再说诸侯这种职业，听起来是很牛，不管地盘大小，再怎么样也是说一不二的一方豪强，更何况日本大名的家业从来都不小，尽管比不上中国春秋战国的前辈们，可较之格林童话里欧洲那些只能堪称乡长、村长的王子王孙，那真的是不知高到哪儿去了。

只不过在江户时代，日本大名的日子有点苦。

虽说他们祖上也曾经风光过，但那也是距黑船来航三百多年前的故事了。那会儿日本尚处在一个你打我我打你的血腥乱世，史称战国时代。

在那个年代，一批批的大名靠着自己的文韬武略、机智、阴谋，如同闪耀的群星一般登上历史舞台，比如织田信长，比如武田信玄，又比如上杉谦信。德川幕府的开创者德川家康其实也是大名出身，最后越混越厉害，坐大了，统一了，搞了个幕府做上了将军而已。

不过日本所谓的统一，着实是相当不彻底。尽管顶头有个幕府，但下面依然是由各大名自行分封管理，属于标准的封建社会。

而将军真正能管得着的，不过也就是整个日本的五分之一罢了，这五分之一的领地，叫做天领。

光凭这20%的领地和一个幕府将军的头衔是不足以统治整个日本的，这点江户时代的开创者德川家康非常清楚。为了不让战国乱世重演，他在幕府成立之初，便制定了三个大体方针用以治国，分别是法律、时间和金钱。

法律，就是通过制定律法规矩来约束各路大名。一部《武家诸法度》，苛严而又细致地从衣食住行、婚丧嫁娶等各方面规定了大名们该做什么和不该做什么。但凡有违法乱纪的，一律照章办事，或削减领地，或剥夺家业，或……拖出去勒令切腹。那年头为了一口吃的而被砍掉一半领地的大名都大有人在。

011

时间，就是来回折腾各路诸侯，浪费他们的时间。为了贯彻这一点，德川幕府开创了即便是世界范围都相当罕见的一种制度——参勤交代。

简单来讲，就是当时全日本的大约三百诸侯，原则上每年每人都必须在规定的时间从自己的领地出发来到江户，帮助将军处理一些政务工作，这叫参勤；工作完之后，你还得在规定的时间原路返回自己的领国，准备明年再来一次，此谓交代。

此外，为了让大家在造反的时候能有一种投鼠忌器的感觉，各大名的老婆孩子照例都是要留在江户做人质的，而且这一留通常就是一辈子，尤其是世子，不等到老爹撒手人寰，基本是很难再回老家了。

当然，这世界上毕竟还是有这样一类人，他们视法律为粪土，将家人当做累赘，老婆死了可以再娶，儿子没了能再生，总之就是要造反。

对于这样的变态，德川家康也早就做好了预防对策，那就是金钱。

自然，不是出钱跟大名们搞好关系，而是让大名们拼命花钱，将收入甚至是家底花得干干净净，穷得造不起反。

这并非说笑。让大名烧钱，历来是德川幕府的基本国策。而这项国策分为两部分。第一个部分叫做"支援幕府建设"，幕府要造城了，你给钱；幕府要修理河道了，你给钱；幕府要赈灾了，你给钱；将军要出去打猎泡妞，觉得手头紧了，还是你给钱。给得少了，给得慢了，给的时候脸色不好看态度不端正了，一律依法严惩。

第二部分其实就是大名们在江户参勤交代时候的生活费。千万不要小看这笔钱，这钱的数目其实比为幕府修路造桥更厉害。要知道，大名并不是来江户看一看将军，批几个文件就能拍拍屁股回家的。一年里他们有几乎一半的时间是留在江户的；而且，大名毕竟是大名，是有身份的人，所以不可能孤身一人来出差。手下保镖的、打杂的、辅佐的，搞不好还有几个小老婆，这些人都得吃饭都得花钱。事实上，大名在江户逗留时所花费的金钱，基本上是自己领国年收入的40% ~ 60%。

这么一折腾，别说造反，很多大名不靠举债度日都已经算祖宗保佑了。

总之，在江户时代，诸大名整天过的就是兢兢业业工作，谨慎细微度日的日子，生怕哪一天自己干错了什么，说错了什么，甚至是吃错了什么穿错了什么，都会换来平地一声惊雷，被剥夺家业，甚至是身首异处。

说完了大名来说公家。

公家也叫公卿，就是宫廷贵族。他们的名字辨识度比较高，一般古代日本叫藤原某某、一条某某、近卫某某的，多是公卿出身。

日本自源赖朝创建镰仓幕府，进入武士时代之后，便成为了一个二元政治的国度。统治阶级分为两派，一派叫朝廷，以天皇为首；另一派叫幕府，尊将军为大。

将军的小弟叫武士，这个你已经知道了。天皇下面的，便是公家了。

当然，名义上大家都是天皇的臣民。

这群人虽然美其名曰贵族，但其实并不怎么对得起这个称号。他们从小就娇生惯养、好逸恶劳，除了一部分人好歹还读读书练练字啥的，其余的基本都只会靠着一张家谱在朝廷混饭，在武士势力还没有完全崛起的时候，倒也做了好几百年的大爷，可当武士们纷纷拿着真刀真枪来到他们面前争地盘抢财产的时候，他们就彻底没辙了。

战国时代，是公家们受苦受难的时代，尽管他们拥有着正三位、正二位的高官头衔，却也依然过着饥一顿饱一顿的悲惨生活，不得不靠变卖家中财产过日子，再惨一点的则只能卖孩子——将女儿下嫁给那些曾经让他们一度看不上眼的武士来换取一些彩礼钱。

一个国家的贵族阶级普遍过上这种日子，放眼全世界也就日本了。

好在后来和平了，解放了，德川家康考虑到让这些个人继续苦巴巴地过日子实在有些不合适，于是给了他们一些地产。打那时候起，公家才算是重新走上了温饱小康的道路。

当然，也就是温饱小康而已。如果谁要想再在吃饱喝足后多干点别的，比如参政议政啊，针砭时弊啊，那就真对不起你了，接着回家卖女儿吧。

虽然考虑到众公家们本身实力与能力有限，不太可能掀起什么大风大浪，但小心驶得万年船的德川家康仍是制定了一部《禁中公家诸法度》，来限制他们的行事。

这是一部醉翁之意不在酒的法律，表面上说的是公家，其实真正针对的是天皇。

天皇是日本自古以来的国家象征以及统治者，不过，在更多的时候，这统治者三个字前，还得加上"名誉"二字。

他们除了自古以来被奉为真龙天子，号称是神不是人之外，也没啥神通，所以，在讲究实在本事的战国时代，日子一样不好过，据说过年的时候，连年糕都吃不上。

实在是不知道该怎么评价这种事儿。

要说不幸，做皇帝做得那么穷确实够不幸的。

可反过来，过得那么穷居然还能接着当皇帝，也是真够幸运的。

德川家康搞定日本后，给了天皇以及全体公家总共10万石的领地，供他们吃喝住用，于是，这哥们儿总算也能在过年的时候吃上几块年糕了。

石，日本古代重量单位。一石粮食一般有180千克左右，差不多够一个成年人吃一年。

所谓10万石领地，指的是这片领地的年度总产值为10万石粮食，或许风调雨顺成了12万，也可能因大灾大难变成了8万，总的就是这些，那些所谓的百万石大名也是这个意思。

说白了就是GDP嘛。

10万石，放在大名中间，充其量也就算个中产，而且这10万石领地里，其中的7万属于广大的公家同志。真正给天皇的只有3万，这简直就是小资产阶级了。要是江户时代日本闹起无产阶级革命，那天皇妥妥的就是被团结对象。

更要命的是，这小资还不能白做，得听话。

在总数为17条的《禁中公家诸法度》里，第一条就明文规定，天皇的职责绝对不是什么勤理政务让人民幸福之类的，而是研究学问，搞那些鬼都看不懂的高深莫测的学问，比如钻研钻研假名有几种写法啊、和歌有几种念法啊以及日本八百万诸神背后有什么故事之类。

反正就是请天皇您消磨时间也好浪费生命也罢，但凡过年您还想再吃年糕的话，就别关心政治。

而公家的职责，是帮助天皇一起研究学问，说白了，就是大家齐心协力，一起混吃等死盼天黑。

总而言之一句话，在德川幕府的统治下，绝大多数的大名和公卿，基本上都是无缘中央政治的人。

现在好了，这规矩被打破了，还是被幕府的首席老中给打破的。

当然阿部正弘也是一片好心，他很清楚这次不比从前了，整个日本面临着两千年来未有之变局。若是再靠幕府一家之言来定夺乾坤，恐怕是不妥，更何况将来如果因此搞出什么偏差，后果不堪设想。

抱着这样的想法，他搞了一次史无前例的大民主，要求听取诸侯和公卿的意见，以便做出下一步对策。

消息传出，全日本都震惊了。

向来独断专行的幕府居然会书面行文要大名们给出自己的意见，这简直是太阳从西边出来了的感觉。相较之下，黑船来航都已经不算什么大事了。

震惊过后，是群情激奋。三百年一遇的参政议政机会，不用白不用啊。

于是一个月不到，各藩的意见书就跟雪花一般被呈送了上来——藩，就是大名领国的通称，也叫藩国。

面对大家的积极参与，阿部正弘却并不怎么高兴，因为他发现事情和想象中的不一样。

根据阿部大人的预计，三百来个大名一百多个公卿，怎么着也能想出一两个与众不同的好办法，可结果是这四百多种意见竟然被非常均匀地分成了三种，除了庙堂之上已如水火的开国、锁国之外，还多出了一种新想法——攘夷。

所谓攘夷，简单来讲就是让外国人都去死——无所谓锁国开国，反正只要在日本境内看到外国人，要么打残了赶出去，要么打死了丢出去。

显然，这里的外国人并不包括中国人和荷兰人。

比较要命的是，攘夷一词语源《春秋》，所谓"尊勤君王，攘斥外夷"。对于历来信奉中华儒学正统的日本人而言，支持攘夷，无疑也是一种政治正确。于是原本的双方对立变成了三方大战，场面愈加混乱了。

而比权贵们更激动的，是老百姓。

绝大多数日本群众都是锁国派和攘夷派，他们抱着非吾族类其心必异的想法，认定洋鬼子没一个好东西；同时，对于幕府非但迟迟不攘夷反而还和洋鬼子接触，大家都表示很不爽。此外，就阿部正弘打破常规问政地方一事，老百姓们也表现出了担忧和怀疑。

他们非常淳朴地认为，一向独裁的幕府，若不是到了山穷水尽的地步，怎可能会找诸侯们商量事情？

关于这一点，其实诸侯们也是这么想的。

虽说山穷水尽是肯定不至于，但在诸大名看来，德川幕府的威信，已是大不如从前了。平心而论，比起专制独裁，民主固然是好的，然而很多时候，好的未必就是对的。

016

第二章 日本开国

嘉永七年（1854年）正月，全日本刚刚过完了一个人心攒动的新年，美国人又来了。他们自称是来吊丧的。

话说上一年的6月末，也就是佩里回去后没几天，幕府的十二代将军德川家庆因中暑引发心脏衰竭而与世长辞，享年60岁。

继承者是德川家定，我们等下会说。

一国元首离世外国友人前来表达哀思，这很正常，可哪有隔了半年才来的？

所以阿部正弘当即就做出判断：来者不善。

但不管怎么说，两国外交，面子工程很重要。

这一点美国人做得很到位，他们打听到日本人喜欢鲷鱼，特地在来之前捕捉了大量的海鲷作为礼物，给幕府的大小官员们人手一份。而幕府方面也礼尚往来不敢怠慢，张罗着要请美国人吃饭。

这是有史以来美国人第一次去日本赴国宴。

宴会的地点设在横滨，由江户名家浮世小路百川担任主厨，用当时日本最高级别的材料做了三百人份的料理，然后把船上的美国人全部请来撮了一顿，从船长佩里到给蒸汽机烧火的力巴一个都没落下，共计花去黄金2000两，折合日元1亿5000万。

但美国人却并不满意：首先，没有肉。其次，太淡。

就连佩里一度都认为，日本人是故意在作弄自己，才拿这种清汤寡水不见油腥的东西来糊弄人。

"阁下，这确实是我国最高水准的料理了。"

正在佩里对着食而无味的盘中餐吐槽不已时，坐在他身边的人开口说道。

"山姆，你们国家的上流社会就吃这个？"

"日本料理向来讲究清淡无味，而且我国信奉佛教，没有吃肉的传统。"

佩里若有所思地点了点头，鼓起勇气将一块生鱼片放入嘴中。

而在场的幕府官员都惊呆了。因为这个叫山姆的人虽然说着一口流利的英语，可从相貌打扮上来看，分明是个日本人啊。

一问，还真是。

他叫仙太郎。

当年的日本把人分四等，即士农工商。除了武士和公家所在的士族阶级外，其余的三类人基本都是没姓的，仙太郎亦是如此。

此人生于天保元年（1831 年）的濑户内海生口岛。自幼行走海滨，水性娴熟，19 岁的时候受雇于运输船荣力丸，担任伙夫。

结果这饭烧了还不到一年就出事了，在一次航行中，荣力丸遇见了百年不遇的大风暴，几天几夜都陷在狂风暴雨中不能自拔。万幸的是老天开眼船没有沉。只不过当风平浪静之后，大家趴在船舱往外看时，只有一片茫茫大海，根本不知自己身在何处。

一连漂了 52 天，被一艘路过的美国船救起，所幸船上 19 人全部活了下来，只是精神已经濒临崩溃。

尤其是船员们听说自己当前所处的位置已是南洋海面，更是吓得瑟瑟发抖，因为根据日本的锁国政策，不管是谁，擅自跑出国境都是重罪，要杀头的。

考虑到人命关天，外加 19 个船员的拼命恳求，美国人抱着人道主义精神将这些日本人全都留在了自己的船上，然后带往美国。

018

一行人在旧金山登了陆。

他们开始了自己此生连做梦都没有梦见过的新生活。

美国，是一个拥有着无限可能的国家——虽说是自称，但从某些角度来看，倒也未必是吹牛。

荣力丸上那 19 个人，包括船长万藏在内，都是那种连姓都不允许有的下等苦力，可偏偏就是这样的一群人到了美国之后，不仅改变了自己的命运，甚至都开始改变自己祖国的命运了。

比如年纪最小的那个彦太郎，当时只有 14 岁，不认字也就罢了，连货都扛不动，只能给大家烧烧开水混口饭，日本话叫茶头。

你是不是觉得这样的孩子就算到了美国，将来最多也只能开个面包店或者做做日美代购啥的或是当个小老板？

你错了。

这孩子就是后来连续三次受过美国总统接见，创办了日本第一份报纸《海外新闻》，被誉为"日本新闻界之父"的浜田彦藏。

而仙太郎，则选择了成为美国历史上第一位日裔军人——1853 年他加入了美国海军。顶头上司正是佩里。

当时的美国正急着想跟日本搭上外交关系——虽然明面上是要和日本展开贸易，但其实醉翁之意不在酒，美国人找上日本人的主要原因是想给他们满世界乘风破浪的捕鲸船找一个补给落脚的点。

而已经充分见识过美国何等强大的仙太郎，认为日本如果一直锁国下去的话，总有一天会完蛋，所以决心帮助佩里促成日本开国。从黑船来航伊始，他便是美方的日语翻译。

话再说回宴会。吃饱喝足，老美旧事重提——请日本打开国门，和自己做生意，帮捕鲸船做补给。

日本人的回答当然是"不行"。

美国人不高兴了，说你们饭菜那么难吃也就算了，还不给面子，是不是想做大清二号啊？

019

阿部正弘听了就有点慌，表示要不让我们再商量商量。

仙太郎也帮腔说："事关重大，一定要民主讨论，这是我们日本人的传统。"

佩里点点头说："应该的，你们尽管商量，我们就在海面上等你们。对了，俗话说来而不往非礼也，过两天要不你们也来船上吃个便饭？"

就这样，以阿部正弘、井伊直弼为首的幕府高级官员，第二天在黑船上享受了一次非常正宗的法国大餐，很多人觉得，比日本料理好吃多了。

吃完喝完，回家开会，讨论到底要不要开国。

这次会议比上一次要来得温顺多了，因为美国人已经兵临城下而且摆明了是开也得开，不开，打了也得开的架势，所以很多锁国派都选择了沉默。而井伊直弼等开国派则继续历陈开国的八大好处，形势一下子就发生了明显的变化。

最终阿部正弘拍板决定："开吧。"

有人问，要不要跟将军商量一下？听听他的意见？

全员否决。

十三代将军德川家定，被认为是整个德川时代十五位将军中最差劲的一个。用幕末四贤侯之一松平春岳的话来讲，就是"凡庸之辈中亦数最下等之人"。

除了智商低下之外，家定的健康状况也很不乐观，同时精神方面似乎也有点问题，简单来讲就是废人一个。若不是德川家庆所有儿子里能活到成年的只有这一位，这将军的位置是怎么算也轮不到他的。

这种人，你找他商量明天晚饭吃什么都等于在自寻烦恼，更何况国家大事。

当年3月3日，日美双方在今天的神奈川县横滨市缔结了总条数为12条的《日美亲和条约》，也称《神奈川条约》，随后，又在5月25日，对条约进行了最后的删改修正，最终确定了总数为13条的《下

020

田条约》。

条约中规定，日本开放下田港（静冈县内）和函馆港（北海道内）给美国，用于做生意、停靠补给等事务，并且在两地建立领事馆和美国人居住区。此外，美国人可以在日本的规定区域内自由活动不受限制，还能打猎。条约中还规定了，美国享受和日本单方面的贸易最惠国待遇等事项。

话说条约签订期间，美国的军舰就一直这么停在江户湾。

一天晚上，一艘小船慢慢地靠近其中一艘军舰。由于夜深，所以一时间也没有人注意到船以及船上的两个人。

当这条小船上的两名乘客偷偷地爬上了军舰，终于被美国士兵给发现了。

美国兵的反应自然是意料之内的，先是大喊招呼同伴，再是问来者何人。

来者是两个年轻的日本人，一个叫做吉田松阴，一个叫做金子重辅。

面对美国人的大呼小叫，吉田松阴显得异常冷静，他对大兵们说道："请不要惊慌，我们不是可疑的人。我叫吉田松阴，是长州藩的藩士，想去美国。"

但是美国人没理他，理由很简单，人家都是美国来的水手，说的都是英语，谁能明白你那日本话？

唧唧歪歪地说了一堆的松阴显然也明白过来了，他想了想，对身边的金子重辅说："有了，既然说不通，那我们就用笔谈吧！"

也算是难为了这哥俩，搞个偷渡居然身边还带着笔墨纸张。

很快，一张写了字的纸就拿在了松阴的手上，上面其实也就四个大字——吉田松阴。

美国人当然还是看不懂。

松阴一拍脑袋，又明白过来了：对了，美国人看字都是横着看的，我们日本人写字却是竖着写的，所以只要横过来，美国人就能看明白了。

021

于是，他把纸片一横，将横着书写的"吉田松阴"四个大字凑在了美国水手的面前。

已经是忍无可忍的美国人将两人给带到了船长室，交给佩里亲自发落。

佩里找来了仙太郎，仔细询问了两人的身份等情况以及此次来自己船上的目的。

两人都算是长州藩出身的武士，这次跑美国人船上的目的他们之前也说了，是想跟着一起去美国看看。

至于去美国的原因也很简单，两人都是赞成开国的，希望日本能够向列强学习。学习的话自然要去人家那里看看，就如同当年日本学中国而派出遣唐使一样。

面对这两位自封的遣美（国）使，佩里有些哭笑不得，但对他们的勇气，还是相当地赞赏的。

不过赞赏归赞赏，考虑到这次是来跟日本搞正常外交的，再帮着日本人搞偷渡实在有点说不过去，于是佩里下令，将这两人交给幕府处置。

接下来的事情就简单了，幕府直接将吉田松阴和金子重辅关入了大牢，然后跟没事儿人似的继续和美国商讨条约。

美国人签完条约就走了。可一看他们得了手，英国、法国、俄国等也毫不落后地跑来日本，争相要求签订所谓的亲善条约。

这些条约内容虽然都差不太多，而且也没有什么特别具体的条款，但意味着日本实行了200多年的闭关锁国政策，终于被打破了。

短短不过数月，幕府便接连打破了两条祖宗传下来的规矩：一是公卿和地方诸侯不得参与中央政治；二是闭关锁国。再者打破了之后，并没有产生什么好的效果，反而让事态进一步恶化——长期以来的和平稳定，也算是就此告终了。尽管还没有发生战争，但是人心已经乱作了一团。大家都不知道受着列强步步紧逼的日本，明天的出路将会

022

是什么。

所以一时间谣言四起，坊间疯传幕府要完。

而此时的幕府也看到了自己问题的所在，知道再没动静就真的要出事了，于是便先从人事做起，开始放宽原有的人才选拔的门第标准，从而使得一些有才干的下级武士得以受到重用。比如日后救江户城于炮火的胜海舟，新选组鬼副长土方岁三的启蒙导师江川英龙以及文豪三岛由纪夫的先祖永井尚志，等等。

在这些人的推动下，幕府又设立了不少以研究西洋学说为主的讲习所，而荷兰人一听到幕府要搞这些个玩意儿，又立刻跳了出来。他们鼓动幕府搞海军，并且还帮忙建起了一座海军讲习所，这个地方成了日本当时最有名也是教学质量最好的讲习所，幕府甚至还允许各藩自己选拔人才去那里学习。

虽说在还没开国那会儿，这可是怎么都不敢想的罪行，但说到底其实也是好事，所以在幕府上行之后，各藩也纷纷下效，开始引进西洋的技术，大搞军备、炼钢，甚至有的藩连军制都打算改成洋人的。

其中，以萨摩藩和佐贺藩（佐贺县）为最。

这两个藩其实自古以来就有跟外国人打交道的光荣传统，像佐贺藩这地方就在长崎边上，因此纵然是锁国体制之下，他们仍是耳濡目染地跟着荷兰人学到了很多西洋科技。早在黑船来航之前，佐贺藩就已经搞出正经的反射炉、用西洋手法开始炼铁造大炮了，甚至连蒸汽机车的模型都有；还有萨摩藩，早在战国时代他们就在种子岛进口了日本史上第一根火绳枪，当时的萨摩大名叫岛津贵久，不光和印度、琉球等国及地区上层保持着书信来往，还曾从欧洲进口过一批洋马改良自家骑兵。到了江户时代举国闭关，但萨摩人依然我行我素，通过琉球搞走私，赚了一大票。

对于这两个藩来讲，所谓开国，无非就是把以前在地下搞的那一套光明正大地转移到台面上，再变本加厉一把而已。

平心而论，日本这一次开国虽说是废了祖宗大法造成了比较恶劣的影响，但实际上这种影响也相当有限，故而没过多久一切又归于平静，和在茶馆上挂起"莫谈国事"帖子的大清国一样，日本人民也重新过起了太太平平的小日子。

然而好景不长。尽管已经顺利地把日本变为了捕鲸补给据点，但美国人并不满足于这小小的成就。他们希望日本和自己的交往能够更深入一些，幕府能再开放一些，这样能获得的利益也就会更大一些了。

于是在安政三年（1856年），美国人再度提出要求，派出首任驻日公使哈里斯照会幕府，希望日本方面和自己重新签订条约。

此时首席老中已经不是阿部正弘了，换了一个，叫堀田正睦，乃是当时幕府高层中非常罕见的真正的开国派。

与井伊直弼出于政治上考虑而开国不同，堀田正睦想要开国是因为他喜欢外国。

此人是一个兰癖者。

所谓兰癖，在当时的日本指的是喜欢西洋玩意儿的人。兰就是荷兰，西洋的学问在日本叫做兰学，对西洋的爱好叫做兰癖。具体表现如普通日本人喝清酒，他喝葡萄酒；普通日本人看太阳知道该吃饭还是该种地，他却喜欢在家里摆个自鸣钟算时间。

面对这样的一个谈判对象，哈里斯觉得胜券在握，于是便得寸进尺地提出了一个要求，说我想见一见将军大人，你给我安排一下。

堀田正睦的答复是不妥。没说原因，毕竟他不能说因为将军是傻的，我们不太想丢人。

哈里斯可能是摩羯座，特别喜欢刨根问底，很倔强地表示，美日两国好了那么久，你们连将军都不让我们见，是不是看不起我们啊？

话说到这份儿上堀田正睦也没辙了，说得嘞，那就见吧。

消息传进江户城，德川家定一听就来劲了："见见见，当然见，我长那么大还没见过洋人呢。"

024

于是各路人马忙作一团，为这次历史性的会见做起了准备。

先是让人买来了一把椅子。

江户时代的日本人一般都是席地而坐的，讲究一点的在榻榻米上弄个坐垫，即便是将军召见，也是如此。像椅子这种标准的西洋舶来品，是明治维新后才开始普及的。

不过幕府买来的这把椅子可不是给哈里斯准备的，而是给德川家定坐的——事实上买椅子这件事儿本身，都是家定的主意。

这种考虑是基于双方的身高差。哈里斯身高一米八左右，而德川家定只有一米五左右，如果双方面对面坐着，那将军显然要矮掉一个头，威严未免要大打折扣。因此家定决定弄个椅子，不仅要弄椅子，还要弄个平台，把椅子往上一搁，自己再一坐，不就能居高临下高人一等了么？

这种借助地理优势弥补身高差距以达到气势上压倒对方的做法，我们现在一般称之为"神经病人思路广"。

但这"神经病人"毕竟是将军。因此在会见当天，德川家定真的就如同花果山水帘洞的猴大王一般，高高在上地坐在了宝座上，接待美国驻日大使哈里斯的到访。

果不其然，哈里斯一愣，连忙问身边的翻译："你们的将军平时都是这么坐的？也不怕摔下来吗？"

翻译连忙摆手："我家世代播磨国（今兵库县）打鱼的，哪知道将军的事儿啊？"

这翻译不是别人，正是当年荣力丸上烧水的彦太郎，自哈里斯到任便成了他的翻译，改名浜田彦藏。

彦藏到底是个日本人，从进江户城起就开始瑟瑟发抖，在堀田正睦接见他们的时候，甚至膝盖一软跪了下来——其实这种见了大官儿就要下跪的软膝盖，当年的日本人也是有的。

好在哈里斯戳在一边压阵，赶忙一把扶起，用英语低沉而又坚定地说道："阿彦，不要慌，你和他们是平等的。"

彦藏这才恢复了平静，不卑不亢地以一个翻译官的身份和堀田正睦、井伊直弼等高官一一打过招呼，最后他见到了坐在高高的椅子上的将军。

哈里斯首先转达了美国总统的问候，并且衷心地祝愿日本幕府将军德川家定身体健康、全家快乐。

正在他手放在榻榻米上准备低头行一个日式礼的时候，突然响起了一声奇怪的声音。

"啪！"

哈里斯抬起头，发现德川家定不知何时已经从椅子上站了起来，一只手搭着椅子的靠背，一只手伸向前方，两只脚也是一只踏在平台上，一只踩在椅子上。

刚才的那声"啪"，其实是他手拍椅子扶手的声音。

哈里斯转头去看浜田彦藏，想知道这是怎么一回事。

彦藏倒是出奇地镇定，看着站在上面的家定。其实他已经反应了过来——坊间传说将军脑子少根筋，并非扯淡。

而边上坐着的堀田正睦、井伊直弼等人，则比较尴尬和惊恐，他们知道这回算是丢脸丢到国外去了，同时也在暗自猜测台上那位活祖宗接下来要干啥。

家定全然不顾这沉默的气氛，清了清嗓子，高声说道："有使自远方来，不亦乐乎？两国之交情，不亦深乎？请汝代为转达，吾望两国深交，天长地久也。"

"这是什么？"哈里斯问道。

"能。"浜田彦藏回道。

所谓"能"，指的是能剧。德川家定的这番话，是用日本传统的能剧唱词节奏和语调说出来的。举个相近的例子，就好比大清皇帝在接见外国使节的时候，说话用的是京剧的唱腔。

026

于是哈里斯越发奇怪了："将军为什么突然就开始唱戏了？他唱的是什么？"

"将军欢迎您远道而来。"

"那我也需要用吟唱来回应吗？"

"请无论如何都不要这么做。"

这次颇具历史性的见面，就此草草结束了。

哈里斯明白了一件事儿，要谈还是得找堀田正睦。

根据美国政府的意思，新条约中不但拟定增开横滨、长崎、新泻等地，甚至还打算让日本开放大阪和江户，并且提出了领事裁判权，也就是传说中的治外法权，具体表现为美国人在日本犯罪了，不按照日本的法律，而是依照美国的法律来判。按照现在的话来讲，这是一种无情践踏日本主权并严重伤害日本人民感情的行为。

堀田正睦当然不答应。但一口回绝似乎又不妥，于是只能拖着。

这一拖，就拖到了安政四年（1857年）年底，不仅没拖出什么好事，还节外生枝了。

在这段时间里，英、法、俄、荷四国也要求更新之前签署的条约。更新内容比较简单，一句话，美国人要什么咱们也要什么，利益均沾，兄弟几个谁也不能落下。

幕府慌了。他们生怕再拖下去，什么乱七八糟的西班牙、葡萄牙、比利时之类听说过的没听说过的国家都冒出来要搞均沾，所以还不如快刀斩乱麻，就跟这五个国家签了再说吧。

安政五年（1858年）刚过好年，幕府就决定早早地把这条约给签了。

签之前，内部照例是要开个会的。

其实这事儿已是板上钉钉，所谓开会，不过就是大家伙喝个茶，吃几块点心，聊聊江户发生的一些新鲜事儿，顺便再讨论讨论是否还有讨价还价的余地。

不想有人说了句题外话："关于此事，我们是不是在签约之前先去请个圣旨？"

时至今日，到底是谁提的这个建议已然不可考。但毋庸置疑的是，这的确是一个断送了江户幕府250多年基业的馊主意。

我相信多年后堀田正睦再度回想此事，想到了那位同僚，他一定会说这样一句话——"你给我站出来，我保证不打死你。"

虽然他首先该打的是他自己。

话说这个想法一经提出后，便遭到了与会众人的嘲笑和吐槽。大家觉得这事儿真可笑，我大幕府多年来除了逢年过节跑去打个招呼，送个礼物啥的之外就基本不怎么鸟天皇了，这个时候为了这么一档子事儿特地去讨个圣旨，有必要么？

更何况江户朝200多年来，但凡涉外事务从来都是幕府专断独行的。举个最简单的例子，当年锁国，就是德川家一家之言。现如今不锁了，想开了，还用得着问别人吗？

不过堀田正睦仔细地想了想，觉得天皇虽然也就是个摆设，但到底如今形势不比从前，若搞到个圣旨，也算了多了份支持，所以还是走个形式吧。

历史告诉我们，搞形式主义往往是要害死人的。

当年1月5日，正睦亲自进宫请旨。

本来他觉得这是相当简单的一件事儿，毕竟根据以往的经验，天皇除了研究那些个鬼都看不明白的学问之外，就是个饭桶。公家们纯粹就是浪费粮食的动物，不管幕府要他们干什么，完全都是照单全收，从来就不反抗，甚至连个质疑都没有，基本上就是负责保管印章的老大爷。

历史还告诉我们，死在经验主义上的人也不少。

5号进的宫，6号就有了信儿，宫里来人转告说，天皇不准。

堀田正睦当时就蒙了。这多少年没碰到过的事儿，怎么就会让自己给赶上了？

按照宫里的说法，天皇认为让外国人跑日本来又是开放港口，又是搞治外法权，实在是丧权辱国、太没天理，所以绝对不会允许。

然而这只不过是表面的说法。其实朝廷对此事非常重视，早在5日当天，当时坐龙椅的孝明天皇一收到堀田正睦的请旨奏折，便召开了大会。

天皇开会一般来参加的都是公家，这次也不例外，大家伙穿得华丽丽地跑来皇宫。

会上，所有人一致认定：绝不能给幕府圣旨，绝不支持幕府开国。

其实也不是说那些个公家有多爱国，实际上他们连美国人来干什么，什么叫开国，什么叫通商都不怎么能弄得明白。支持他们这种想法的，基本源于两个"凡是"："凡是幕府支持的，我们就反对；凡是幕府反对的，我们就支持。"

这主要是因为200多年来朝廷被幕府打压得太惨，众公卿好坏也是一介贵族，可结果被当成猪来养。除了管你一口饱饭外，不许你参与政治，不许你讨论政治，甚至都不允许你有任何关于政治方面的想法，整天只许研究那些一辈子都不太用得到的学问。这种情况坚持个几年还好说，来个几百年持续十几代人，谁受得了？士可杀不可辱嘛！

特别是一些比较年轻的公家，本身就处在一个有劲没地儿使的年龄，恰巧看到现在有这么个机会能给幕府添堵，新仇旧恨就在此一瞬间给引爆了。在堀田正睦进宫的当天晚上，他们纷纷来觐见天皇，直排排地好几溜跪在孝明天皇跟前，请求皇上无论如何都不能答应幕府的要求，不然自己就一头撞死在这儿。

参与此次以死相谏活动的总共有88人，史称"廷臣八十八卿列参"事件。

朝廷来这么一手，最痛苦的其实还是堀田正睦。现如今是两头犯难，幕府虽是日本老大，可也不便于明着抗旨，但美国人的坚船利炮，却也不能不顾。

思来想去，只能找到哈里斯，说实在是对不住，朝廷明令禁止我们跟你们签这个条约。圣命不可违，要不这事儿就这么算了？

自打黑船来航美国人就不知道日本还有个朝廷，哈里斯也很纳闷，问浜田彦藏："朝廷比幕府还大吗？那我们是否需要去一趟京都？"

浜田彦藏哪知道出了这许多事，稍作考虑便实话实说道："我国一切政务皆由幕府决定，所谓朝廷，所谓天子，不过是'问祭不问政'的象征罢了。"

"哦，就如同英国的女王陛下？"

"比英女王还不如呢，天子从不管外交。"

哈里斯怒了，转问堀田正睦道："你骗我？！"

堀田正睦直摇头："我哪会骗你？"

"你不用再说了！"哈里斯激动得直想拍桌子，"如此没有诚意，你们这是在与世界为敌！"

这话当然是在威胁，却也不是完全在吹牛，因为当时除美国之外，英、法、俄三国也特别想跟日本签署这种不平等条约，尤其是英、法两国。

面对列强的威胁，幕府能做的只能是再开一次会议，讨论到底是要抗旨开国，还是就这么继续憋着拖着。

结论是抗旨开国。

理由很简单，现如今已不是国门一关天下太平的时代了，天皇或许是神，可也只是日本的神，在列强眼里什么都不算，洋人们的大炮军舰足以让这个国家和大清一样沦落到悲惨的境地。所以，为江山社稷计，宁可得罪天皇，也不能得罪列强。

当年3月下旬，幕府和美、英、法、俄、荷五国签订了《安政五国条约》。

条约规定日本将开放箱馆、兵库、长崎等五个港口，并认定江户、大阪辟为商埠，各国可派驻领事。此外，之前提过的领事裁判权和协定关税率制度等事，在此次的条约中亦被认可了。

030

这一签不要紧，不光光是朝廷，全日本的爱国人民都愤怒了。

要知道，天皇虽说是没什么好日子过，也不怎么管事儿，可他在全日本人民的心目中，依然是至高无上的日本象征。本来你幕府执掌国家权力，爱怎么干就怎么干，是你的自由，也不用去多理朝廷。可现在你既然去请求朝廷给你圣旨，圣旨下来了你又明目张胆地违背它的意思，这摆明了是故意违抗天皇，不把天皇放在眼里嘛。

对于这种大逆不道的行为，大家群情激愤，纷纷表达了对幕府的指责，而朝廷也在这种情况下大大雄起了一把，公开发表声明，"对于幕府签订的这种丧权辱国的不平等条约坚决不予以承认"，大大赢得了大家的掌声和支持。

在这种对朝廷的支持声中，人们渐渐地产生了一种对幕府的抵触心态，有的人甚至从此开始彻底痛恨上了幕府，并以将其推翻作为己任。

比如，在长州藩就有人对幕府此次的行为公然作出了如下评论：

"不思国患，不顾国辱，不奉天敕，将军之罪天地不容，人神共愤！"

第三章

安政大狱

放出这句狠话的，不是别人，正是两年前的那个偷渡犯——吉田松阴。现在他的身份，是长州藩吉田私立学校校长，那学校也称吉田塾。

话说松阴在偷渡失败被捕入狱之后，幕府一度是打算将其处决的。幸而老中阿部正弘对此表示反对，认为虽然他干的是违法的勾当，但考虑到其心情可以理解，所以在吃了几年牢饭之后，松阴就被释放出狱了。

但是跟他一起偷渡的那位金子重辅就没那么好运了，他在此之前，就因病医治无效，死在了牢里。

其实也不是医治无效，而是压根就没人来给他治，属于活活病死的那种。

之所以会发生这种悲剧，纯粹是因为金子重辅是地位比较低下的武士，也叫乡士，所以关的牢房是低等牢房，除了给口饭之外要啥没啥，生死由天不由你的那种。而吉田松阴因地位比较高，关的是相对高级的牢房，多少还有人来看看。

对于朋友的死，吉田松阴感到了强烈的震撼。

他觉得，如果重辅跟自己关的是一间牢房，就不会这么不明不白地死了。况且重辅是偷渡，自己也是偷渡，那就没有理由把两人刻意地分成两等人关在两种牢房里，所以造成友人之死的直接原因，还是牢房的等级制度。

032

而造成牢房等级制度的，还是幕府制定出来的那套森严的国民等级制度。

为了不让类似金子重辅的悲剧重演，就必须要打破这种杀人的制度，而为了打破这种制度，最简单有效的方法就是推翻幕府。

就这样，日本近代史上第一个正儿八经的倒幕派诞生了。

自从成为倒幕派，吉田松阴就开了个学校，招募学生开坛布道，打算将自己的思想发扬光大。

在吉田塾中，每天上完文化课后除了照例要讲讲倒幕事宜，松阴说得更多的，却是尊王。具体来说，就是强调天皇的超然地位以及万民对皇权的归顺。当然，灌输尊王的同时也不忘记踩幕府两脚，对于幕府那种凌驾于万民之上，置天皇于脚下的逾越行为，他也表示了完全的否定和强烈的抨击。

总之，尊王和倒幕是相辅相成的。

日本近代的尊王思想，其实早在江户时代初期就已经出现，理论创始人是个中国人，叫朱舜水。

朱舜水是明末儒学家，明亡之后不愿侍奉满清，便乘船东渡来到日本，被水户藩（今茨城县）聘为先生。

当时水户藩藩主叫德川光圀，也就是日后红遍大江南北，勇夺日本电视收视率各种前三位的水户黄门老爷爷。

再说朱舜水到了日本后，对当时日本的政治格局非常不理解。他认为国家最大的应该是天皇而不是将军，即便实权已被德川家紧握在手，可幕府也应该对天皇保持最大程度的尊重，而不是把人家当吉祥物养着。

德川光圀是德川家康的孙子，是亲孙子，但却非常莫名其妙地对朱舜水的这套尊王理论一见倾心，不仅认定是真理，还在水户藩大力推广，因此尊王学也被称作水户学。

在最初国泰民安的时候，所谓尊王，不过是仅限于大家的嘴巴，

033

说一说而已，谁也犯不着会去为了天皇而跟幕府叫板。可现在情况不一样了，外国人公然欺负到日本人的头上了，而幕府居然为了迎合外国人公然违背圣旨，所以实在有必要力挺天皇一番了。

抱着这样心态的人，在日本越来越多了起来。

值得一提的是，吉田松阴说是宣传天皇超然一切，其实本质上还是沿袭了朱舜水开创的水户学，顺便也想借着尊王的大旗推翻幕府，并通过这种方式让日本摆脱沦为他国殖民地的困境。说白了人家是想清理内部阶级矛盾并救国救民，和后来日本军部借着天皇的名号没事儿随便乱侵略人家以及借着皇军的名号杀人放火是完全的两码事儿。

从这所被称为吉田塾的学校里，后来走出了无数日本明治时代的风云人物，比如桂小五郎（木户孝允）、高杉晋作、伊藤博文、久坂玄瑞、山县有朋、吉田稔麿等等。这些人都有一个比较统一的称号——松阴门下。

因为天皇提倡将外国人一股脑儿地攘出日本，所以尊王的同时也就自然而然地成了攘夷派，而随着尊王思想的蔓延，攘夷也渐渐地成了潮流。当时武士之间最为流行的问候语就是："今天你攘夷了没有？"

尊王可以不倒幕，但尊王必须要攘夷。久而久之，两者被合二为一，变成了尊王攘夷，持此思想者通称尊攘派。

一时间，在日本，人人说到外国人就色变，看到外国人就操家伙，大有一副"一概鬼子全杀尽，天皇一统定江山"的味道。

当然，抗了一回旨的幕府，不可避免地成了众矢之的。

直接参与抗旨的堀田正睦，成了大伙痛恨攻击的对象，故而没几天就引咎辞职回家抱孩子去了。

尊攘派弹冠相庆，觉得自己胜利了。

他们高兴得太早。

虽然堀田正睦确实是首席老中不错，抗旨不遵的也是这家伙，但实际上他却真的只是背黑锅的，真正在幕后操盘的另有他人。

那就是井伊直弼。

井伊大人此时的职位，是大老。所谓大老，就是江户时代辅佐将军的最高官员，统辖幕府所有事务，属于不常设职务，在非常的时候设且只设一人，地位在老中之上。

井伊直弼属于不折不扣的开国派。

所谓不折不扣，就是他既不是对着十字架磕头的洋教徒，也不是喜欢喝上几口葡萄酒的兰癖者，支持开国纯粹就是为了日本的国家利益。

直弼心里非常明白，现在摆在日本面前的，只有两条路。

第一条叫做开国，第二条叫做被开国。

思前想后，他觉得与其被人打得鼻青脸肿之后被迫开国，还不如自己主动一点，自觉一点，从了美国拉倒了，也好少受一点皮肉之苦。而那些整天没事儿在家趴着研究学问的公家，什么都不懂什么也不会，单纯的就是为了不让幕府好过而在那里瞎咋呼，所以完全没必要去跟他们多费功夫了。

就这样，井伊直弼让堀田正睦顶着全国人民外加天皇的压力，在条约上签了字。

虽然这是一种在"粪坑里丢炸弹——激起群愤"的勾当，可他并不怕，甚至问心无愧。因为他相信自己所做的一切，都是为了这个国家，为了这个国家的所有的人——包括那些反对他的人。

所以在解决了外部矛盾之后，井伊直弼非常顺手地调转枪头，开始着手摆平国内的反对声音，维护稳定。

他首先任命了间部诠胜来担任首席老中，接替堀田正睦。

诠胜也算是名门出身。他的祖宗叫间部诠房，曾经担任过次席老中。这个人的出身很特别，是猿乐师，就是唱戏的。因为戏唱得好，受到当时的五代将军德川家纲的接见，再后来就做官了，又给了领地，成了大名，再接着就如同坐了直升飞机一样往上升，一直升到了老中。

035

纵观整个江户时代，像这种娱乐圈出身混到国家高级干部的，就他一个。

尽管出身低微，但是诠房的为人是相当不错的，同时代的大家伙对他的评价都很高。同僚兼当时的上司（首席老中）新井白石曾经说诠房是"没有任何瑕疵的人"，五六代将军连着两代人都对他信用有加，六代将军甚至称诠房为"奶妈"，可见对他之信任了。

估计是 DNA 在遗传的过程中出了什么问题，诠胜的性格和他祖宗几乎完全不一样，他是属于那种世间罕有的心狠手辣之人。

当时能跟诠胜在无人性这个领域一较高低的，只有一人——井伊直弼。

井伊直弼是德川四天王之一井伊直政的子孙，这个我们之前说过的。

不过从性格与行为作风上来看，直弼倒是更像他的另一个祖宗——井伊直孝。

直孝是直政的儿子，外号"扫部夜叉"。扫部是个官名，全称扫部头，包括井伊直弼在内，井伊家的家督代代都是这个官儿。夜叉，指的是心狠手辣无节操，以坑害他人为己任的人。

井伊直孝一生，就是不断坑人的一生。上至诸藩大名下至黎民百姓，就没有他不敢坑的，而且坑起人来从不计较个人得失和手段后果。

比如在井伊家领地彦根藩，直孝推行节俭政策。在他管辖的区域里，不允许有人穿华丽的衣服，不允许有人大吃大喝。如果谁敢穿，一经发现，将受到极其坑爹的处分——把大便（一说烂泥）涂抹在那套漂亮的衣服上。

为此，井伊大人还专门组织了巡逻队，整天不干别的，就提着一篮一篮的大便到处走，看到谁的衣服比较漂亮就直接一坨粪便抹上去。

在这种坑爹的手段下，整个彦根藩便连穿花衣服的人都没了，放眼望去非黑即白全是缟素，不懂的人还以为是举藩大丧。

如果有人大吃大喝呢？简单来讲，这坨大便就会被丢到碗里。

比较难能可贵的是，井伊直孝坑人从不分身份地位，老百姓他坑，诸侯也不放过。

他坑过最有名的人，乃是奥州笔头伊达政宗。

伊达政宗，仙台藩（今宫城县）藩主，战国时代的风云人物，被誉为早生 20 年便能问鼎天下的人。想当年，政宗跟着德川家康做小跟班，攻大阪，灭丰臣，立下赫赫战功。家康也亲口许诺，等将来天下姓了德川，定封伊达家百万石领地。

这不是空口白话，是有立字据的，民间俗称白条。

可等到德川幕府真的坐稳了天下，德川家康就再也没提起过这百万石领地的事，只当是没发生过。

于是伊达政宗不开心了，虽说不敢当面龇牙，但背后却甚是怨念，整天都拿着那张白条在家里哭闹，说我的百万石咧，我的百万石咧。

消息传到家康那里，老爷子觉得很是不妥，因为他本想赖账，可真要明着赖似乎又很难，毕竟白纸黑字一张白条写过去，如果硬是不给的话，那就很难看了。作为将军家，威严和面子还是比较重要的。

可思前想后，家康却怎么都想不出好的对策，无奈之下只得叫来了井伊直孝，表示久闻你坑神之名，这回去把伊达政宗给坑了吧，但也别太过分，只要把此事摆平就行。

于是井伊直孝便奉命前往政宗处。到的时候正是晚上，双方寒暄过后，他的第一句话是："伊达大人，听说你拿了一张仿冒大御所大人字迹的纸条，要幕府给你百万石领地？"

说这话的时候，并非是两人独对，当时许多伊达家家臣和幕府的其他使者都在场。所以政宗马上就急了，表示这白条千真万确是大御所亲笔写的，绝对没差。

这一边是心急火燎地在解释，连说话都带了口吃，而那一边则是淡定万分。待政宗说完，井伊直孝只是轻轻地说了一句："那能否把那张字条拿来让在下鉴定一番呢？"

037

政宗没有反对，命人拿来了白条，递给了直孝。

直孝很认真地看了好一会儿，然后说道："不错，确实是大御所手迹。"说着，他把那张纸给撕了，撕了，撕了……

政宗当时就急眼了，差点就要骂娘，但井伊直孝却摆手示意他淡定："伊达大人，若是从前，给你一百万两百万石的领地，也没什么大不了的，可如今已非战国时代，天下太平，上哪儿给你弄那么多土地？你也就体谅一下幕府的苦心吧！"说完，站起了身子，来到了蜡烛旁，把那一把纸屑投入火苗之中。

看着熊熊燃烧的火苗，已然成灰的百万石白条和深藏功与名的井伊直孝，伊达政宗已经快要哭出来了。至于那百万石，从那之后他就再也没提起过。

应该讲，井伊直弼不仅非常完美地继承了井伊直孝这种魔头性格，甚至还有青出于蓝而胜于蓝的趋势。

因此在之后的各种镇压政敌过程中，井伊直弼和间部诠胜被老百姓们赠与"赤鬼""青鬼"的光荣称号。

在安排完间部诠胜之后，直弼又找来了数个亲信，安插在幕府担任要职，其中包括跟他一直交好的长野义言。

长野义言也称长野主膳，从嘉永五年（1852年）开始跟着井伊直弼，一直帮着直弼在朝廷以及幕府同僚方面出谋划策，属于军师型的人物，深受直弼信任。同时，他还奉直弼之命进行着一项秘密的任务，这个我们之后会说。

组完一套班子，接着就该干活了。首先要做的，是去朝廷那里把之前捅出来的娄子给补了。

长野主膳从江户跑到了京都，找到了天皇，进行了反复的游说，阐述了开国对整个日本国家前途命运的重要性和必要性，并对抗旨不遵签订条约的事情进行了深刻的检讨和忏悔，还表示，这实在是出于无奈，对朝廷以及天皇本人绝对没有一丝一毫的不尊重。

038

要换了前几代天皇，一看幕府都如此诚恳地跑来沟通了，估计口头批评两句，教育几下，这事儿也就这么算了。

可现在行不通了，因为孝明天皇跟以前的那些天皇不同，他也是百年一遇的奇葩——强硬派中的强硬派。

孝明这人虽然年轻，当时也就30岁不到，但对恢复皇权的欲望却是非常强烈。他并不甘心自己堂堂一个半神就这么被幕府随意摆布，而且他对于外国的事物有着一种不知源于何处的痛恨感，一听到外国怎么怎么就会勃然大怒，属于那年头日本的头号愤青。

孝明天皇对于无视自己旨意强行签订丧权辱国的卖国条约的井伊直弼，自然也是抱着一种不共戴天的仇恨。

所以，尽管长野主膳跪在下面说得是唾沫星子乱飞，两眼都快翻白了，但天皇依然只是淡淡地表示："知道了，你辛苦了，可以下去歇着了。"

没能得到朝廷好脸色的直弼并不气馁，他一边让主膳再接再厉接着游说，一边开始想新的办法。

不过很不幸的是，办法还没想出来，事儿倒是先出了。

7月6日，十三代将军德川家定去世了，年仅35岁。

家定没有儿子，因此谁来担任第十四代将军，成了一个问题。

事实上，江户幕府的开创人德川家康为了防止自己的某个子孙一旦因身体某部位出问题而生不出儿子，从而导致继承权混乱的情况发生，事先就已经做好了预防工作。

他特意把自己最小的三个儿子依次封在了尾张（爱知县）、纪伊（和歌山县）和水户，然后明文规定，如果将军没有儿子的时候，继承人可以从尾张德川家或者是纪伊德川家中挑选出来，至于这个挑选的工作，就由水户德川家来担任。此外，水户藩还享有一个特权，那就是不用参勤交代。他们可以常驻江户，将军一旦有召，便随时登城，这个叫做定府。

039

所以，水户家代代被称之为副将军，就是这个道理。

而这三家，也叫做御三家。

到了第八代将军德川吉宗的时候，他又让自己的次子和四子分别建立了田安家和一桥家，并且也给予他们继承将军位置的权利。而他的长子，也就是九代将军家重也让自己的次子建立了清水家并给了同样的权利。从此，田安家、一桥家和清水家并称卿三家。

尽管有那么多家能够继承将军的宝座，但是这十四代将军最具竞争力的继承人，却只有两个，他们分别是纪伊德川家的德川庆福和一桥家的一桥庆喜。

德川庆福，时任纪州藩（纪伊）藩主；一桥庆喜，水户藩藩主德川齐昭的第七子，9岁时被送往一桥家当养子。

从规矩上来讲，在条件同等的情况下，将军继承人的位置优先考虑御三家。此外，一桥庆喜本人也认为，自己并不适合做将军。

而井伊直弼更是特别看好德川庆福，这家伙早在嘉永六年（1853年）十二代将军德川家庆还在位的时候，就认定了继承者家定是个活不长的家伙，便开始派人在幕府四处秘密斡旋，从堀田正睦到阿部正弘，上上下下、大大小小地说遍了德川庆福的好话。意思自然也是很明确的，早看出来这将军生不出儿子，所以无论如何还请你们老几位帮帮忙，等到某个时候来临之际，把纪州藩的庆福大人给推上宝座。

不仅如此，他还在同年让庆福成为了德川家定的养子，并且让其顺利入住江户城内。

而这位奉命通路子不留姓名的秘密使者，就是长野主膳。

在主膳的活动下，一批幕府的中坚力量倒向了德川庆福，这其中包括老中间部诠胜、老中松平忠固，以及前将军德川家定的生母本寿院夫人。

总之一句话，幕府内部基本上都支持德川庆福，他们被称为南纪派。

这固然是一个巨大的优势，却也是致命之处。因为自打开国之后，

040

幕府的威望就日益低落，大家都觉得这些人点赞的一定不会是好东西。

反观一桥庆喜的支持者统称一桥派，多是各地的大名，比如水户藩藩主德川齐昭、越前藩藩主松平庆永（春岳）、萨摩藩藩主岛津齐彬、宇和岛藩藩主伊达宗城、土佐藩藩主山内丰信，以及家定的老婆笃姬。笃姬是萨摩人，她是作为岛津齐彬的养女嫁进的将军家。

以庆喜亲爹德川齐昭为首的一桥派诸侯们有一个共同点：他们都是尊攘派。而尊攘派的精神领袖，是那位天字第一号的愤青——孝明天皇。

这位天皇对直弼是恨得牙痒痒，基于恨屋及乌的思想感情，自然是没可能支持他力挺的那个德川庆福了。最要命的在于，没有天皇的支持，压根就立不起将军。

虽说是军人干政、军政府，但征夷大将军其实是当时日本最高的官职之一，正一位，也就是我们中国人说的一品大员。如此正儿八经、位极人臣的官位，岂能是你想做就做得了的？那得受人册封，受天皇的册封，日本话叫做宣下。

尽管将军是可以世袭的，尽管幕府的势力很大，但如果没有天皇的宣下，你这个将军就是不合法。无论是强势无比、老奸巨猾的德川家康，还是当过天皇她娘舅的德川家光，他们做上将军无一例外的都有天皇的亲自认证。

当然，肯定有人会问，如果没有所谓的宣下就直接做了将军，那会怎样？

这个问题我可以用中国历史来回答你，显得比较容易懂一点。

还记得张角、张宝、张梁那哥仨么？他们自称天公、地公、人公将军，那是没得到朝廷认证的，最终的结局是被真正的将军跑来镇压了。

镇压的理由是他们造反。

这道理在日本一样行得通，不经天皇宣下而自立幕府、自称将军的，就是谋反，天下共讨之。

041

就算你是用欺诈的、要挟的，甚至是把天皇一顿暴揍逼着他宣下，你也得等宣下了才能做将军，这就是日本。

但是井伊直弼是真没辙了，因为他很明白，之前在签订五国条约的时候，这梁子就已经结下了，而且还不是小梁子。孝明天皇是个愤青，你要是走路踩了他一脚说个"对不起"也就没事儿了，可偏偏是涉及国际事务而且还让他觉得你在"卖国"，这一下子就上升到深仇大恨的地步了。

反倒是一桥派，这两天跟朝廷走得特别近，天天派人来给天皇嘘寒问暖送礼物，临了还不忘高呼几声爱国口号，弄得天皇龙颜大悦，连连赞许。

照这个形势下去，要孝明天皇宣旨德川庆福做将军，那是根本没可能的。

井伊直弼快要疯了。

就在这个时候，一位不速之客到访了。

他是一桥庆喜。

井伊直弼的第一反应是觉得这人是来看自己笑话的，所以连茶水都没招待，开门见山很不客气地问道："一桥大人，今日造访寒舍，有何贵干？"

一桥庆喜也很直接："我想告诉你，庆福比我更适合做将军。"

井伊直弼一惊，转而满脸怒容："您是来我家寻开心的吗？"

"当然不是。"一桥庆喜脸上严肃的表情足以让直弼相信他确实是认真的。

然而，认真又有什么用呢？给不给当将军最终还是要天皇下旨，你一桥庆喜再觉得德川庆福适合坐这把交椅又能怎样？

此时一桥庆喜的脸色庄严得可怕："井伊大人，办法倒是有，就看你敢不敢用了。"

"什么办法？"

042

"先斩后奏。"

"什么？！"井伊直弼一惊。

"先立庆福为将军并昭告天下，然后再进宫讨圣旨。这样朝廷定会猝不及防，在既不知如何应对又不敢真的完全和幕府为敌的双重压力下，一定会被迫宣下旨意，认可这个决定。"

井伊直弼一句话都说不出来。他很震惊，既震惊于一桥庆喜的大胆敢想，又震惊于这个主意的绝妙。

他认可了这个想法。只是唯有一点不太明白："一桥大人，您为何要帮我？您就真的一点都不想做将军么？就算是您本人不想，可令尊水户齐昭公他……您这么做，岂不是等于背叛了自己的父亲？"

庆喜笑了："井伊大人，你刚才叫我什么？"

"我叫您……一桥大人啊，这有何不妥？"

"这就对了。我是卿三家之一一桥家的当家人。作为一桥家的人，我有义务守护德川将军家。虽说让庆福做将军确实违背了家父的意愿，但对幕府而言，甚至是日本而言，这难道不是一个最好的选择么？"一桥庆喜仍是一脸很难捉摸的笑容，"井伊大人，自黑船来航以来，你干了那么多让人痛恨的事情，不也是为了幕府，为了国家么？"

井伊直弼此时已经完全折服，就差五体投地了："一桥公之心，在下已完全了解，自愧不如。"

"呵呵。"

第二天，井伊直弼便以幕府的名义向全日本宣布，德川庆福是德川家定的法定继承人，将成为第十四代幕府将军，并且在这天接受了各地大名的登城祝贺。

12日，德川庆福以日本领导人的身份在井伊直弼的安排下先后会见了俄国、荷兰的使者，这等于向国际社会宣布，庆福将作为家定的继承人。

21日，德川庆福正式改名叫德川家茂，俨然一副将军的样子了。

043

等做完了这一切，直弼开始安排人手去朝廷请求圣旨，正式册封家茂为将军。

生米煮成熟饭，而且还如此之神速。果不其然，朝廷乱了锅。

不愧是扫部夜叉的子孙，连天皇你都敢这么坑。

可又有什么办法呢？正如一桥庆喜所说的那样，这会儿的朝廷压根就不敢真和幕府翻脸，毕竟再怎么说，从天皇到公家，大家都靠着幕府每年拨给的 10 万石吃饭呢。

思前想后了好一阵子，8 月 25 日，天皇正式宣下，命时年不过 13 岁的德川家茂接任第十四代幕府将军之位。

朝野震怒。尤其是一桥派诸君，觉得这事儿干得太恶心了。

第一个发难的，是德川齐昭。

德川齐昭，也算是幕末史上一朵自由行走的奇葩了。这人的性格你可以先从他死后的谥号——烈公——来感受一下。

且说弘化元年（1844 年），德川齐昭为了复兴日本传统宗教神道教，打击外来宗教佛教，在领地搞起了轰轰烈烈的废佛尊神运动。因为玩儿得太过火，得罪了全日本的佛教势力，以至幕府出面干涉，命他让出藩主的位置，提前隐居。

结果这位爷还是不甘寂寞，退而不休地当起了太上皇，对他儿子，也就是继任藩主德川庆笃的行事诸多干涉。黑船来航后，成为了攘夷领袖的齐昭先是在藩内打造西洋大炮 47 门，上交幕府用于反侵略大业，之后又造了一艘西洋式军舰，取名旭日丸。

其实早在天保十二年（1841 年）的时候，水户藩就已经造过两艘西洋式小船，用于北海道探险，以防备对远东野心日益剧增的沙俄帝国。

说这些是为了告诉你，早期的那些由诸侯权贵组成的攘夷派，除了精神领袖孝明天皇之外，其余的基本都不讨厌外国。他们攘夷，无非是为了守护国家，这些大名都不需要人教，天然自带"师夷之长技以制夷"的属性。

044

而且公是公私是私，这点日本人也分得比较清楚，就像现在马上要找井伊直弼算账的德川齐昭，实际上两人私下关系不错。彦根藩盛产著名的近江牛，逢年过节直弼都会让人送两头去水户，供齐昭做牛肉火锅。

话再说回德川齐昭。烈公大爷自幼不玩虚的，恰好水户离开江户近，走着过去也就一两天，于是他带了几个人就直奔江户，准备找井伊直弼讨个说法。

随行的那几个来头都不小，分别是水户藩现任藩主德川庆笃、尾张藩藩主德川庆胜以及福井藩藩主松平庆永。

德川家康小时候叫做松平元康，松平其实是德川的前身。换句话讲，几位爷都是将军家的亲戚。

一伙人在齐昭的带领下大模大样地来到了江户城下，看门的一见这架势压根就没敢拦。大伙也不客气，直接上了城头，然后见到了直弼。

德川齐昭非常不爽，表示自东照大权现德川家康公开创江户幕府以来，册立谁当将军，向来是御三家、卿三家的事情，从来都没有外姓旁人说了算的例子。你区区一个彦根藩藩主，算什么东西，敢掺和这种大事？

井伊直弼不是卖队友的小人，因此也没告诉齐昭这全是你宝贝儿子的主意，只是很冠冕堂皇地说："我们幕府这边都觉得，现在这种形势，德川家茂公当将军比较有利于国家。"

德川齐昭哈哈大笑："我们幕府，好一个我们幕府，这幕府什么时候姓了井伊？"

紧接着，气势磅礴地问了三个问题：你姓德川么？你能姓德川么？你哪里配姓德川？！

井伊直弼，一个勤勤恳恳忠君为国的政治家，被激怒了。

他决定不再对这些人客气，于是冷笑了一下："水户公，现在的将军，是有圣旨宣下的合法将军哦。"

045

大家知道这是废话，便问道："那又怎样？"

"水户公，你们难道不承认现在的将军大人么？"

有圣旨宣下，当然不会有人傻到不承认将军的合法性，于是德川齐昭很镇定地摇了摇头："并无此事，你不要乱讲。"

"既然如此，那你又为何来到这江户城之上呢？"

一滴汗，从德川齐昭等人的额头上流了下来。他们知道自己干傻事儿了。

井伊直弼那三个问题看似寻常，但其实个个都是巨坑。

第一个问题，将军是朝廷亲自认证过的，绝对正宗。如果你们对将军的合法性有怀疑，那就是对朝廷有怀疑；对朝廷有怀疑，那就是对天皇有怀疑；对天皇有怀疑，那就是……谋反。

这看起来是一个不会有人去踩的弱智陷阱，事实上大家也没踩，很淡定地承认了德川家茂的合法性。于是就掉进了第二个，也是井伊直弼真正为他们准备的坑里：既然承认，那你们为啥来江户城？

或许有人觉得很奇怪，难道来江户城上讨个说法有什么不对？人家也不是普通老百姓，是将军家的亲戚啊。

事实上，作为将军的亲戚，你来讨个说法没问题，但你不能上江户城，至于不来江户城来哪儿，那是你的事情，跟幕府无关。

根据德川家康制订的武家诸法度规定，每藩的大名都有严格的登城（江户城）时间，到了时间不去是犯罪，而不到时间又在将军没有叫你的情况下你去了，那也是犯罪。

尽管水户藩贵为定府，但不请自来仍是罪过，更何况德川齐昭已经不是大名了，连登城的资格有没有都是一说了。

所以，不管这伙人怎么有道理，怎么想讨个说法，单凭这种没头没脑地闯江户城的做法，就是不折不扣的犯罪行为。

大家都是聪明人，在他们踩到陷阱的那一瞬间就明白了过来，但还是晚了，你人都在城里了莫非还能集体瞬移不成？

众人立刻服软，伏下了身子，一边磕头一边口称有罪。

光认罪是不够的，受惩罚是必须的。

惩罚内容是：水户藩前藩主德川齐昭闭门思过。其他的人都是从犯，口头批评教育。

虽说这次的事情井伊直弼充分做到了有法可依，但依然是相当不得人心的，所以当齐昭他们灰溜溜地退出江户城的时候，其他各藩的大名也摩拳擦掌跃跃欲试，欲与直弼争高低。

这第一个奋起的，是萨摩藩的藩主岛津齐彬。

萨摩藩在日本中近代的地位是相当重要也相当特殊。这个藩的人说得斯文一点叫做相当尚武，说得直白一点就是相当能打。从战国乱世开始，这帮亡命之徒就四处征战，几乎统一了整个九州，后来在丰臣秀吉数倍于己的大军下，不得已才屈服。

而在侵略朝鲜的战场上，当时的藩主岛津义弘带了七千人打败了明朝将领董一元的五万多人，接着又在逃跑的海路上，顺手搞死了朝鲜第一名将李舜臣，从此人送外号"鬼石曼子"。

鬼，就是妖魔鬼怪；石曼子，是岛津的日语发音。

然后，在德川家康争夺天下的关键之战关原会战中，又是岛津义弘，带了一千几百人赶来参战。战斗一开打，他先是一动也不动，愣是杵在那儿看着别人打，就这样混饭混了一上午，一直到别人打完了为止。直到他所在的那方输了，他们还在那儿傻站着。

估计是人家看他们混饭而自己拼命心里气不过，所以整个败方好几万人撤退，就是没一个来通知他们一下的，以至于别人都在逃跑，他岛津家的那几个人还傻傻地待那里看风景。

直到自己的友军都逃的逃，死的死，走了个精光，义弘才算反应过来，但那个时候，岛津家的一千多人已经被对方也就是德川家的十多万人给包围了。

就在这个山穷水尽绝对无路的情况下，岛津义弘一咬牙一拍大腿，

047

下了一道狠命令：向敌人的中央冲过去！

敌人的中央是德川家康的本阵，总共有将近四万人。

就这样，这一千多人蜂拥冲向德川家康，连续突破十五道防线，一直杀到家康面前。眼看着老爷子都要重现三方原被武田信玄打到尿裤子的境地时，岛津义弘再一挥手：撤退！

趁着敌人发愣的当儿，岛津家快速地原路返回，这次干脆就没人敢拦了。尽管回过神来的德川家康忙令井伊直政和自己的儿子松平忠吉去追，但结果是追没追到，两个人反倒被岛津军给打伤了，其中井伊直政还因伤势过于严重，回去没多久就与世长辞了。

说起来，井伊家跟这帮人还算有百年的深仇大恨。

江户幕府建立之后，打打杀杀的那套是不能再在国内搞了，于是，萨摩人又把矛头对准了国外。

庆长十四年（1609 年），萨摩岛津家发兵攻打琉球。仅 5 天，琉球首都被攻克，全境沦陷。

这仗打完之后，除了镇压什么农民起义啊之类的，那是真的没仗打了，不过，萨摩人的尚武精神却一点也没有消退。

在听说德川齐昭被幕府惩罚之后，岛津齐彬立刻点起精兵五千，打算浩浩荡荡地上京都去，在那里好好地跟井伊直弼说道说道。

你不是不让上江户，说去那儿违法么？那咱就约在京都，你敢来么？

井伊直弼敢不敢来现在已经无法得知了，因为就在岛津齐彬准备动身的前几天，突然就犯病倒下了，这一下去，就再也没起来。

齐彬死了。继承藩主位子的，是他的养子，岛津忠义。

忠义要真的算起来，其实是齐彬的弟弟，岛津齐兴的孙子。齐彬和齐兴这兄弟俩从来就不对付，为此齐兴还被他哥哥给逼得隐居了。现在孙子做了大名，爷爷算是解放了。

在齐兴的操纵下，萨摩藩将齐彬搞的那一套政策基本上全给废除了，也不带兵上京城找直弼理论了，直接待家里过起了小日子。

眼看着井伊直弼连战连胜，终于有个大佬级别的家伙忍不住了，那就是孝明天皇。

他决定亲自出手，率领朝廷上下跟幕府一较高下。在动手之前，首先要做的是清理门户，这对象便是关白九条尚志。

关白是官位的名称，起源于我们中国汉朝时霍光的一句话："诸事先关白光。"就是说不管啥事儿都要先通告霍光，然后再跟皇帝说。所以，关白时常也会被叫做"博陆"，起源是霍光的爵位博陆侯。

他的职责是代替天皇行使权力处理政务。当天皇年幼或者人傻的时候化身为天皇统治全国。我国的张居正曾经说过一句很牛的话："老子非相，摄也。"但是关白比摄政更加彪悍，不但所有政务先要经关白之手再给天皇，而且拥有直接草拟并且颁布圣旨以及最终裁决的权力（前提是天皇年幼或人傻）。

顺便说一下，关白的官品和将军一样大，都是正一位。如果说将军是武士的老大，那么关白就是公家的老大。之所以要清理他，是因为他跟幕府走得特别近。

在哈里斯来日本闹腾的那会儿，九条关白就四处奔走，在朝廷里游说，希望天皇赶紧颁个圣旨给幕府，好让他们去签订条约，结果就这么把天皇给惹毛了。

其实这个也很正常，毕竟不管在什么时候，什么阵营，总会有那么几个人跟对立阵营的关系很好，而且因为种种原因跟幕府亲近的公家也不止尚志一个。但现在是非常时期，干掉一个跟将军地位一样的关白，能够起到敲山震虎的作用，从而有效地团结公家队伍。

8月，天皇下旨，命令九条尚志停职在家反省。理由是攘夷攘得不卖力。

这其实挺冤枉的，因为京都压根就没外国人，他九条尚志一个公卿上哪儿给你攘夷去？但孝明天皇不管，他要尽可能地清理和井伊直

049

弼穿一条裤子的内部蛀虫。

肃清了内部的不稳定因素之后，天皇又迅速使出了第二招——下密诏。

密诏的对象是水户藩的藩主德川庆笃。诏书的内容总共是两条：

第一，要求幕府针对上一次抗旨签订《安政五国条约》的事情做详细的解释。

第二，要求御三家与诸藩大名一起，协同幕府进行公武合体，并且要求幕府搞一次以"攘夷"为中心的政治改革。

以上两条内容由水户藩进行翻印，并在诸藩传阅。出版费用自理，版权归朝廷所有。

公武合体是一种政治体制，指的是武士和朝廷共同管理日本。当然，就当时的情况来讲，说是体制，实际上就是某些人的一厢情愿。

总的来说一句话，就是孝明天皇要求水户藩成为皇家小弟，而自己则以整个朝廷作为其后盾，共同与幕府相抗衡，最终想要达到幕府妥协，自己介入核心政治的目的。

之所以选了水户，原因有二：首先，水户藩是老牌尊王藩，好几百年了，都提倡尊王，值得依靠；其次，水户藩是一桥派的首领。

不过因为是密诏，所以传送的方式一定要慎重慎重再慎重，为此，孝明天皇特地做了详细的安排：先是命大纳言万里小路正房将这密诏带出，交给水户藩在京都的留守工作人员鹈饲吉左卫门，再由他的儿子幸吉带着，交给水户藩的家老安岛带刀，最后再由带刀交给藩主庆笃。

如此一圈一群人地转下来，这密诏要真的能安全无误地送到，那就叫活见鬼了。实际情况是，密诏还没送到水户藩，江户城那边就已经拿到了复印件。这足以证明一点，先下手的，不见得就能为强了。

此时的井伊直弼已经明白，这场从黑船来航开始的国家危机，发展到今天已经演变成了一场你死我活的政治斗争了，再瞎琢磨什么为了祖国为了人民之类的东西已经毫无意义，先把这些碍事儿的人给弄干净了才能接着干正事儿。所以当以水户藩为首的一桥派再度上门送人头时，他毫不犹豫地选择了镇压。

镇压的手段比较简单，就是利用自己的优势打击别人。

直弼的优势，就是有钱、有人、有武器，其中包括法律武器。

首先，根据幕府律法，水户藩作为幕府的臣下，越过幕府私自接受天皇的诏书，有藐视幕府之嫌，必须严惩。

其次，经过长野主膳的彻底调查，发现这密诏的内容其实不止两条，而是三条。这最后一条，是要求水户藩刺杀井伊直弼，然后推翻幕府。

就这样，一张罪名表就给炮制出来了：藐视幕府，进而企图刺杀幕府高官并且谋反。

有了罪名，就能开始逮人了。

9月，间部诠胜、长野主膳等亲自率队来到京都，先把参与负责传递密诏的万里小路、鹈饲父子之类的人给抓了起来，经过连夜突击审问外加严刑拷打，他们招认了自己的罪名，并且还供出了不少同党。

当然，这同党的真实性，我们也就留点面子不去评论它了。

就这样，间部、长野等人抱着"宁可杀错，不能漏过"的理念，在京都、江户以及各藩领地内进行了大肆的搜捕行动。

发展到后来，仅仅是普通的攘夷派，或者是不过在喝酒的时候喝高了，对着幕府骂了几句娘的，也给抓了起来，总共牵扯到100多人。里面亲王也有，小市民也有，反正从腐朽的封建贵族到辛苦劳作的劳动人民，各阶层的基本上都抓齐了。

抓完了就该处理了，总不能养着他们吧。直接参与送密诏的鹈饲吉左卫门，被当街斩首示众。他儿子被关了大狱，没几天就死里头了。水户藩家老安岛带刀被命切腹，也就是赐死。在死刑的名单里，还有一个之前出场过的人——吉田松阴。罪名是阴谋煽动推翻幕府，并且涉嫌参与刺杀老中间部诠胜。

余下的人，不是流放就是坐牢，轻一点的就是回家反省，终生到

051

数月不等。受罚的名单列了长长的一大条纸，可以从屋子里铺到屋子外头。

此外，作为正在闭门思过的戴罪之人德川齐昭，虽然没有直接证据证明他参与了这场阴谋，可也没有证据证明他置身事外，因此本着"宁错杀，不放过"的指导思想，井伊直弼判了他个罪加一等：永久蛰居。就是你一辈子待在家里不许出来。

与此同时，还有一个人也被牵连了，那便是一桥庆喜。

无论是从包括天皇在内的一桥派全体成员的抬轿对象，还是德川齐昭的亲儿子等任何一个方面来考虑，当局势发展到这一步，不牵扯一下这位大人实在是说不过去的。所以他被判了个蛰居，虽不是永久，却也没说要蛰多少年。

这场以幕府单方面镇压为主的政治斗争一直从安政五年（1858年）搞到安政六年（1859年），史称安政大狱。

第四章 樱田门外

正当井伊直弼大发神威铲除攘夷派的时候，从江户城的大奥里传出话来，说是请他去喝茶。

大奥，就是我们中国人一般说的后宫，里面除了一个男人外其他的都是女人或者人妖。

日本的情况稍稍有些不同，男人一个，女人一群之外，并没有太监。

后宫里要请井伊大老喝茶的，是十三代将军的老婆，笃姬。家定去世后，她依惯例出家，法号天璋院。

在之前我们就说过，这位夫人是从岛津家嫁过来的，而且还是一桥派。

但是尽管如此，天性善良的她却对于南纪派扶植起来的将军德川家茂疼爱有加，不但认可了他的养子身份，还实际上担当起了母亲的责任，从一些政务的处理到生活上的细节，都无微不至地关心照料着这位尚且年幼的将军。其实就是教母。

天璋院是一个认得清现实的聪明人，更何况作为德川家定的遗孀，其实谁当将军都不太会动摇她的地位，因此也没必要像德川齐昭、岛津齐彬他们那样拼。

对于安政大狱搞死那么多人，天璋院当然是不支持的，却也并不打算因此和井伊直弼对立。她关心的只有一件事，那就是幕府本身是否会因为这次事件而产生什么不良后果。

053

小小的茶房里，天璋院亲自动手为井伊大老泡茶，四周寂然无声，能听到的，只有开水被注入茶碗的响声。

"井伊大人，您多久没有回国了？"还是天璋院先打破了沉默。

所谓回国，指的是回领地彦根藩，当时的日本人虽说知道自己住日本国，彼此都是日本同胞，但整体的国家民族意识仍然相当薄弱，通常人们都认为一个藩就是一个国。对于彦根藩的人来讲，大家一般不说我是日本人，只说自己是彦根人。去水户藩读书，就叫出国留学。

井伊直弼接过递来的茶碗，喝了一口："在下一直在江户忙公务，确实是好久不曾回去了。"

"听说井伊大人每次回国的时候，百姓们总会蜂拥而出夹道迎接，现如今上哪里去找这么得民心的藩侯呢？！"

"您过奖了，当年家兄病故，我把他留下的所有财产都平分给了领内百姓，或许是这个缘故，他们才会给我这般的赞誉吧！"

天璋院静静地听着，然后又给自己泡了一碗茶，端起来慢慢地抿了一口："说真的，井伊大人居然也有如此柔情慷慨的一面，我真是第一次知道。"

井伊直弼笑了笑："夸赞自己痛恨的人，挺不习惯的吧？"

"痛恨倒是不至于，只不过……"天璋院的神色突然变得有些凝重，"井伊大人，你明明杀害了那么多人，让他们痛苦不堪，为何还能如此若无其事？"

井伊直弼见状也摆出了一副严肃的面孔："夫人，我想请教您一件事，就是想问问，您觉得，在如今这个世道，彻底把外国人赶出日本，也就是所谓的攘夷，真的可行么？"

"这跟你杀人有何关系？"

"不，能请夫人您先回答我吗？"

"呃……我想应该不能吧。"

"真知灼见。"井伊直弼毫不吝啬地给天璋院点了个赞，"在今后的时代里，日本唯有和世界充分接触，充分地融入这个世界，才能有出路，不然的话，只有死路一条。可那些意图铲除在下的人，打的却是这攘夷的旗号，他们整天高喊驱逐外国人，并且抨击签订条约一事，可是真正的目的，夫人您曾去了解过么？"

天璋院摇了摇头，并没有说话。

"其实，他们无非就是想接近当今的圣上，才故意迎合他的想法，最终目的只是为了自己今后的前途和名声罢了。这种卑鄙的人，怎能把国家大事托付给他呢？"

天璋院再一次捧起茶杯，喝了一口茶，又慢慢地把茶杯放了下来。

井伊直弼则继续说道："我之所以会使出如此手段，只不过是想守护这个国家而已。夫人，您以为我不想和大家和平相处么？可现如今，还能再如此么？您以为我不怕水户藩、萨摩藩的威胁么？可如今除了我，还又有谁能来为幕府做这些事情？为了从西洋列强手里保护这个国家，必须要采用一些非常的手段，即便因此招人怨恨，这也是没有办法的吧。"

"那么，因为你而血流成河，你敢说你无愧于天么？"

"无愧于天！"井伊直弼直视着天璋院的眼睛说道。

天璋院默默地看着面前的井伊直弼，一句话都说不出来，然后两个人继续默默地泡茶，喝茶，直到茶会结束。

对于这段史称安政大狱的历史，个人觉得用一句直弼对或者攘夷派对这样简洁明了打钩打叉的评判方法是无法作出靠谱的评价的。

井伊直弼有错么？当然没错，于情于理，日本打开国门和世界交流都是对的，更何况在当时的局势下，也不容你继续锁国。

尊攘志士有错么？其实也不能说他们是错的吧！列强要日本开国签条约摆明了是来占便宜的，反抗一下也很正常吧。

所以只能这么说，井伊直弼也好，攘夷派的众人也罢，他们在各自守护自己国家的过程中，碰撞出了激烈的火花，偏巧这次直弼的火花大了点，以至于把人家的给压灭了。仅此而已。

这场大狱折腾了一年多，在搭进去不少人命之后，整个日本总算又暂时恢复了表面的和平与宁静，然后迎来了新的一年。

一个惊天的大计划，正在一些人的脑中酝酿着。

安政七年（1860 年）三月二日，江户品川的一家酒楼里，有 18 个人正在开会。

"根据情报，明天那位大人将会在上午时刻从樱田门经过，到时候，我们几个就动手。计划之前都已经说过了，大家不要忘记就行。"

这句话说完，这 18 个人就各自结账后散伙了。

当天晚上，井伊宅邸收到了一封信，信上写道：井伊扫部殿下亲启，因汝勾结夷人，屠我辈志士，罪不容赦，故我等水户藩攘夷志士将于近日以手中武士钢刀替天行道，诛殿下于荒野。然所谓明人不做暗事，特此提前敬告。

井伊直弼看过这封信，笑了笑，然后当场将其撕碎，如他祖宗井伊直孝撕碎伊达政宗那百万石白条一般，撕完直接丢进了火堆里。他压根就不在乎。

这一天，就这么过去了。

3 月 3 日早上 9 点，位于江户城北面的樱田门外，一队约莫有 60 人的卫队守护着一台轿子缓缓地走来。轿子内坐着的正是去江户城上班的大老井伊直弼。

虽然时节已是应该春暖花开的三月，但这天却下着与时节毫不相符的鹅毛大雪，就在这雪地里，轿夫和卫士们一脚深一脚浅地行进着。

突然，从斜边上冲出来一个人，手捧着一张纸状，嘴里高呼："青天大老爷请给小民做主！"

江户时代跟中国的清朝差不多，但凡官员在路上行轿走路，要是碰到有人拦道喊冤，那是不管多大的官都得停下来受理，这是为了体现官员勤政爱民。

056

井伊直弼示意停轿，命人去拿那张状子过来，想看看究竟是说了些啥。

但听来人说："小民乃是水户人士，叫森五六郎。我们藩的某某家大老抢了小的老婆……"

正说着，井伊家家臣日下部三郎右卫门已经来到了他的跟前，伸出了一只手，示意森五六郎把写好的状子交给自己。

五六郎缓缓地将手里的状子递给对方，正待三郎右卫门打开欲细看的时候，猛然抽出了一把刀，将其一刀砍死在自己跟前。

侍卫见状纷纷赶上前去捉拿凶手，就在这个时候，一声枪响平地而起，子弹从井伊行列的右后侧射出，并且穿过了轿子。

打出这枪的是水户藩士黑泽忠三郎胜算，话说这枪着实打得很准，直接就洞穿了轿子，还有井伊直弼的大腿。也因为这枪，使得直弼在之后的战斗里处于无法行动的状态。

同时，枪声也是暗号，埋伏在周围的十几个人纷纷拔出刀子，一拥而上，而井伊家的大多数侍卫此刻的注意力全都集中在行列最前头的森五六郎以及那声暂且无法判明确切位置的枪响上，轿子周围仅有数人。

这次行动的总指挥叫做关铁之介，他没有亲自参加这场械斗，而是跟在大伙后面冲向了轿子，并且大喝一声："逆贼井伊直弼，做了如此亵渎朝廷和圣上的事情，今天特来取你首级！"

按照他们的想法，这逆贼此刻应该是连滚带爬地匍匐出轿子，然后一边磕头一边高呼好汉饶命，最后死在正义的刀下。

然而，事实却并非如此。

尽管身受重伤，但井伊直弼听到这声叫板，还是非常从容地撩起了帘子，笑着说道："圣上？别开玩笑了，你们是水户的人吧？来杀我，仅仅是来给你们的主君出气的吧？"

"……少说废话，受死吧！"

尽管对方来势汹涌而且还有数量优势，可井伊家别说侍卫，连个轿夫都没有逃走的。

勇气可嘉，但局势大大地不利。

因为这天是大雪天，所以为了保护手里很贵的武士刀，井伊家的大伙都把刀给放进了专门的袋子里。本来拿起来就不方便，现在看着别人杀过来，一紧张，相当多的人连刀都拔不出来了。但是，井伊家的家臣们却丝毫没有后退，大家纷纷就着刀袋子和手执利刃的刺客们开始了生死搏斗，更有甚者还徒手去挡刀，最后直接导致手指被砍落。

当然，有紧张得全身发硬的，自然也有冷静得浑身柔软的，以二刀流闻名于世的彦根藩剑豪河西良敬，在旁人哆哆嗦嗦一把刀都拔不出来的情况下，异常镇定地拔出了两把，然后在放倒刺客数人之后因寡不敌众力战身死。

轿子身边的侍卫一个接着一个倒下，渐渐地就全死光了，没人了，孤零零的只剩下了一顶轿子。

18名刺客中，唯一出身萨摩的有村次左卫门一个箭步冲到轿子跟前，"哐当"一声踢开轿门，看到了坐在里面因枪伤流血过多而奄奄一息的井伊直弼。

有一句话叫做"眉毛胡子一把抓"，用来形容当时的情况可能是再确切不过了。有村一把抓住了直弼的胡子，用力一扯，连人带胡子地将他给拉出了轿子外，然后高举手里的武士刀，一声大喝，一道寒光，井伊直弼身首异处。

一颗人头随着喷涌而出的血液飞向天空，然后掉落在了雪地里。

这是一颗怒目圆睁的头颅，用凤愿未了的眼神凝视着这个飘零的世界。

有村次左卫门非常兴奋地拎起人头，大声欢呼："贼人的首级已经被我获得！"

紧接着又是一声尖叫："左卫门！"发出叫声的是广冈子之次郎。

058

还没等有村回过头去看什么情况，一个从地上爬起来的井伊家侍卫举着手里的刀就砍了上来。

有村被砍中了后脖子，刚刚到手的人头也掉落在地，被那个袭击他的人抢走了。

来人叫做小河原秀之丞，他本来已经被人砍得扑街了，但当看到自己的主君被人杀掉，首级被割走的时候，还是凭着顽强的意志力爬了起来，用自己手上的刀砍向了那个人，并且打算夺回直弼的首级。

然而，还没等他摸到直弼的脑袋，就被一边的广冈子之次郎给一刀捅了。这次，小河原再也没能爬起来。

井伊直弼的首级，最终落在了刺客团的手里。得手了之后的广冈子之次郎此时也已身负重伤，但他还是带着首级迅速撤离了现场。前后历时不过数分钟。

安政七年（1860年）3月3日上午9点，江户幕府大老井伊直弼遇刺身亡，享年46。

此次暗杀，也被叫做樱田门外事变。

事情发生之后，幕府方面迅速作出应对：首先，为了安定民心，他们放出风去，说井伊直弼不过是被砍伤了手脚，休息两天就能回来上班了。将军家茂还装模作样地跑去井伊家亲自探望了一番，而各地的大名们也纷纷效仿，派遣使者前去探伤。不过，唯独水户藩的使者在门口就被人给扫地出门了。

对于这种行为，广大的江户群众表示了嗤之以鼻的鄙视之情。

要知道，在直弼人头落地的那一刻，周围的围观群众绝对不下三位数，然后一传十、十传百的，早上9点干的活，还没吃午饭江户人就都知道了。

搞到最后幕府自己都不好意思了，只能撤销直弼的大老职务，然后昭告天下，再开了个追悼会算是完事儿了。

接着，开始处理暗杀者。

暗杀者中，除了稻田重藏是当场被砍死的之外，其余的不是平安逃脱就是虽然重伤但仍被人给抬着或拖着逃走了。

而那些重伤的，都知道自己活不长了，就算能活一旦被抓了也是死路一条，所以纷纷切腹自尽。

除了重伤自杀的之外，还有好几个是无伤或者轻伤逃脱的，但基本上都在一两年里就被搜捕出来关入了大牢，然后再被处以斩首之刑。

18名刺客里，最终平安活下来得以善终的，只有两人，分别是菊池刚藏和增子金八，前者在明治时代还当上了水户地方的片儿警。

小将军家茂对井伊直弼的感情是非常深的，毕竟自己是人家一手扶植上的宝座，所以在处理完凶手之后，他将目光转向了当时井伊直弼身边的护卫们。

彦根藩藩士朝比奈三郎八、小岛新太郎等七人在当天回到家之后不久，便被投入大牢，两年后也就是文久二年（1862年）全体被问斩。罪名是"无疵"，也就是没受伤。领导都被砍死了你还全须全尾，这样的同志不能留。

就这样，井伊直弼死了。

这个深受领民爱戴、只知一腔热血为了祖国拼命，且被吉田松阴在内的大多政敌称赞的人物，死了。

井伊直弼的死，彻底打破了日本原有的政治格局，对幕府尤其是沉重一击。

总结起来其实也就两点：首先，井伊大老之后，整个幕府的高层中，再也没有肯为德川家说死就死的人了。这就直接导致了幕府原先制定的很多政策，顿时成了狗屎——道理很简单，开国也好，签各种条约也罢，这些都是井伊直弼当年拿出拼命的劲头压退政敌后换来的。现在他一死，跟国外的交流学习虽说依然还在继续，但是牵涉国本的各种条约，是再没人敢随便签了。

其次，幕府颜面扫地，几无威严可言。其实这也很好理解，一手

060

遮天的赤鬼井伊直弼就这么大清早地被乱刀给砍死了，作为幕府，说自己没丢脸都是假的。更要命的是，井伊直弼这一死，尊攘派瞬间就崛起了，这些人在宣扬攘夷的同时，当然也不会忘记唾弃一下幕府。由于此时幕府中也的确再无像井伊直弼这样敢豁出性命再搞一次大镇压的人，因此伴随着各种谣言以及让人失望的现状，幕府的威望降到了冰点。

与此同时，各地的强藩纷纷抬头，大胆地将自己的手脚伸向了中央政治，比如长州（今鸟取县）的毛利家、萨摩的岛津家等，就连背负着各种罪名的现行犯水户藩，都不甘寂寞地用尽手段企图重返政治的核心舞台。

日本，开始进入了一个政治意义上的战国时代。

061

第五章

和宫下嫁

在这乱世之中，率先活跃起来的是极端尊攘派，特别是水户藩的人，自刺杀井伊直弼之后，他们就几乎成了当时日本恐怖分子的代名词，整天不是除奸就是攘夷，把袭击活动搞得声势浩大。

既然日本最大的日奸井伊直弼已经被杀，那么接下来，就该好好地攘一把夷了。

但具体攘谁，还是让他们想了很久。在文久元年（1861年）的春天才最终确定了目标——位于江户东禅寺的英国领事馆。

既然是攘夷，就得真刀真枪地杀几个外国人。

当年5月29日，在水户藩士有贺半弥的带领下，总共14个人偷偷来到了使馆门外。他们的目标是——没有目标。总之计划就是：冲进去，看到人杀人，看到东西砸东西，临了再放一把火。

半夜时分，在有贺半弥一声令下后，大家伙高喊爱国口号，杀了进去。

驻日的英国领事叫做阿鲁考克，是一名资深的外交人员。他曾经亲自参与了和清朝缔结《南京条约》的大会，并且还担任过福州领事、上海领事以及广州领事。顺便一说，此人还是有记录以来第一个登上富士山的非日本人。

不过要说也算是他运气差，其实他是刚刚到任不久，领事的椅子还没坐热，就被人砍上门来了。

062

情急之下，阿鲁考克保持了高度的镇定，他一边派人出去找日本的使馆警备部队求救，一边组织起使馆里原有的人员进行自救。大家拿着各式枪械，或趴窗口，或蹲门口进行射击。

尽管如此，水户藩士们还是冲进了领事馆的主建筑，双方展开了白刃战。

虽说白人要比当时的日本人强壮很多，但毕竟对方是受过专业训练的武士，所以一时间领事馆方面伤亡惨重。

书记官里弗奥多被砍伤，还有一个叫莫里森的人也受了伤。话说此人其实更倒霉，因为他压根就不是江户而是长崎领事馆的，来江户纯粹就是短期出差，结果差事没办完就挨了刀子。

阿鲁考克一看打不过，便趁乱翻墙逃出了领事馆。

眼看着要被全灭的时候，驻扎在附近的日本卫队才姗姗来迟。双方一阵混战，各自死了几个伤了几个之后，水户藩的攘夷小分队才撤退。

立刻，英国人就向幕府提出了强烈抗议和严正交涉。

这不是走走形式的空头抗议，英国人是真的很愤怒。因为这已经不是东禅寺使馆第一次被人打上门来了，早在上一年（1860年），就有攘夷志士跑到领馆，把使馆的翻译官岩吉给捅死了。

岩吉和仙太郎一样，也曾是荣力丸上的船员，之后跑去英国领事馆做翻译。这哥们儿属于心眼比脑洞大的人，案发当时正在使馆门口和小孩子一起玩风筝，结果被人从背后一刀捅杀，身体都被刺透了。

所以英国方面在抗议的同时，还提出了赔偿条件：

首先，幕府得给赔偿金。打伤人的医药费、受到惊吓的精神损失费、东西被砸坏的修理费等等一分钱也不能少，总价是一万美元。

其次，要求日本方面加强使馆区域的安全警戒工作。要做到日夜巡逻，随叫随到。

最后，要求在英国领事馆里驻扎上英国的士兵。自知理亏的幕府为了息事宁人，减少在国际上的负面影响，所以来了个照单全收，连讨价还价都不带的。赔完了钱之后，便开始算账了。参与袭击的那十几个人，除了当场死在使馆的，其余一律处死。然后又加强了对各国公使馆的警备，严防类似事件再次发生。

平心而论，不管怎样你跑到领馆去杀人放火肯定是犯罪，幕府无论是惩处凶手还是尽责赔偿那都是他该做的分内事。可老百姓们却不这么想，大家抱定了洋鬼子都是来搞侵略全都不是好东西的想法，一看幕府为了几个洋人又杀同胞又赔钱的，纷纷觉得这帮欺软怕硬的家伙又在卖国了。

你是不是觉得这世道简直没地儿说理，幕府忒冤？其实一点也不冤。

话说到这里，我们就有必要来探讨一个问题：为什么在上层已经在学习西洋的同时，以中下层武士为主的尊攘派们还在搞攘夷？他们难道不知道自己的国家技不如人打不过西洋列强么？

嗯，不知道。确切地讲，是幕府没让他们知道。

话说在第一次鸦片战争之后，关于这场战争，幕府给出的消息大致是这样的：英国人很厉害，但和我日本同文同种的大清也毫不逊色。在一场战斗中，大清的士兵们抓获了一名英国女将，审问后发现，居然是英女王的妹妹，大不列颠第三公主。于是英夷跪服，约定返还所有占领之地，只求释放公主云云。

当时日本民间一片轻蔑之声：英美鬼畜，岂敢敌我大哥中华？

幕府之所以要这么说，当然有稳定民心之意，可任谁也没想到鸦片战争后十几年，列强就打到自己头上了。

虽说之后有《海国图志》这样的书以及长崎的荷兰窗口来开启民智，但毕竟影响有限，老百姓和下层武士到底还是看正统官媒的居多，坚信儒教、神道培育出来的武士，必然打得过洋鬼子。结果洋鬼子真来了，却发现口口声声宣传抓女将的幕府带头开国了，能不嫌弃么？这就叫自食苦果。

扯远了，说正题。且讲幕府出了一系列保护使馆的方针办法后，

064

水户人一看这情形，知道以后杀外国人的机会估计是不多了。得，咱还是接着回去杀日奸吧！

这一次他们的目标是老中安藤信正。

信正在井伊直弼死后掌握了幕府的实权，他其实也是一个开国派，只不过因为前任老大死得太惨太难看，给他留下了深深的心理阴影和教训，所以，信正走的是曲线开国的道路，就是一边在朝廷上下打点，让公家们以及天皇支持自己搞搞公武合体之类的事，一边再着手开国的工作。

说良心话这其实也没啥不对，可对把人生目标定为"一概鬼子全杀尽"的攘夷派来说，是绝对不能容忍的。

文久二年（1862 年）1 月 15 日早上，6 名水户藩武士袭击了护卫总人数在 50 上下的老中队伍。行动的方案比较老套，跟上一次一样，先由一个人在前面喊冤，然后跟着在后面打个黑枪，最后大伙一拥而上乱刀砍死老家伙。

不过因为这次对方人实在太多，而且自井伊直弼遇刺身亡之后，幕府对高级官员的安全工作做了充分的预防准备，所以，不但暗杀失败，参与的 6 个人也全部当场战死。

尽管如此，但因继大老被杀后又出现了老中遇刺未遂，让幕府原本已经就很低的威信再一次被打了折扣。安藤信正也因此被削减了领地，还被要求在家暂时反省一段日子。

这些实际上都是老生常谈了，幕府的威信每天都在下降，并无半点新鲜。唯一有必要多一句嘴的是，水户藩这次其实叫上了长州藩同去，只是长州藩攘夷界的老大左思右想，觉得此次行动忒不靠谱，于是临时反悔放了水户的鸽子，没去。

这个没人品的老大叫桂小五郎。

连续的暗杀事件，让整个日本陷入了深深的不安之中，不仅是人，连神——半仙，也觉得有点不对劲儿了。

065

孝明天皇虽说为人强硬还攘夷，但他其实并不反对幕府，相反，他还觉得跟幕府合作比较好，也就是推行所谓的公武合体。

说得透彻一点，其实天皇的要求非常简单，他就希望没什么外国人来侵略，自己关起门来大家其乐融融地过小日子。只要能做到这一点，让他一年拿十万石俸禄来研究学问，也能忍。

这是一种非常朴素的理想，但在当时的世界自然是没可能实现的。

可天皇不愿意放弃，他还是打算努力再试上一把。

他决定把自己同父异母的妹妹和宫嫁给德川家茂。

其实这个决定不是孝明天皇本人做的，而是广大希望跟幕府搞好关系以求天下太平的佐幕派公家反复请求的结果。而计划早在安政七年（1860年）的时候，就已经在大家伙的脑海里开始酝酿了。

只不过，从当时的情况来看，计划的成功率小于等于零。主要是因为和宫是有婚约的。不光有婚约，而且还是天皇本人给牵线搭桥做的大媒，对象是有栖川炽仁亲王。

所谓君无戏言，更何况婚姻乃人生大事。如果真的这么儿戏的话，不但毁的是自己亲妹妹的名声，更是往自己脸上抽嘴巴，所以天皇一开始是拒绝的。

当然，就这个主意本身而言，他也觉得不坏。原先的打算是换个人嫁过去，本来选的是女儿富贵宫，可没承想天有不测风云，才有了这个想法，姑娘就得病去世了。

这下有点尴尬，因为把皇宫翻遍了也找不出除了和宫之外第二个未婚妇女了。若是动真格地要嫁，是她也是她，不是她也得是她。

所以支持嫁和宫的人们觉得，为江山社稷着想，这巴掌必须得抽在天皇脸上。

当年4月，京都所司代酒井忠义和关白九条尚志联名上书，要求和宫原先的婚约作废，并将她嫁给将军家茂，其他公家见此也纷纷附议。

所谓京都所司代，其实就是幕府的驻京办。

孝明天皇不想抽自己，也不想被人抽，所以就回绝了大家的要求，理由有三：

第一，和宫是有婚约的人。

第二，和宫虽说是自己的妹妹，可从小娇生惯养极具个性，她要干什么不干什么全凭自己的喜好，基本不把我这个哥哥放在眼里，所以即便是作为天皇的我同意了，她不愿意一样没辙。

第三，和宫年龄还太小了，不过14岁。你让她一个人嫁到离京都那么遥远的关东去，这太没人性了，明显是虐待小孩子嘛。

本来孝明天皇以为，这么一回绝，事情也就到此结束了。可不想隔了个把月，幕府亲自派使者求婚来了，更绝的是他们居然还做通了和宫的生母关行院以及伯父桥本实丽的工作，让他们帮着一起来游说。

这下天皇觉得有点头大了，也开始动摇了，思前想后，他找来了一个侍从商量。

日本的侍从跟中国的有些不一样，简单来说，就是今天的宫内厅官员。

这位侍从也是个没啥节操的人，发自内心地认为和宫没有必要守着一份可有可无的婚约，无论是为了满足孝明天皇自己的理想抱负还是从家国天下的角度出发，都应该嫁给德川家茂。

天皇觉得这番言论甚合自己的心意，只是说到底也是自己的亲妹妹，何况还要自抽耳光一般地毁掉婚约，所以不由得感慨道："这样是不是太便宜关东那帮小子了？"

侍从呵呵一笑："陛下，这倒是无碍。只要有言在先，如果幕府承诺舍放开国，开始攘夷，那么就把公主给嫁过去。"

孝明天皇一听觉得这主意实在是好，不但通过联姻加强了公武合体，还能了了自己多年来的攘夷心愿，真是一举两得。

这位侍从的名字叫做岩仓具视。记住这个人啊同志们，这绝对是一个在坑界能和井伊直弼一较高下的狠角色。

067

6月，天皇颁布圣旨，大意是：如果幕府攘夷，就把妹妹嫁给家茂。什么时候攘，什么时候嫁。

经过一番讨价还价之后，双方终于在当年的7月中旬敲定：和宫嫁给家茂，婚礼在三年内举行，但幕府在十年之内必须将国体重新变为锁国。

双方皆大欢喜。不过，他们都忘记了一点。那就是和宫本人的意愿。

其实孝明天皇说得并没错，从小被父亲仁孝天皇当成掌上明珠的和宫，是一个个性极强的女孩，她不愿意的事情，说什么都是没用的。

当她听到要和有栖川亲王解除婚约，然后嫁到遥远的关东时，当下就表示拒绝，谁劝也没用。

这下天皇急了，因为无论是公武合体还是尊王攘夷，自己好歹还是天皇，总不能这么来回抽自己的脸吧？一会儿嫁一会儿不嫁的，别说亲妹妹，亲妈也不行啊！

所以孝明天皇跑去找和宫说："妹啊，皇兄这两天被抽脸抽得心都累了。要是连你也不放过我的话，那我就只能退位了。"

和宫一惊。

紧接着天皇又说："只不过苦了你了，因为不管接我班的新天皇是谁，他都会把你嫁给德川家茂的。"

和宫想说话，但却什么也说不出口。

孝明天皇一见这情形，连忙宽慰道："其实你也不用太担心，真不想嫁也不是办不到。你出家做尼姑不就行了？回头我就给你联系个姑子庵吧。"

此时和宫的内心已经是崩溃的了。一个星期后，姑娘终于屈服了。但是她提出了三点要求：

第一，自己要在父亲仁孝天皇的忌日过后才能嫁人，并且此后每年的忌日，幕府都要放行自己去京都拜祭。

第二，自己进了幕府之后，在大奥的一切生活礼节全都按照宫里的标准，将军家原有的礼节可以无视。

第三，自己身边的侍女、女官都要如数带去。

孝明天皇全部答应了。

至于幕府方面，他们除了希望和宫快点嫁过来之外，别无他求。

文久元年（1861年）10月，磨了一年多的和宫，终于动身去江户了。

江户幕府历经14代将军，娶公主做老婆的，还是头一个，所以大家对这场婚礼的重视程度是空前的。沿途的大名们也纷纷被动员起来，保护和宫的安全以及行程的畅通。整个护卫行列总人数超过了3万。

而和宫所经过的地方，基本上都事先被人变成了无人区——不许做生意，不许逛街。当地的居民要么选择去旅游，要么选择待在家里，不能开窗，不能开门，也不许站在高处眺望和宫一行的行列，违者直接法办。发展到后来，连庙里每天敲钟都不让了，说是生怕这钟声太大惊扰了和宫。

还有更过分的。一些大名甚至规定，在和宫经过的区域内，连猫狗都不能出现，因为这些动物的叫声会惊扰到和宫，所以一旦见到，要么就地扑杀，要么关起来。

还有的大名规定，在和宫晚上睡觉的地方周围，百姓不许点灯，因为生怕有人拿着油灯点了火把搞恐怖袭击。

总而言之一句话，天皇嫁个妹妹，老百姓要被折腾个半死。于是大家又恨上了幕府。

但不管怎么说，和宫一行总算是在一个月后的11月15日平安到达了江户城。

11月21日，陪同一起的侍从岩仓具视在江户城上会见了当时的老中安藤信正。

两人就和宫下嫁的相关事宜进行了诸多讨论，并且针对近期来发生在日本的各种事件展开了深入探讨，气氛非常良好。

就在这良好的氛围中，岩仓具视突然发问道："最近，我听说了很多不太好的流言，不知道老中大人可有所耳闻？"

信正表示自己尽管身为高官，但是一向喜欢深入基层，听到的流言多了去了。上到天皇要出家，下到江户的青菜涨价，几乎天天都有类似的事儿传到自己身边，所以还请侍从大人明示，到底是什么流言。

"既然如此，那我也就不妨明说。这民间传闻，幕府之所以要让和宫下嫁，纯粹是为了找一个人质来压制朝廷，请问此事是否当真？"

信正一听连称绝无此事，还表示说，幕府是真心诚意要响应天皇的公武合体的号召，所以才请求和宫下嫁的。为的是增进幕府和朝廷之间的友好交流以及亲情互动，绝对不是要什么人质。

说的时候态度极其诚恳，但安藤正信已经不拿正眼瞧岩仓具视了。

他觉得这人忒傻，哪有这么问问题的？就算真的要把和宫当人质，你这么问几下，就能不当了？

正信轻轻地叹了一口气，摇了摇头。这公家脑残多，看来还真不是流言啊。

可岩仓具视似乎并不知道自己有多脑残，相反还反复地，一个劲儿地追问："是不是把和宫当人质？真的不是？真的不是？"

安藤老中也不好当场发作，只能跟着对方一遍又一遍地回答："不是，真的不是。我确定以及肯定地告诉你，不是。"

岩仓具视笑了，笑得很开心。

安藤信正也笑了，笑得同样很开心。他觉得对方总算是相信幕府的诚意了，也不枉费自己这番口舌。唯独感到有点奇怪的是，这家伙咋笑得那么别致呢？总觉得有点阴险的味道。

还没等他细细品味那笑声，岩仓具视再度发话："既然老中大人如此肯定，那么就请幕府方面出具一张誓纸吧！"

誓纸就是保证书。保证的内容是：幕府发誓，让和宫下嫁纯粹是为了加强和朝廷的关系，而绝非是把和宫当人质。

安藤信正不干，换你你也不干。

假设你讨个老婆，临结婚了要你写个保证书，保证是真心相爱而不是为了女方家里的钱，你愿意么？伤自尊不说，不知道的看了还以为你做贼心虚呢。

当时在场的，除了陪坐的大小官员之外，还有幕府的另一个老中久世周广和朝廷的千种有文。众目睽睽之下安藤信正拍着胸脯口头保证，结果却连个书面证据也不敢留下，这实在不得不让人怀疑他的诚意，或者说是幕府的诚意。

而岩仓具视却不紧不慢面带微笑地表示，因为这流言实在是传得太厉害，所以朝廷方面也不能不当一回事儿。如果幕府觉得写保证书实在过于为难，那也不急，我今天先把和宫给带回京都，等这流言过了，或者彻底查清造谣者的时候，再结婚也不迟。

说着，他起身就准备走。

信正连忙挽留，表示不急，容自己想一想，考虑考虑。

岩仓具视则表示自己相当地急，出差在外家里老婆要忙里忙外忙不过来，孩子还要上学读书没人接送，所以希望幕府赶紧地给个答案，成与不成都给一句话。

12月中旬，幕府向朝廷代表岩仓具视递交了保证书，发誓家茂跟和宫的婚姻中，除了公武合体还是公武合体，绝对没有第二个动机。

就这样，带着保证书，岩仓具视悠然回京。

但这事儿还没完。

文久二年（1862年）刚过完新年，孝明天皇突然就收到了妹妹和宫的来信。

信中的主要内容是哭诉。哭诉自己在江户城遭到的虐待。要点有以下几个：

第一，原本说好按宫里的生活习惯过日子，可到了大奥之后，里面管事儿的当场就反悔了，硬逼着自己按照将军家的家规待人接物。

第二，本来幕府答应让自己每年回京都祭奠自己的父亲仁孝天皇，可现在也反悔，说是时间紧迫要求延期。

第三，天璋院对自己的态度非常蛮横无礼，动不动就仗着自己混的时间长、资格老、辈分大来欺负自己。

第四，自己住的屋子阴暗潮湿还狭小，简直就不是给人住的，像牢房一样。

最后一条是随和宫一起来的侍女提供的举报信息。她们称，自从来到了江户，和宫的脸上就常挂着泪珠子，可见是被人欺负过很多次了。

对此，孝明天皇进行了冷处理。他只是轻描淡写地叫上了京都所司代问了问情况，听了听解释，就算完事儿了，同时还写信给自己的妹妹，要求她好好过日子，不要折腾。

当年2月11日，和宫和德川家茂正式举行了婚礼。

这一年，两人都正好16岁，和宫只比家茂小14天。

她觉得这简直是上天在坑害自己，自己到底是造了什么孽，居然会嫁到这么一个四周充满了无数敌意的地方。根本就是人质，好吗？

婚礼结束后，照例是洞房花烛夜。

德川家茂盯着和宫看了很久很久，然后笑了："你真漂亮。"

和宫礼貌性地也笑了一下。

"对了，你爱吃甜的么？"不知什么时候，家茂拿出了一个漆盒，里面装着各种各样的小点心，"这是羊羹，这是丸子，这是金平糖。啊，对了，这是长崎的荷兰蛋糕，你肯定没吃过吧？也是，你哥那么恨外国人，怎么可能让你吃蛋糕。来，拿一块过去尝尝吧，超好吃的。"

和宫接过蛋糕，咬了一小口。

"怎么样，好吃吧？"

"将军……平时喜欢吃这些？"

"那可不，德川将军家代代都喜欢吃甜的。"

和宫笑了。

"真甜。"

072

她开始觉得，纵使出身深宫，纵使是一场政治婚姻，可自己未必不能拥有幸福。

当然，小夫妻的幸福归小夫妻的幸福，既然是政治婚姻，政治话题总是要提一提的。

大婚后，朝廷方面第一时间派出使者和幕府约定，拟明年让将军亲自去京都，和天皇一起探讨十年内完成攘夷的问题。在当时的日本，大名、将军去京都，被称之为上洛。对此，家茂一口答应。

这边皆大欢喜，那边却又有人不高兴了。

广大的尊攘激进派非常偏执地认定，幕府肯定是在施加了种种压力之后，逼迫朝廷把和宫嫁过去的。对于这种过分的行为，是绝对不能饶恕的。

其实一个政权就跟一个人一样，一旦没了公信力，做啥都是错的。

一场恐怖袭击的计划，又在酝酿之中了。

自从上一次在江户刺杀安藤老中失败之后，水户的尊攘派地位一落千丈。原本是全国尊攘的领头羊，现在却渐渐地被另外两个藩所取代，它们分别是长州和萨摩。

而这一次的计划制定者以及之后的实行者，都是萨摩人。

他们打算干一票大的，把支持和宫下嫁的那一伙公家全部杀光，而计划的第一步，就是冲进关白九条尚志以及京都所司代酒井忠义的家里，把这两家给灭门了。

萨摩人的武勇拼命我们之前都有过介绍，这里就没必要多说了。其实我们也有理由相信，当这群亡命之徒真的高举着手里的刀子砍向那些五谷不分四体不勤的公家，对方是断然没有一丁点儿的反抗能力的。

但是事情并没有那么简单，因为萨摩藩的老大岛津久光不同意。

久光具体说来是藩主岛津忠义的爹，萨摩大小事务的实际掌权人。这哥们儿在他爹和兄弟争权夺位互相踩踏的时候，尽当老实人，谁也不帮，谁也不打，特别安分地过自己的小日子。可眼瞅着父兄双亡之后，

073

他立刻就活泛了起来,先是以国父自居,然后再狠抓藩内大权,先后重用了大久保利通等中下级藩士,并且让他们组建精忠组来帮助自己处理藩务。同时,他还是一个不折不扣的公武合体派,力求促成朝廷和幕府合作,并且深得孝明天皇的信任。天皇不仅经常召见他,还特地允许他从萨摩藩带兵驻扎京都,以保证首都的治安。

岛津久光的政治立场是显而易见的公武合体。因此这样的一个人,你要让他放任自己的手下去杀公家、灭幕府官员,那是绝对没可能的。

当然,其实他不同意也没关系啊,手下偷偷地干不就行了?

偏偏就巧了,正准备偷着干呢,也不知道谁当了叛徒,行动计划提前让人给捅到久光那里去了。为了能摆平这档子事儿,还不伤了自己藩的人,岛津久光特地派了自己的亲近家臣前去调解,其实也就是去把那群人给劝回来,别再闹事儿了,好好过安生日子。

这位前去调解的哥们儿名字叫大久保一藏,后来他也改了个名字,叫大久保利通。

一藏在接到命令的同时,就问自家老大,要是那几个执迷不悟的打算一条儿道走到黑咋办?

久光寻思了半天,沉吟道:"那你就挑选家中的剑术高手前去,实在不行,就……"

大久保一藏秒懂。

其实他的担心不无道理。自从和宫下嫁给了家茂之后,幕府和朝廷的关系一度得到了改善,一些原本持倒幕观点的武士纷纷转向公武合体。可是还有一些极端分子,他们坚持认为幕府是靠着坑蒙拐骗、威胁利诱的手段才把和宫给劫持到江户的,所以幕还是要接着倒,而那些在和宫下嫁中出力不少的公家也绝对不能放过。

就这么着,原本的尊攘派分裂成了公武合体派和尊王攘夷倒幕派(简称尊攘派),两派如同水火,纷纷试图置对方于死地。

大久保一藏在家中挑选了9名剑术高超的家臣上路,目标是位于京都的旅馆寺田屋。

要说这寺田屋，也不是一般的旅馆，它是萨摩藩在京都的唯一指定住宿旅馆，但凡来京都出差的萨摩藩士，不是住在萨摩的驻京宅邸，就是住在寺田屋，所以，久而久之寺田屋也就成了萨摩人的在京聚集点。

该次的袭击计划，也是在这里商讨酝酿成的。

就在大家对整套计划做着最后的修缮补充工作时，大久保一藏带着人，来到了寺田屋。

走在最前头的，是萨摩藩剑豪大山纲良。

纲良是萨摩示现流的门徒，门派内对他的评价是"高手中的高手"，据说他能够如同飞鸟一般跳起身子，然后同时挥刀斩下敌人的首级；而且，这人不管是剑道切磋还是外出打架，基本不用防具，永远是穿着一身便服拿着一把刀就冲入人群大砍特砍，一时间被誉为萨摩剑道的第一猛人。

与此相对的，寺田屋内打算搞恐怖袭击的最终策划人，叫做有马新七。

这人属于老牌恐怖分子了，早在当年樱田门外刺杀井伊直弼的那次，就有他参与策划的身影。那个唯一加入刺客团的萨摩藩士有村次左卫门，就是他举荐给水户人的。

新七看到一下子来了那么多高手，就知道情况不太对劲儿了，但他还是硬着头皮问大山纲良："你们是来干吗的？"

纲良倒也实在，直接就说："主公已经知道你们的计划了，还请你们都回去吧，别在这里再给萨摩添麻烦了。"

新七一看计划暴露，也不含糊，直接就一挥手，招呼大家准备战斗。

纲良连连摆手，表示萨摩人不打萨摩人，有什么话大家回了萨摩宅邸慢慢说。

但是对方已经开始拔刀了。

尽管大家伙是本着一颗尽量维护和平的心态前来调解，但也不想平白无故地就这么人间蒸发，眼看着对方挥着明晃晃的刀子就冲了过来，大山纲良等人也不得已拔刀迎战。

这场群架的人数对比是10对8。调解队伍中，大久保一藏不太会打架，仅仅是远距离观望，所以其实是9对8。虽然数量上差距不大，但质量上的差距，几乎就是天壤之别了。

其中，调解队中的道岛五郎兵卫高舞着手里的长刀，大声喊道："奉上讨贼！"然后一刀狠狠地朝着有马新七劈了过去。

但是运气太差，这刀因为他举得太高所以砍在了门框上，又因为用力过度，刀身断裂。

正当五郎兵卫拿着只剩半截的刀子继续冲向新七的时候，恐怖分子中的桥口吉之丞从天而降，一刀捅入了他的腰部。此时被刚才五郎兵卫那勇猛的气势吓得瘫坐在地的新七也总算是回过神来了，操起地上的刀子高喊一声："放着我来！"亦将手里的刀插入了对方的肚子。

连揍了两家伙，照理儿说这哥们儿算是玩儿完了，可五郎兵卫居然直挺挺地站着、愣是不倒，还用尽最后的力气将手里的半截刀刺入了新七的胸膛中。

两人同时毙命。

一看主犯被放倒，调解队气势大增，而恐怖分子们则纷纷露了怯。一场激战下来，8名恐怖分子被当场砍死6人，重伤2人，而调解队里除了运气不佳的五郎兵卫之外，连个轻伤的都没有。这就是实力的差距。

但是事情还没完，因为在他们楼上，还有几个跟新七一伙的，估计一听到下面混战，早已经磨刀霍霍准备战斗了吧。

大久保一藏见状，正准备一不做二不休，冲上楼去杀他个干干净净，但是被大山纲良给拦住了。

"战斗到此为止就该结束了，接下来的人，还是劝说他们跟着我们回去吧！"

一藏觉得很搞笑，能调解早就调解了，刚刚你们干吗拔刀子啊？

再说了，人家在楼上早已经做好准备来跟我们拼个鱼死网破了，谁还敢上去跟一群亡命之徒讲道理？

纲良说："我去，我一个人去。"

然后宽衣解带，将身上的佩刀卸下，披着衣服，露着胸肌，踏上了前往二楼的楼梯。

楼上总共有5个人，带头的两个叫做大山岩和西乡从道。

事实上他们一听楼下的动静就做了决死的准备。此刻的五人，都是刀出鞘且人半蹲着，随时准备跳起来给敌人一刀。

就在他们瞪着血红双眼的时候，纲良上来了。

正要砍，对方连忙摆手说："你们几个，难道想对没有带任何武器的人下手么？这样也算是武士？"

大家仔细一看，确实如此，但还是没有放松警惕，依然举刀的举刀，半蹲的半蹲。

纲良倒是显得异常放松。他微笑着盘腿坐下，环顾5人之后说道："上来的就我一个人，什么也没带，只是想跟你们谈谈而已。你们几个，能不能先把家伙给收起来？"

沉默了半响，楼上响起了一阵刀入鞘的声音。

"你们是不是能告诉我，为何要这么做？"

"幕府对圣上大人施以压力，强行让和宫下嫁江户，实为人质。这种行为，难道不可恨么？"大山岩率先反问道。

"可恨！"

"那么我们让那些助纣为虐的小人受到应有的惩罚，有什么不对？"

"很对。"

"难道像九条、酒井这种人，不该杀么？"

"该杀！"

说着说着，大山岩觉得不对头了。怎么这哥们儿都顺着自己的意

077

思往下说呢？他到底是哪头的？

看着有些摸不着北的大山岩，纲良慢慢地开了口："既然大山殿下似乎已经没什么话说了，那么就容在下来说上几句。"

"你说吧！"

"大山殿下觉得，我们的主公为何会不远万里地来到这京城？"

"那是奉了圣上的命令。"

"你也知道是奉了圣上的命令啊？那我再问你，你知不知道主公来京城干吗的？"

"……"

"大山殿下其实心里很清楚吧？主公率兵上洛，就是为了促进公武合体，维护治安，可你们却打算在主公管辖的地方杀人放火，这不是给萨摩抹黑，给主公丢脸么？"

看着大山岩不说话，纲良又说道：

"公武合体，不仅仅是主公的志向，也同样是当今圣上的意思。和宫的下嫁，同样也是圣上的旨意，绝非是他人施加压力的后果，难道不是么？"

恐怖小组彻底沉默。

"如果大家还是武士，就不要再做这种既违背天子旨意，又给自家主公抹黑的事儿了。还请你们跟我回一次藩邸，当面接受主公的处理吧。"

5个人默默地站起了身子，跟着纲良下了楼。

接着，在纲良的求情下，岛津久光宣布：参与斗殴的那两个人，勒令切腹，而在楼上的那5个人一律免于处罚。

就这样，大山岩、西乡从道他们算是留了一条命下来。

大山岩，就是之后的日本陆军元帅。

西乡从道，就是之后的日本海军元帅，顺便一说，他还有个兄弟叫西乡隆盛。

078

对这次被称作"寺田屋骚动"的事件的圆满解决，朝廷和幕府上下都觉得非常满意，满意之余，大家对于岛津久光为人处事的能力也赞不绝口，纷纷认为此人堪为大用。眼看着幕府的威信一天天降低，还不如让萨摩藩帮着幕府一起管理日本。

趁着自己的支持率直线上升的当儿，岛津久光趁机向朝廷提出了自己关于幕府政治改革的三条想法：

第一，敦促将军家茂尽快上洛。

第二，设置五大老，分别由沿海五大藩的大名来担任，目的是共同帮助将军处理国家政务。这五个藩国分别是萨摩、长州、土佐（今高知县）、加贺（石川县和富山县）以及仙台（宫城县）。

第三，让一桥庆喜担任将军的监护人，让松平庆永担任大老。

如果你已经忘了这俩哥们儿是谁的话，建议重新去看看前边儿，关于一桥派的那张名单。

正所谓"斩草不除根，春风吹又生"，当年被井伊直弼弄得鸡飞狗跳，又是关禁闭又是在家反省的一桥派，终于又要重出江湖了。

孝明天皇看过之后觉得非常满意，在长州藩以及岩仓具视的大力推动下，当下就全部准奏了，然后派敕使去江户照会将军。

所谓的敕使，其实类似中国的钦差大臣。

天皇还命令，让岛津久光作为陪同与钦差一起去一趟江户，一路上的警卫工作也交给萨摩兵队了。

就这样，久光于文久二年（1862年）春夏之际到达了江户，顺利见到了德川家茂，而将军对他的这三条建议也照单全收，并且当下就任命了一桥庆喜为监护人，松平庆永为幕府政务总裁。所谓政务总裁，其实就是大老换个名字而已。

不仅如此，幕府也趁此机会搞起了一系列的改革。比如修改服饰、派遣留学生之类的。其中，改动最大的，就是两百年来死死约束各地大名的参勤交代制度。

079

原本规定大名每隔一年就要来一次江户并且住上个大半年的，现在变成了每三年来一次就行。原本大名的妻小都是人质，留在江户，没有幕府特批不准离开，现在变成了大家伙随时随地都能回去自己的领地。

作为维护国家统治基础的根本大法，参勤交代制度的修改意味着一件事——德川幕府，真的不太行了。

第六章

畅夫的奇妙旅行

老话有云："天下大势，分久必合，合久必分。"话说自那黑船来航之后，日本迎来了立国一千八百余年未有之变局，整个列岛陷入一片混沌。在这一片混沌的形势下，各地奇葩异士也如雨后春笋一般成长起来。

而这一章的主角，则更是堪称奇葩中的奇葩。他姓高杉名晋作，字畅夫，号东行。

对这个人，无论是中国还是日本的历史教科书或者是正儿八经的学习材料，都将其归为明治维新成功的最重要功臣之一。此话虽然不能说假，但太过虚幻。如果要实实在在地评价的话，那么我认为，这家伙其实就是一个天性爱玩的大少爷。

高杉晋作，长州藩出身。他爹叫高杉小忠太，是一个年俸200石的武士，在当时这样的收入水平基本类似于今天索尼、三菱这样公司的部长，应该算是有钱人了。

由于晋作还是家中独子，所以从小就受到了家庭的宠爱和良好的教育，同时也养成了一副少爷做派。

18岁的时候，他进入了吉田松阴的私立学校，同时也是整个学校里唯一一名有钱人家的子弟。因为松阴一直致力于平民教育，他的学校的定位一开始是主要收下级武士的孩子。可搞到最后就慢慢地变极端了，一旦知道是有钱人，便立刻拒之门外。而之所以会收下高杉，纯粹是出于一个人的极力推荐。

此人名叫桂小五郎。

然而，一年多后，校长松阴就被抓了起来，这学自然也就上不成了。此时的高杉开始四处游历，这是好听的说法，说得直白一点就是到处晃荡然后烧家里的钱。

文久二年（1862年），正赶上幕府政务改革，小规模往外派遣留学生。因此，日本其他诸藩也想仿效，这当中自然包括了长州藩。世界那么大，他们也想出门走走。

于是便组建了一个考察团，招了几个家里比较有背景的藩内子弟，其中就包括时年24岁的高杉晋作。

当时出国一般去的都是欧美，比如幕府方面，就派过胜海舟等人去美国考察，也派过不少留学生去那里学习。而长州藩却有些出人意料，他们考察的地点是大清。

应该讲这是一个相当睿智的决定——我这里说的绝非是派晋作出国，而是指去中国考察。

当时的日本你也知道，几乎处在了随时可能沦为西方列强殖民地的危险境地，因此不管是幕府还是诸强藩都萌生了学习西方的念头。正因为如此，前者才派团去美国参观，就是为了学习西方先进的科技，然而唯独长州藩，认为当下日本首先要做的，不是"怎样成为西方列强"，而该是"如何避免变成殖民地"。

至于想要完成这样的课题，那么第一要务显然是先找一个已经差不多变成殖民地的样本，吸取一下他们的经验教训。

很不幸，大清国就是一个近乎完美的样本。

言归正传，话说这趟考察的路线是从江户坐船出发，然后到长崎，再由长崎过海出国。

当时的出国考察说是说公派，但其实还是相当自由的——上头给每个考察组成员一笔旅费，让你自己坐船，自己出国，自己在国外的土地上乱溜达，一切费用都从那笔旅费里扣。

结果让人没想到的是这位高杉大少爷在拿到钱之后，先不急着出国，而是一路走一路玩，见好吃的就吃，碰好玩的就买。还没走到长崎，钱袋就已经空了。

公款私用耽误国事，这放哪儿都是大罪，不过这哥们儿倒也不担心，大有一副船到桥头自然直的架子。

万幸的是这次长州藩的考察团里有不少晋作的朋友，大家显然不忍心看着这厮回藩受死，于是东拼西凑再找几个诸如被人劫道了没钱了之类的借口跟长州藩藩主毛利元周解释，总算是又给高桥晋作搞到了一笔钱。这一回高杉晋作总算是老实了，不敢乱花了，乖乖地跟着大部队坐船来到了中国的上海。

如今的日本人对上海有着莫大的好感，不仅有好几万的常住人口，而且每年秋天，无数日本人还会成群结队地跑过来吃大闸蟹。然而当时这次堪称是日本与上海的初次正式往来中，上海却并未给日本代表团的高杉晋作留下太好的印象。

这不好的印象，主要是源于当时大清的军事、政治以及文化现状。

一行人是5月6日抵达上海的，首先映入他们眼帘的是外滩鳞次栉比的外国高楼。面对如此壮丽的景象，很多人忍不住惊叹"此景本该天上有"，但高杉晋作却只是很淡定地"哼"了一声。

凭良心说上一句，他虽然爱折腾，虽然想一出是一出，宛如一只没有任何目的在四处游走的野兽，但是他并不是在瞎折腾。这家伙其实非常有脑子，清醒得很，而且也是一个该出手时就出手的好男儿。总结起来一句话：少爷身子豪杰命。

虽然在高杉晋作眼中，上海诚然是一幅商馆林立繁荣无尽的景象，但与此同时，他也看到了当时上海的另一面。

"此地虽然繁华，但却只是西洋人的乐园罢了。清国人的生活贫困异常，极少数有钱的富人，也不过是为夷人做鹰犬。那港口看似泊满了船只，其实也都是洋船而已。"

在逛了一整天后，高杉君进而发表了更加激进的言论："上海这个地方，名义上是大清之地，其实已经完全落入了英法夷人的手里。"说完这话之后，眼瞅着天色已晚，便回旅馆睡觉去了。

第二天天还没亮，众人就被隆隆的炮声给吵醒了。一问才知道，原来当时大清正在闹太平天国，上海周边也沦为战场，清军正和太平军互相厮杀着呢。

本来还睡眼蒙眬的高杉晋作一听消息当即眼睛发亮，拍着桌子问旅馆老板战场在哪儿，老子要去围观。

旅馆老板从来都没见过这号客人，当时就吓得不行，连连摆手说客官去不得，这打仗真刀真枪的，一个闹不好就要送命的。

但高杉晋作根本就不在乎这茬儿，一昂头一指周围："我们是武士，枪林弹雨见惯了。不怕，老板，麻烦你告诉我，战场在何方？"

这话不说还好，一说边上的那群一起来的日本人都坐不住了。

"我们是武士"，听这话的口气，你一个人去围观还不够，还得拖我们下水？

于是大家赶忙上来劝高杉晋作不要那么冲动，也忙不迭地跟店老板打招呼："您看，这孩子从小就这德行，别跟他一般见识，也千万别告诉他到底在哪打仗，不然真要出人命了。"

不过旅馆老板倒也是个好人，虽然到底也没说出战场地址，但为了不让高杉晋作扫兴，还是跟他说了另一件事："如果客官真的对战阵之事有兴趣的话，那不妨过些日子去城西门外吧！那里一直有军队在操演的。"

于是这才把吵着闹着要大伙陪着自己一块儿去围观太平天国打仗的高杉晋作给哄太平了。

一两个星期之后，在一个叫阮松的中国人的带领下，高杉晋作如愿以偿地来到了上海西门外观看清军操演。

那位阮先生粗通日语并且为人比较热情，一边看一边还连说带写地做着介绍："这里总共有一万多陆军，五千多水军，大多来自湖南、安徽和江西，同时还有马匹上千。和长毛作战，几乎是百战百胜。"

高杉晋作听完之后，看了看军队，又看了看阮松，接着摆出了一副极为不屑的表情："你国军队，不过尔尔嘛！"

阮松有点不开心了："何出此言？"

"你看你们的军队，拿着火枪，可却还在用击鼓进军、鸣金收兵的古代军令，手里头的家伙一看就知道是粗制滥造。这样的士兵，根本不堪西洋人一击啊。"

当时第二次鸦片战争刚结束不久，铁帽子王僧格林沁的蒙古铁骑被洋人打得几乎全军覆没，所以高杉晋作说清军打不过洋人，也确实不假。但即便如此，阮松当然也不会高兴，可又想不出反驳的话，只好说一句："你懂练兵么，就这么大言不惭？"

高杉晋作仍是不改不屑的眼神："贵军操练的阵法，乃是威南塘传下来的吧？可惜了，没学到家。"

阮松一惊。所谓威南塘，就是明朝大将戚继光，拜威将军，号南塘。那些清军操练的阵法确实是戚继光所传，高杉晋作一个日本人，能够一眼认出他出生时代两百多年前的外国阵法，这着实是一件让人惊讶的事情。

当然更令人惊讶的事情恐怕是都已经 19 世纪后半叶了，大清帝国居然还在用大明王朝的阵法来操练士兵。

于是阮松也只能表示服了："尊驾兵法娴熟，令人钦佩。"

而高杉晋作则得理不饶人："你国的军队，根本就不能打仗嘛！"

看完了操演过足了瘾之后，高杉同学便回归旅行团，跟着大部队去了租界压马路。

在那里，他们先是参观了一些教会学校，然后又逛了一圈洋医院。旅行团的其他人都纷纷表示："其实洋人也不全是坏人，你看，这又兴学又办医的，着实是好事嘛。"

正说着，高杉晋作又露出了招牌表情——满脸的不屑。

"你们傻啊？"他用极鄙夷的眼神扫了扫那些当初给他凑旅费的同伴们，"虽然这些教会学校不用学费而且无论是外观校舍还是教学先生都可称得上不错，但你们刚才也都看到了，想要进学校读书，首先得信教，去他们夷人的医院免费治病时也会有夷人医师劝病人入教，这叫欲夺人国，必先取其心。等到老百姓都信他们的时候，再一举灭了清国，则如摧枯拉朽一般地易如反掌了。"

应该讲，高杉晋作还是颇具眼光的，几十年后发生在大清的义和团运动，就是因洋教而起，最终闹到了险些灭国的地步。

不过比较讽刺的是，高杉君的观点其实幕府早两百年前就提出了，也正是看透了洋人传教的本质，幕府后来才搞起了锁国令。

再说旅行团那一行人，在租界里转悠了大半天，终于是觉得乏了，于是领队的便表示大家自由活动吧，太阳落山前在韦尔斯桥集合。

韦尔斯桥就是今天上海的外白渡桥，当时经过此桥的中国人每人得交一文钱过桥费给租界，但外国人却不用，于是这又引来了高杉晋作的大肆抨击，认为上海已经完全沦陷为西洋属地云云。其实外国人过桥也收钱，不过他们是由上海公共租界工部局出面，每年向韦尔斯桥的制造商苏州河桥梁公司缴费白银1971两，作为全体在沪外国人的过桥费，只不过这事儿做得挺隐蔽，别说初来乍到的高杉晋作了，就连当时很多上海人都不知道，认为这是外国人的特权，为此还引发了相当规模的不满。

话再说回旅行团，趁着自由活动的当儿，高杉君走进了一家书店，然后开门见山地问老板道："此处可有《海国图志》？"

"没有。"老板毫无表情地摇了摇头。

高杉惊诧万分："怎会没有？"

老板宛若看外星人一般看着他："怎可能有？"

之前我们就说过，作为睁眼看世界的第一书，《海国图志》虽说在日本是卖到脱销的畅销书，但在中国早就无人问津很多年了。

但高杉晋作哪里知道这些，他这次还特地想带一本中国原版回家留做纪念呢，却没想到碰上了断货，万般失望之下，只好问老板："请问何处有此书？"

"何处都没有。"

"卖得太好？"

"根本就没人买！"

高杉晋作闻言一愣，继而长叹一声，又问道："那贵店可有关于鸦片战争的书籍？"

"没有。"或许是看出了对方虽然是个怪人但却并非来捣乱的，因此老板开始好心地推荐起了本店畅销产品，"这里有《佩文韵府》两部，卖得非常好，客官您要不要来一套？"

《佩文韵府》是世代官修大型词藻典故辞典之一，专供文人作诗时选取词藻和寻找典故，以便押韵对句之用的工具书，在当时确实非常受欢迎。

但显然高杉晋作要了这种类似于妙语大全的书没什么用，于是只能再问道："那么贵店可有陈忠愍公或林文忠公的著作否？若有，虽千金吾辈亦买！"

陈忠愍公就是陈化成，鸦片战争时死守上海吴淞炮台，最终力战而死，被谥忠愍，在日本的武士中间人气很高。

林文忠公就是林则徐，谥号文忠。

这两人都是高杉晋作的偶像，因此大少爷不惜千金也要购到他们的作品。

但是书店老板的答案仍是跟之前一样："没有。"

高杉晋作绝望了，他不明白为什么这个国家都已经这副模样了，可书店里却根本找不到像《海国图志》这样能了解对手的书，也看不到陈化成、林则徐这样民族英雄的著作，唯独那种吟诗作对的工具书倒是出奇地火爆，这都是怎么了？

长吁短叹了良久，他才重新问起了老板："那你这里……可有春宫画？"

老板嘿嘿一笑，转身开起了柜子。

除了能文善武且具备敏锐的洞察力之外，高杉晋作还是一位不折不扣的风流浪子，红灯区的常客，因为长得帅再加上有钱，所以很受日本花界的喜爱。

曾经有一位和高杉熟识的青楼女子如此形容她的相好："高郎率扈从，携艺妓，张羽伞，悠然醉步于马关街头，俊美的脸上满是轻佻放荡的张狂。"

当年 7 月 5 日，长州藩旅行团终于结束了旅程，开船回了日本。

对于这次上海之旅，高杉晋作写了厚厚的一摞记录，但总结起来其实也就两点：

首先，高杉认为，大清的现状是正受到原有政权和外来侵略者的双重压迫，最终让国民变得苦不堪言，这点和自己的国家很相似，如果不尽早采取手段革命的话，那么"今朝之清国便是明日之日本"。

其次，"若给我一万骑，率之可纵横南北，征服清国"。

第七章 天诛攘夷

高杉晋作绝对是一个值得花上一整章来扯一扯的人物。现在故事说完了，我们还是回到主线，接着讲国家大事。

文久二年（1862年）八月，岛津久光在江户处理完了一切他要处理的事务，便启程回京都去了。

随行总共700余人，浩浩荡荡地走在路上，这有一个专门的称谓，叫大名行列。

在江户朝的日本，大名行列面前，所有闲杂人等都必须回避，回避不及的，则须停下行礼，但凡有敢冲撞的，无论是否有意为之，一律可以格杀勿论。不过也有一种例外，那就是正赶着去接生的产婆，她可以无视大名行列或者将军行列，随便冲随便撞，不碍的。这就叫人命大于天。

再说岛津久光一群人在经过武藏国一个叫生麦村（今神奈川县横滨市内）的地方时，迎面走来了4名外国人，具体说来，他们都是英国人，三男一女。

三名男性中，一名是在横滨美国人商店里工作的英籍员工，叫克拉克，一名是在横滨开生丝店的马歇尔，还有一名是长年在上海做生意，这次特地来日本旅游观光放松一下的商人理查森。女的则是马歇尔的妹妹，保罗特尔夫人。

四个人分别骑着马，享受着夏日的阳光，其乐融融地走在路上，

089

不知不觉，就跟岛津久光的行进队伍给打照面了。

英国人并不在意，打算就这么直接从前进的队伍中穿插出去，但很快就被一个岛津家的家臣给拦住了。

这名家臣操着极其不流利的英语告诉他们，这是大名行列，所以务必请尊重一下，不但要下马鞠躬行礼避让，更不能直接从队伍的行列里穿过去。

理查森一听到是大名行列，立刻来了兴趣，他连忙面带喜色地向几位同伴表示，我们见到大名行列啦！

这就跟你在大路上见到活大熊猫蹿过一样，恨不能马上拍照发朋友圈。

另外三人也是属于心比较大的，不知死活地表示，自己来日本那么久还没见过大名呢，这次一定要近距离多看两眼。

而那位前来通报的岛津家臣一看四个外国人停下了马在窃窃私语，以为他们明白了自己的话，打算回避行礼呢，于是也没多留意，便回到了自己的队伍中。

这位家臣前脚刚没走几步，后面这四匹马就冲过来了，目标是队伍行列中央的轿子——里面坐的是岛津久光。

萨摩人一看情况不对，以为这几个外国人打算搞什么人体炸弹之类的恐怖袭击，连忙冲上前去，阻拦的阻拦，伸手拉缰绳的拉缰绳，好不容易才让这四匹马给停了下来。

马一停，双方开始大眼瞪小眼起来。英国人坐在马背上俯视着萨摩人，萨摩人各个按着刀把捏着枪杆盯着英国人。一时间双方陷入了僵持之中。

据当事者萨摩藩士久木村士休事后回忆说："当时的气氛几乎凝固，其实大家看到外国人都恨不得拔刀把他们都给砍死，只不过碍于没有上头的明令，都不敢动手罢了。事实上，大家都非常焦虑地看着这群外国佬，只要有一个人哪怕只是叫一下，其他人也会蜂拥而上将他们剁成肉酱的。"

就在这种气氛下，理查森的马不知为何突然就受惊了，就听它长嘶一声，直起身子，双蹄高高扬起。

已经处于高度紧张状态的萨摩藩士如同听到了攻击信号一般，纷纷拔出了自己手里的刀。

第一个动手的，是剑豪奈良原喜左卫门，他二话不说，朝着马上的理查森就杀了过去，并且一刀命中。

受了伤的理查森立刻回马就逃，萨摩人则紧紧追在他屁股后面，并且把手里的刀举得高高的。

大概跑了没几百米，理查森从马上掉了下来。

要说还是奈良原喜左卫门身手太好，这一刀下去，直接就把对方的肚子给划开了，当场肠子都流了一地。再给马这么一跑一颠簸的，不落马就见鬼了。

一看那哥们儿掉下来不动弹了，萨摩人一拥而上砍的砍扎的扎，理查森就这么当场毙命了。

其他三人也好不到哪儿去，马歇尔和克拉克分别被砍中了肩膀和后背，估计是英国人绅士惯了，逃命都讲究女士优先，所以逃得最快的保罗特尔夫人只被砍掉了帽子，并没有受伤，但从此之后她就落下了后遗症，没事儿就一阵哆嗦，数年后，因心理阴影过重而死于难产。

不过好在他们受的伤还不算太重，当场骑着快马就逃出了萨摩人的圈子，躲进了美国驻神奈川的领事馆。

这一切的一切，岛津久光都看在眼里，他神情自若地看着理查森被杀，其余两人被砍，自始至终没有说过一句话，虽不下令动手，却也没有阻止。

举世震惊。

真的，举世震惊。

要知道，它跟以前的东禅寺也好，其他的杀外国人、打外国人也罢，都不一样。

在此之前，那些个攘夷属于"一小撮别有用心的犯罪分子"特地针对广大开国群众以及友好外宾所进行的恐怖袭击行为。再怎么说，那也该是属于"不明真相的群众的个人行为"。

但这一次就不一样了，是由一群正规编制，全副武装的武士动手，而这群武士中，正襟危坐着一个大名，也就是岛津久光。

按照当时的说法，事发现场久光的神态是"两眼平和，神情自若"。

群殴中，侧近松方正义曾经向其主君禀报说是有外国人冲撞了萨摩的行军行列，并且试图反抗。

听完这话，岛津久光将随身的刀从丝绸刀袋里拿了出来。

一般有身份的武士在坐轿子时，刀都是连刀带鞘装在一个丝绸袋子里，不到用的时候不会拿出来的。换句话说，久光是打算用这刀了，也就是想亲自上阵过一把攘夷的瘾。由此可以看出，即便他没有当场下令杀外国人，却也摆脱不了默认手下动手的干系。这事儿，他是脱不了身的。

事情发生之后，立刻一传十十传百，转眼间就全日本众人皆知了，对于这场很有可能引起大乱子的事件，整个日本的民众情绪只能用四个字来形容——大快人心。

大家高度赞扬了萨摩武士的这种勇猛豪爽的行为，认为这是一种给日本长了脸的大好事儿。

当岛津久光的行列继续启程赶回京都的时候，沿途的百姓纷纷夹道欢送，一边给萨摩武士倒酒送饭团，一边欢呼着"不愧是萨摩大人"之类的口号。

而朝廷方面，一些攘夷派的公家也如同打了鸡血一般兴奋起来，其中三阶宫晃亲王还当场赋诗一首：萨州老将发冲冠，天子百官免危难，英气凛凛生麦役，海边十里月光寒。

这种百分百纯汉字组成的诗叫汉诗，当年日本社会但凡正经念过

092

书的人基本都能写，水平高低各异罢了。

这边一片狂欢，那边幕府就差蹲在墙角哭出声了。

有几个老中一听到消息腿都要软了，他们一边联络萨摩和英国，一边想从中进行调解。

英国人很直截了当地表示，调解个屁。所谓冤有头债有主，你们把杀人主犯岛津久光交出来，让我们大英帝国审判就行了。

幕府表示做不到啊。

英国人说那就滚呗，人是你杀的么？不是你杀的就别乱掺和。

岛津久光的态度倒还好。当时他已经回到了老家鹿儿岛，面对前来调查此事的幕府使者，满脸无所谓的表情说道："不过是几个浪人杀了个外国人而已，我们这里已经开始追查了，凶手已经潜逃，估计花不了几天就能抓到，也不算什么大事儿，您还是请回吧。如果英国人有什么意见的话，让他们直接来找我萨摩，不会连累幕府的。"

事已至此，幕府只能双手一摊：行了，你们就折腾去吧，爷不奉陪了。

于是英国人就直接和萨摩方面交涉了起来。

要说英国人的思路还是很清晰的，尽管一开始喊着血债血偿，但其实心里明白得很，要抓岛津久光肯定是不可能的，再看他说的那些话，估计抓真凶都难，算了，还是要赔偿金吧，也好给死者家属一个交代！

英国人开价 10 万英镑。

岛津久光的意思是，你们哪儿来的，就滚哪儿去吧。

英国人连忙主动打了个对折，说要不 5 万。

萨摩的回复还是让滚。

英国人挺不高兴的，表示无非一笔生意，大家谈谈呗，干脆这样，你们拿 2 万 5 出来得了，但得把凶手交给我们处理。

这下岛津久光接茬了，说钱没有，想要凶手？欢迎来萨摩，自己抓吧。

093

连续两次交涉，本来说好是在鹿儿岛城跟岛津久光会谈的，可使者连着两次连城门的门把手都没摸到就被岛津家的家臣一句话给打发了回去。

英国人终于怒了："给你面子你不要，那就等着挨揍吧。"

岛津久光很无所谓："来，不来揍，你都是孙子。"

于是英国人回家了。回家去做准备的，临走前放下一句话："别走，你等着。"

岛津久光挖挖鼻子："你到底打不打，不打我走了。"

他确实也走了，火速赶往了京都，因为那里出大事了。

京都开始流行起了一样东西，具体说来是一句话，叫做"天诛"。

通常这话被尊攘派们用于砍人之前，高高挥起手中的刀，快要劈下去的时候大喝一声："天诛！"然后再一刀子下去，血肉四溅。

这话的意思就是，虽然是我砍的你，但是真正杀死你的不是我，是老天爷。换言之，你遭天谴了，你干的坏事儿太多了，老天爷都看不下去了，所以派我来做了你，我是正义的使者，替天行道来了。

这里的"坏事儿"主要指的是汉奸行为，当然，日本方面叫做日奸，也就是国贼。具体的表现在于，支持开国，充分和外国人接触，支持公武合体，支持幕府，等等。

总而言之一句话，幕府开国，是日奸，该杀；你支持幕府，所以你也是日奸，所以也该杀；你支持公武合体，说明你心里还有幕府，是日奸，同样该杀；幕府高官昨天上了厕所，你也上了厕所，所以……总之，只要扯上了幕府啊日奸之类的这种帽子，那就是一个字——杀！两个字——天诛！

最初的牺牲者是关白九条尚志的家臣岛田左近，罪名是迫害尊攘志士，犯罪事实比较久远，可以追溯到安政大狱。但不管怎么说，日奸就是日奸，不杀不足以平民愤。

文久二年（1862年）七月二十日，左近在自己小老婆家遭到了上

094

门袭击，逃跑失败后被杀，3 天后，暴尸于京都的闹市。

紧接着第二个是他的好朋友，叫做文吉，罪名是放高利贷。

按说尊攘派跟黑社会属于井水不犯河水，这茬儿本不该他们管，可问题就在于，文吉的资金来源有问题。

他放高利贷的本钱，都是他在安政大狱那会儿，举报各地反幕府嫌疑人所得来的赏钱。这种人不杀，真没天理了。

8 月 30 日，文吉在回家路上被一群尊攘派给堵住了去路。

然后他开始跪地求饶，台词比较大众化，比如什么尊攘爷爷饶命啊，小的以后一定改邪归正之类的。

看着面前磕头如捣蒜的文吉，为首的那几个尊攘派成员长叹一口气，纷纷把刀给收了起来。

文吉一看，以为自己这招得手了，顿时就要破涕为笑，不想收起刀来的尊攘派们却并没有打算让路的意思，而是从怀里摸啊摸，最后摸出一根绳子来。

他们决定把文吉给绞死，理由是这小子太不要脸，要是砍杀他的话会脏了自己手里的刀。

干完活之后，尊攘派把文吉的衣服裤子全都扒了下来，并且在他的屁股上以及下体的各处插上了小竹签，然后以全裸的姿态，给挂在了京都的闹市区，让广大的京都群众进行无偿围观。

像这样的事情，是数不胜数，基本上每天都要发生那么好几件，弄到最后，一些上门抢劫，杀人放火的犯罪分子也借上了"天诛"的名号，比如在抢走你钱包的那一瞬间，高喊一声"天诛"！搞得负责治安的岛津久光焦头烂额。情急之下，他向幕府求援，说是希望幕府方面也派个人过来帮着一起管管，毕竟你们是幕府，不能把天子脚下的治安任务交给一个大名吧！

其实幕府方面也着急，他们倒不是特别在乎京都的治安，而是因为眼看着就要到明年了，在跟和宫结婚的时候，将军家茂信誓旦旦地对钦差表示，自己将于明年3月上洛跟天皇大人共商攘夷大计。眼看约定的日子就要到来，如果再让京都这么乱下去，万一家茂上洛途中发生了些什么意外，那就一切都完了。

想来想去，幕府决定设置一个新的职务，以便控制京都的局势。

本来，管理京都地方治安、政治以及和朝廷沟通的事务分别由两个官来负责，一个叫做京都所司代，还有一个叫做京都町奉行，现在，幕府打算合二为一，设立一个新官职，叫做京都守护职，职责就是上述两职的合体。

也就是说，从今往后在京都，不管发生什么事，大到天皇老母亲被杀，小到寻常百姓家老母鸡被偷，都由这个京都守护职来全权负责，当然，也包括维护京都的治安，保障来年将军的上洛。

这是一个十足的苦差事，事情多到可能过劳死不说，还容易得罪人。一旦得罪了尊攘派，那搞不好什么时候就天诛到你家里来了。

所以，这个职务的人选一定要具备以下特征：胆子大不怕死，威望高，忠于幕府且热爱天皇。

为此，幕府开会开了好几天，大家一边讨论一边寻找，最终找到了一个比较合适的人选——松平庆永。

但转念一想不对，这哥们儿已经担任了幕府的政务总裁，你要再让他跑京都去管这个管那个，估计没几天就吐血累死了。

在这一片讨论声中，有人站出来说："那就干脆让萨摩公担任吧。"

萨摩公就是岛津久光。

这应该来说还算是个不错的好主意，尽管岛津久光是公武合体派，可那阵子正好因为生麦事件，从而使他成为了各地尊攘派心目中的偶像，所以，如果是他来正式全权接管京都，那些个闹事的主儿多少也会给个面子，安分一段日子吧。更何况，在京都搞治安那是得花钱的，现在这笔大费用摊在萨摩头上，也正好给幕府节约了不少。

但反对声音很快就响了起来。

一群人觉得，萨摩再怎么样，那也是外人，如果幕府把京都、朝廷的事宜交给外人来管，等于是自己抽着自己的脸告诉全世界，我们不行了。尽管幕府已经不行了，但基本的面子还是要保住的。

大家伙听听觉得很有道理，于是议题又变回了原来的了：到底该选谁去比较好。

一直没怎么说话的松平庆永这时候突然举手，表示自己要发言，在得到主持人的允许之后，他说出了一个人的名字：

"会津侯松平容保。"

会津侯指的是会津藩的大名，他叫松平容保。

那地方位于今天日本的福岛县，在江户时代，属于亲藩大名，也就是德川家的亲戚。

他们的家族被叫做会津松平家，个中起源，还要从当年江户幕府的二代将军德川秀忠说起。

话说当年德川秀忠的老婆，叫做阿江，是战国大名浅井长政的女儿，同时也是日本一代卓越领导人丰臣秀吉的小姨子。

阿江比秀忠要大上6岁，用今天的话来讲叫做母大姐，而且生性比较爱吃醋，喜欢把自己的老公看得紧紧的，偏偏秀忠为人又相当宽厚老实，所以一时间，他也就成了日本妻管严的典型代表。

据说有一次，秀忠和他的哥哥，过继给结城家做养子的结城秀康以及弟弟松平忠吉闲聊的时候，说起了怎么跟小姑娘搭讪。秀康和忠吉非常惊讶怎么秀忠连这种常识都不懂，于是一左一右地开始了讲课。

秀康对秀忠说："如果你看到了自己中意的姑娘，那么只消先问上一句'小姐芳名'，便能够进入话题了。"

秀忠立刻心领神会。

当天晚上，秀忠就开始说梦话了，梦话内容就反反复复来回咕噜着一句："敢问小姐芳名？"

边上的阿江夫人终于给弄烦了，河东狮吼了一句："小女子叫阿江！"

秀忠顿时惊醒，从此之后不敢再提小姑娘三字。

按说，尽管怕老婆，但这样日子还是可以过下去的，毕竟秀忠也不是什么花心大萝卜，完全可以跟阿江和谐相处，但事实上并非如此。

因为阿江没能生出儿子，尽管她很能生女儿，一口气连生了5个，可那没用。

在万恶的封建社会，只有儿子才能成为家族、国家的继承人。秀忠既然成了幕府将军，那么他一旦没儿子，就意味着血脉的断送，而幕府刚刚建立不久，御三家刚刚草创，卿三家还尚不见踪影，若是在继承人的问题上出现什么纰漏，那恐怕就不是一场小麻烦了。

这事儿惊动了当时日本的最高领导人，实际政权的掌握者，秀忠他爹德川家康。

家康听说之后便把儿子给叫了过去喝茶谈心，并且做出指示——换一块田种吧，也就是讨个小老婆。

秀忠是有贼心没贼胆，想偷吃却怕阿江知道，于是只能偷偷摸摸地干活，把看中的侧室寄养在自己家臣大久保忠邻家里，然后每天蒙着个脸就露出俩眼睛地跑去幽会，跟忍者一样。

可能是阿江感到了压力，在她31岁的时候，也就是庆长九年（1604年），产下了一名男婴，也就是之后的三代将军德川家光。之后，又生下了家光的弟弟德川忠长。

尽管如此，但秀忠的小老婆行动却并没有停下来，估计是深深感到了妻不如妾这么一个道理，最后偷吃竟然偷到了家里，跟阿江的侍女阿静搞上了，并且还在庆长十六年（1611年）的时候生了个儿子。

事实上，在阿静怀孕大肚子的时候，德川秀忠就敏锐且有预见性地感觉到，这事儿绝对不能让阿江知道，于是，他将小老婆连夜送到了家臣土井利胜的家中，而小孩子也就是在那里降临的。

后来秀忠觉得即便是土井家也不太安全，于是又四处托人找关系，看看有没有既能收养小孩又安全的地方，找来找去，找到了一家尼姑庵，然后又把这孩子托付给了里面的住持尼姑，此人叫见性院。

这个见性院来头一点也不小，她是日本战国时代超级大腕儿武田信玄的女儿。由她抚养出来的孩子，那是基本上不会差到哪儿去的。

但话是这么说，可毕竟这小孩子一生下来就看不到爹，也不怎么能见得到娘，整天跟一群尼姑混在一块儿，对孩子本身来说，是一种无比的痛苦。

6岁的时候，见性院将他送到了前武田家臣，此时已经是幕府家臣的保科正光家中，从此，他改名叫保科正之，并且作为这家的养子被抚养了起来。

正之第一次见到自己的父亲，是在他18岁的时候。之所以秀忠会来见他，那是因为此时阿江已经过世了，没人会再来管他的小老婆啊私生子之类乱七八糟的问题了。

看着眼前的这个儿子，秀忠的眼神充满了爱意，也充满了歉意。他一句话也说不出来，只是对周边的家臣小姓一遍遍不断地重复着一句话："这是我的儿子啊，我的儿子。"

之后，便是补偿。

宽永八年（1631年），20岁的保科正之正式继承了保科家，并且得到了高远藩3万石的领地，官居肥后守。而原本保科家的那些嫡子庶子，反倒成了这个养子的家臣。

父爱还没得到多久，这父亲就得了重病倒下了。

临死之前，秀忠紧紧地拉着继承人德川家光的手说道："正之自幼就吃了不少苦，我也没能怎么关照他，无论如何，就拜托给你这个做哥哥的了。"

"您就放心吧，父亲大人，我一定会尽到做兄长的责任的。"

秀忠微笑着离开了人世。

家光确实履行了自己的诺言，非常善待正之。在宽永二十年（1643

年），将会津 23 万领地封给了正之，之后又加封了 5 万并且允许其改姓松平，也就是正式承认了正之是德川大家庭中的一分子。也就是从这时候起，才有了会津松平家。

但是，这并不能表明德川家光是一个听爹话的孝子，也不能证明他是一个热爱兄弟的好人。因为家光的另一个弟弟德川忠长，就是在被自己的哥哥先处分剥夺领地再流放，整了个半死之后，终于忍不住心中的痛苦切腹自尽了。

而让正之备受宠爱优待的秘诀源于他本身的特质——忠诚和低调，而这两个特质的根源，叫做感恩。

他知道，自己尽管是幕府将军的私生子，可私生子毕竟是私生子，要真的能光明正大地当一回王子，还至于 18 年见不到亲生父亲一面么？

当他从秀忠那里得到了保科家的继承权以及 3 万石领地的时候，他很兴奋，也很满足。他觉得，自己得到的东西太多了。

所以他一直奉养着自己的养父保科正光，得到允许改姓松平的权利之后，他还是依旧维持保科的旧姓，为的就是表达自己对养父的感恩之情。

保科家一直到了第三代的时候，才正式改姓为松平。

而在他成为会津 28 万石大名之后，那种原本朴素的感恩之情，立刻转换进化成了忠诚，对幕府、对将军近乎无限的忠诚。

我们都知道，日本是一个地震频繁的国家，大震三六九，小震基本天天有，而在那个救援机制以及建筑防震水平还非常落后的年代，一次地震就可能要了所有人的性命。

有一次，德川家光在江户城内召开会议，各大老老中以及幕府高官几十人在座，保科正之也身在其中。就在大家热烈讨论着一个个议题的时候，突然一阵猛烈的晃动，所有人都立刻反应了过来：地震了。

接下来就是一片慌乱，大家起身的起身，找地方钻的找地方钻，纷纷乱动一气。

几十秒之后，震动消失了，大伙虚惊一场，又纷纷坐回了原来的位子，然后喘气的喘气，拍胸口的拍胸口，气氛又再次轻松了起来。

但很快，所有人都如同着了魔一般地愣住了，眼睛直直地就盯着前方一动不动。

因为他们看到，保科正之两腿站开，双手平行前举，一只手挡在了家光的头上，头抬着死死地盯着天花板，一动都不动，一副随时准备压在家光身上，用自己的身体来保护自己哥哥的架势。

我不否认地震的那一瞬间各自逃命是人类的本能。

所以，那些口称忠君武士道的幕府高官们是没有错的，也没有违背他们所谓的忠诚心，因为他们首先是人类，其次才是一个武士。

我只能说，保科正之已经把这种对于家光的忠诚，变成了自己的一种本能。这种忠诚赢得了家光的信任，而这两种感情交融在一起，成为了浓浓的兄弟情。

家光临死之前把正之叫来，当着所有人的面说道："从今往后，德川本家就拜托你了。"

正之晚年后，立下了15条家训，其中明确表示，无论如何会津松平家都要忠于幕府，违者就不是松平家的子孙，全家人共讨之，而且还不能入祖坟，墓地自理。

说句良心话，这种跟表忠心口号一样的家训，要在太平岁月，那还好说，大家其乐融融地每天喊两句也就当对得起列祖列宗了，可要到了动乱时节，那就不一样了，得动真格的了。

松平容保很想动真格，可是这很难。

这看起来是个大官，其实就是个烫手山芋。

原因我们之前说过，这里就不再重复了，而且，会津方面即便是想忍着痛去捏这个山芋，也已经腾不出手来了。因为他们同时还承担着北海道和浦贺两地的防务，无论从财力还是兵力上来看，都已经是快到极限了。

在会津藩内，也是反对声一片，特别是家老西乡赖母，更是明确表示，一旦接受了京都守护职这个官儿，那就是自己找棺材睡。所以，容保拒绝了，他对松平庆永说，干不了，谢谢。

庆永说，没事儿，我下次再来。

他说到做到，没过几天真的又来了，但这次他连松平容保的脸都没看到。

不是人家不见他，而是见不到。那一天会津侯蒙着个脸还顶了个凉水袋——感冒加发烧。

这不是装病，松平容保从小就身体很不好，而且还有慢性肺病，这也是他不肯上任的另一个重要原因，生怕自己一操劳就过早地离开人世了。

松平庆永一看这对方已经连话都说不利索了，只得寒暄了一下说上几句好好养病之类的话然后起身告辞了。

第三次来的时候，庆永特地事先做了功课，了解到这天容保既没有约会也不用开会，身体也非常健康，一顿能吃三个饭团之后，便上门拜访了。

然后受到了对方的郑重接待。

松平容保有些厌烦了，他想做一个了断。

松平庆永还是老一套，希望容保能够出任京都守护职，帮助幕府干些活。

"会津方面确实有着会津方面的困难，这事情实在是过于为难，恕我直言，现在的京都形势已经如同熊熊烈火一般，即便我真的去了，那也无异于负薪入火，到最后，大家都没有好下场。"

这是松平容保第一次明确表达了拒绝的理由，无论从哪个角度来说，都非常有道理，可谓是有理有节。

松平庆永沉默了半响，缓缓开口说道："那么，会津侯是觉得，京都的局面已经无法收拾了，自己去不去都一样，所以就不肯去了？"

102

"您要这么认为我也不反对。"

"那么，会津藩存在的意义也就没有了不是？"

容保笑了起来："庆永大人莫非是想借此机会废了我会津藩？"

"那倒不是，在下怎敢有这种想法？只不过，我突然想到了会津藩祖保科正之公当年留下的遗训，不由感慨万千哪。"

"正之公留下的遗训又如何？我会津数百年来何曾不忠于幕府过？"

"不是这个意思，而是会津侯您忘记了这遗训的第一条，也就是会津藩存在的意义。"

这里补充一下，保科正之留下的那15条家训里，头一条说的是：会津藩因幕府而存在。

松平容保不吭声了，他自然没可能不知道这条祖训，可他真没想到，这松平庆永会拿这条听起来如同喊口号表忠心的玩意儿来当真地逼他。

如果要去的话，半道崩殂的可能性其实很大，但如果不去，即便寿终正寝了似乎也难以面对九泉之下的列祖列宗。

松平容保想了想，还是决定去了。

文久二年（1862年）8月，松平容保率一千人马开赴京都，正式出任京都守护职。

临走之前，留守在会津的家臣们照例是要来送送的，然后每人说两句激励的话，比如老大祝你工作顺利，尽快搞定京都那帮兔崽子之类。

轮到西乡赖母的时候，他慢慢悠悠地走上前来，一把抱住了随行的家臣广泽富次郎，失声痛哭道："如此一来，会津藩也算是灭亡了！"

当场唏嘘一片，然后大家默默地上路了。

数日后，一行人到达了京都，将大本营设置在了金戒光明寺。

安排完松平容保之后，德川家茂就准备收拾收拾上洛了，但就在这个时候，突然有人上书幕府，说京都形势实在是不够安全，单靠会津那一伙人还是远远不够的，将军应该从江户带一支护卫队过去，以便彻底保障自己的安全。

103

建议的提出人叫做清河八郎。他曾经组建过一个叫虎尾会的组织，专门在横滨街头袭击外国人。

与此同时，他知道幕府人手不够，不太可能拉出一支像样的护卫队来，于是又向松平庆永说出了自己的计划：招募浪人，组建一支类似于雇佣军的警卫组织，保护将军上洛。

所谓浪人，就是没有主君的武士，也叫浪士。

众所周知，武士是靠从主君那里得来的俸禄为生的，一旦没了主君，自然也就没了收入。说得现代化一点，浪人其实就是下岗失业的武士。

既然下岗了，那就要再就业。好一点的，自己开个道馆，教教剑道，挣点学费，比如近藤勇，差一点的选择了帮人打打零工、造个房子来糊口，也有的则选择了帮人家做打手保镖，比如斋藤一，还有一些则彻底走上了犯罪的道路，干一些杀人、抢劫之类的勾当，成为了当时社会治安的一大不稳定因素。

清河八郎的这个建议，其实有着一举两得的作用，既能有效保护将军的上洛安全，又能给江户的浪人们找到一份不错的临时工作。

所以松平庆永很快就批准了，然后任命幕府的旗本松平主税助为此次行动的负责人，清河八郎为主税助的副手。

估计是江户的失业率太高了，所以招人进行得非常顺利，一下子就来了将近250多人。

尽管主办方设置了相对的门槛，比如武艺要高，要忠于幕府，但还是连门槛都差点被人给踩破了。

而这些人里，出身基本分4种：

第一种，是开剑道馆的，或者在剑道馆里做助教的。

第二种，是有暴力犯罪前科的犯罪分子。

第三种，是吉原各门店的打手保镖。

第四种，是侠客。

日本的侠客跟中国的侠客不是特别一样，主旨是差不多的，都是讲究行侠仗义，锄强扶弱的"任侠道"，但日本侠客基本上都是有组织的，而不是背着一口剑，或单人或夫妻这么闯荡江湖，他们主要是维护赌场之类地方的秩序。说白了，其实就是黑道。

日本黑社会的基本组成构造，其实在江户时代就已经形成了，可以说，现在的日本，象征着现代文明民主的什么自民党、民主党政府的白社会，历史还不如山口组之类的黑社会来得悠久。

不管是道馆掌门还是打手黑道，他们都具有一个共同的特点——能打。所以，自然也就是成了护卫队最好的人选了。

在清河八郎以及他的朋友山冈铁舟的帮助下，松平主税助将这200多人分成了13个小队。其中，第三小队总共有15人，他们分别是：芹泽鸭（队长）、近藤勇、土方岁三、山南敬助、永仓新八、冲田总司、原田左之助、藤堂平助、平山五郎、野口健司、平间重助、新见锦、井上源三郎、阿比类锐三郎以及冲田林太郎。

之所以特地把这个队的名单给列出来，是因为在不久之后，这些人中的绝大多数将大大地活跃在京都以及日本历史的舞台上。

文久三年（1863年）2月8日，浪人们正式从江户出发。

这帮无业游民之所以能聚集起来乖乖听话按时上路，主要是幕府许诺他们，若是能平安保护将军上洛，到时候一人赏金50两，折合今天的人民币20来万。

只不过此时的幕府已经很不受人待见了，所以也多多少少连累了浪士组。老百姓觉得他们为了五十两居然连操守都可以不要地给幕府卖命，于是纷纷鄙视地称他们为五十两党。

2月23日，浪士组抵达京都的壬生村，然后被安排在当地的大户人家或者寺院里驻扎，并且对原有的13个小队进行了重新改组编制：芹泽鸭成为了浪人取缔役，也就是总负责委员会的一员，而原来的第三小队被改组成了第六小队，队长由近藤勇来担任。

这十几个人的驻扎地是当地的土豪八木源之丞家。

105

浪人们刚到京都的时候，松平容保其实并不打算叫他们去干什么重要工作的，每天就准备让他们待在驻地，最多也就去巡个街，抓个贼之类的，就差没发他们一人一把扫帚去做清洁义工了。

之所以会这样，纯粹就是因为他要走一条温和路线。

在此之前，容保提出了"和平共处，广开言路"的八字方针，并且频繁与尊攘派的头脑们接触对话，争取来个以德服人。不过广大尊攘派却并不买这位新来的京都守护职面子，该抢劫的还是抢劫，该天诛的还是天诛，一小时都不带耽搁的。

文久二年（1862年）8月20日，关白九条尚志家家臣本间精一郎在回家路上被暗杀，后被割走头颅放在闹市供人围观。

8月22日，还是九条尚志家的叫做宇乡玄藩的人，走在路上被一群人给砍死。

10月20日，大纳言万里小路家小西直记在家中被一群身份不明的人上门砍杀。

11月15日，长野主膳的小妾村山可寿江，被人上门杀害，然后尸体曝于京都的三条河原，同日，她儿子多田带刀也被杀。

村山可寿江在当时已经四五十岁了，其实也就是一普通老太太，偏巧当年做了长野主膳几天小老婆，就这么连娘带儿子的一起被杀了。

根据资料显示，截止到浪士组到达当天，也就是文久三年（1863年）2月23日，在京都发生的暗杀事件里，有受害人详细姓名、身份的，总共有10起，被害人多为公家的家臣，也有普通的京都市民，甚至还有一个是农民，至于那些走路上被一刀砍死连个姓名都没能留下的，那更是不计其数了。

面对这一切，松平容保还是忍耐了下来，他依然希望能够大家在不伤和气的情况下友好相处，慢慢把尊攘派给感化成公武合体派。但这种天真的想法终究被残酷的现实给打破了。

2月23日，浪士组抵京的那天，松平容保突然接到报告，说是在京都的三条大桥上被人摆放上了三颗木制的人头。

容保觉得手下实在是有点大惊小怪的，这小半年来，肉做的人头都没少见，更何况木头做的？于是他一边一脸不屑地点头说知道了，一边挥手示意来人可以退下该干吗干吗去了。

但那位家臣却并没有离开，而是告诉容保，这不是普通的三颗人头，他们都是日本有名人的木雕头像。

松平容保一听便来了兴趣，连忙问到底是谁的头像。

"足利尊氏，足利义诠，足利义满。"家臣用很平静的语调说出了三个名字。

但容保马上就平静不下来了，他先是愣了好长一会儿，接着双手开始不住地颤抖，然后浑身也开始发抖了起来。

那是愤怒的颤抖。

"既然如此，那就没有必要再对他们客气了。"这算是松平容保对尊攘派的宣战。

可能有人不明白为何三颗木头疙瘩能让容保如此火大，所以我来稍微解释一下。

足利尊氏、足利义诠和足利义满是祖父孙三代，他们都是室町幕府的将军。

把他们的木雕人头弄下来搁三条大桥上，说白了就是指桑骂槐，含沙射影。对象自然是现在的江户幕府，德川将军。

你小子要是不老实，咱就在你上洛的时候让你跟那仨一个样！尊攘派的意思基本就是如此。

是可忍，孰不可忍，娘的老子让你一寸你就进一尺，你要不想好好过日子老子就连日子都不让你们过了！让我来告诉你们，这京都究竟是尊攘派的天下还是我幕府的天下，用我手中的剑来告诉你们！

正当松平容保摩拳擦掌准备大干一场的时候，浪士组那边又出状况了。

简单说来，是内讧。具体说来，是阴谋。

事实上，包括松平庆永在内的所有参与浪士组相关工作的幕府人员都没想明白一个问题：为何以倒幕攘夷著称的清河八郎，会突然帮着幕府搞护卫将军的浪士组呢？

莫非这家伙转性了？他当然没有转性，只不过在挖坑而已。

话说在浪士组到达京都没几天后，清河八郎和山冈铁舟突然就开始在各个驻地挨家挨户地串起了门，每到一个地方，他们都会给小队的队长一份文书。

文书的内容是简单介绍了浪士组的一些情况以及成立的背景之类，然后说道，大家其实都是怀着精忠报国之心，尊王攘夷之志的铁骨汉子，坚决响应朝廷提出的攘夷大计，并且在以后的日子里也会竭尽全力地搞好攘夷工作，所以希望朝廷能够认可大家伙这颗炽热的忠诚之心。

接着就要求每个浪士组的成员在上面签字，并且许诺说，这份文书最终将呈送朝廷，天皇将会看到大家写下的名字。

大家伙当场就激动了。

要知道，在那个没有电视没有互联网的年代，要想见天皇啊将军之类的基本是难于上青天的，更何况是让天皇看到你的名字，这是多么大的荣誉啊，这是足以让人即便到老得走路都腿肚子打颤时候也能吹嘘的资本：孙子欸，你爷爷的名字当年可是连天皇都看到过的啊。

所以征集签名的活动搞得非常顺利，没过半天，就全部完成了。

一个星期之后，清河八郎召集了所有的浪士组成员开了个会。

打过招呼之后，他非常开门见山地说道："诸位，前些日子，我献上了大家签名的建白书，朝廷非常高兴地收了下来。我们浪士组为了报答朝廷对我们的这份关注，必须要成为尊王攘夷的先行军。"

底下一阵骚动，清河一摆手，示意大家安静："这份建白书，已经到了天皇大人的手里。虽然事发突然，但有一件事我不得不向大家说明，现在在关东，随时可能爆发一场针对外国人的战争，所以，我们浪士组为了保护国家，精忠报国，就必须立刻回到江户，为即将爆发的攘夷战争做好准备。"

全场顿时都愣住了：不是说是来京城做将军的护卫的么？怎么将军人都还没到就要回江户了呢？而且怎么还要回去攘夷呢？不是说做好护卫就拿了工钱解散么？

这种情况是清河八郎早就预料到的，他微微一笑，问道："大家都已经在建白书上签上了自己的名字吧？"

大伙现在终于反应过来，什么叫做被人卖了还替人数钱，那敢情说的就是自己。

如果你还没明白过来，那就由我来替你解释一下清河八郎挖的这个坑。

我们都知道，浪士组上洛是为了保护将军，不是为了攘夷。

就算这里面有尊攘派，那也得把你的梦想立场搁一边，先保护完了将军再说。

但清河八郎从一开始召集浪人的时候，就压根没想过让他们去保护将军，保护幕府，他不组织人推翻了幕府已经不错了。

清河提议组建浪士组的真正目的是他希望的是能够有一支可以供自己用的人手，然后听从自己的调动，去横滨之类的地方袭击外国人。

这听起来如同天方夜谭，幕府出钱出力腾地方安置凭什么就要归你管了？你算老几啊？

清河八郎说，我不算老几，但是天皇算。这也就是为什么他会给朝廷上那份建白书。那份东西上写得相当明白：坚决响应朝廷，搞好尊王攘夷工作。然后大家在上面又签了名。在那落笔的一瞬间，这两百多的浪人已经不再是幕府的将军临时护卫队了，而是隶属朝廷的攘夷先行军。

白纸黑字，自己签的名，还给皇上过了目，如果要反悔，说轻一点那叫没诚信，说重点的叫做欺君，得杀头。所以一时间大家不满归

109

不满，还真没人敢站出来反对。

而原本陪在一边的几个幕府官员，虽然因为被耍得跟猴儿一样恨得牙痒痒，但因为面子问题，也不好当场发作大打出手。

见此状，清河八郎正欲振臂一呼，喊几个口号振奋一下人心之类，突然人堆里响起了一个声音：

"我反对！"

说话者，近藤勇。

有人出来挡横，清河八郎自然不爽，但众目睽睽之下，仍是给了近藤勇说话的机会："近藤队长，你为何反对？"

"我也同意近藤说的，要回江户你们请便，反正老子是不走的。"又有一个人站了起来，是芹泽鸭，"老子是水户天狗党出身，要论尊王之志，是绝对不会输给这里任何一个人的，所以你犯不着拿什么理由来说我。"

毕竟是把人给坑了，有人站出来反对那肯定是正常情况，所以清河八郎早有准备："你们似乎忘记了自己在建白书上的签名了吧？现在回去就是对朝廷的欺骗，那可是大罪哦。"

"你说这话实在是扯淡哪，清河先生。"

面对大帽子，近藤和芹泽还在想词儿怎么反驳的时候，又响起了一个声音："我们确实是在建白书上签名了，这个不假，建白书上写了要尊王攘夷，这个也是真的，可你那份东西上，并没有写一定要回江户尊王，回江户攘夷吧？我们留在京城保护圣上，保护将军，难道不也是对尊王攘夷大业的一份贡献么？"

这话说得极端在理，以老一代尊攘理论家自居的清河八郎都一时语塞，不由得朝说话人望去，映入眼帘的，却是一个非常清秀却又毫不失男儿气概的人。

"请教尊姓大名。"

"试卫馆，土方岁三。"

110

近藤与土方

第八章

天保五年（1834 年），武藏国（东京都境内）多摩郡上石原村的宫川家，生下了一个儿子，取名为宫川胜五郎；第二年，距离他们不远处的石田村土方家，也生下了一个儿子，取名为土方岁三。

前者是后来新选组局长近藤勇，后者则是有鬼副长之称的土方岁三。

宫川胜五郎的父亲是当地的农民宫川久次郎，上面还有两个哥哥，一个叫粂次郎，一个叫音五郎，这两位平常除了种地之外，还喜欢玩剑道，都是位于今天日本东京都新宿区内一个叫试卫馆的剑道馆的门徒，他们的流派叫做天然理心流。

所以胜五郎从小也耳濡目染，对于刀剑之事并不陌生。

除此之外，他还喜欢看一些杂七杂八的历史类小说，比如中国的《三国演义》以及《水浒传》，其中，胜五郎最喜欢的人物是三国里的关云长。

本来，他会很太平地过上一辈子这样的生活：和父兄一样，成为一名光荣的地球修理工，农忙的时候种庄稼，农闲的时候或练练剑道，或闷在家里翻上两页小说，再闲得无聊了，就去村头和小孩子们一起耍宝——胜五郎有一个特殊的本领，那就是他能张大嘴巴一口吞下自己的拳头。

你不用试了，你应该是做不到的，这是特殊技能，不是每个人都能学的。

111

尽管可以从此一生衣食无忧，但胜五郎却并不满足，他是一个有梦想的。

他想成为一名武士。

只不过在阶级泾渭分明的江户时代，胜五郎的梦想，真的只是一个梦想，除非天降神迹，不然这家伙一辈子就只可能是个农民。

然而，一切的一切，都在他15岁那一年被改变了。

某日，他们家来了一伙强盗，人数不算太多，也就三四个。这宫川家虽说不是什么很牛的有钱人，但多少也算个富农，家里面还是有点金银财宝以及粮食鸡蛋的，更何况那年头穷人多，被逼得紧了就落草做了贼寇，本来就是穷则思变，所以看什么都要去抢，盯上他们宫川家也就不足为怪了。

那天他爹宫川胜五郎和哥哥条次郎正好都不在，家里只剩下音五郎和胜五郎，哥俩商量了一阵之后感到老爹辛苦一辈子攒下点东西不容易，万不能让这伙毛贼给不劳而获了，所以他们一人抄起一把刀，决定真刀真枪地试试自己的剑道本领。

就在音五郎举起手里的家伙准备发动正面强攻时，被胜五郎给拉住了："哥哥，等等。"

"你要是害怕，就先躲起来，没事。"哥哥还是很疼爱弟弟的。

"不是，我不怕。"胜五郎说道，"那伙人做贼心虚，我们为什么不从后门出去，绕到他们的背后给他们一次突然袭击呢？"

音五郎一听言之有理，便依计带着弟弟绕了个圈子，重新从正门进了屋子，看到那群盗贼正在翻箱倒柜，完全没有注意到自己的来临。

"大胆毛贼！哪里逃！"我不知道音五郎喊的到底是不是这句，不过一般而言抓贼的时候喊的总差不多，反正意思到了就行了。

完全没防备的盗贼们先是受了一惊，接着又看到满脸怒容的兄弟俩操着明晃晃的开刃真刀朝着自己飞奔而来，当下就失去了反抗的勇气，把拿在手里的东西一丢，直接夺门而逃。

"哥哥！"音五郎正待要追上前去杀他个干干净净，却又被自己的弟弟给拉住了，"耗子逼急了还会咬猫呢，更何况他们也不是什么极恶之人，就这么算了吧。"

音五郎一听，又觉得言之有理，于是便停下了步子，和弟弟一起清点财产损失，万幸的是，因为兄弟俩的及时出现并有效制止，家中居然没丢一样东西。

胜五郎机智驱贼的故事，就这么传遍了，当然，传播者自然是他哥。且说音五郎在接下来的日子里充当了非常完美的播音机角色，几乎是碰到人就要说一遍，开头就是"哎呀，我弟弟真聪明啊，真的，真聪明"之类，不但干活的时候说给农民听，就是他去练剑道的时候，也常常会在道场里说起，有一天，正当音五郎再度开始赞扬起他弟弟的聪明才智时，一个声音在他背后响了起来："哪天把你弟弟带过来让我看看吧。"

音五郎回头一看，立刻肃然起敬："是，我明天就把他带过来。"

说这话的，不是别人，正是他的剑道师傅，天然理心流三代掌门人，近藤周助。

近藤周助那一年57岁，执掌门派已经将近20年了。他原名岛崎周助，本来也是农民出身，后因继承了天然理心流掌门近藤家之名故而改姓，是当时日本非著名剑豪中的一分子。

倒不是说他人不厉害所以才非著名，而是因为天然理心流在那年头的日本实在是过于默默无闻了。

天然理心流取义天人合一，以天然自然之理调和，临机应变，对于敌人的动作采取自然而然的反应，故此得名。在开创的初期，流派中不仅有剑术，还教棍术、枪术以及格斗术。只不过这些个东西到了第二代的时候就全部失传，从此只有剑术。

天然理心流中，总共有六个学阶，最低的叫切纸，最高的叫指南免许，就是能顶着流派的名义出去收徒弟了。

一般而言，完成这六个学阶，通常需要20年，也就是说你一个小

113

伙子进去，必须得混成老头子了才能出来。而当年日本自打开创江户幕府以来，国家虽然说不上风调雨顺倒也能算是家国太平，没什么刀兵之祸，所以这剑道，也开始从原本讲究实战的杀人之术，变为了更讲究观赏性的舞术，只要耍得好看，不管能不能打能不能杀，那都能流行；相反地，原先那些个只讲怎么打人怎么杀人的，反倒是没了市场。

天然理心流的奥义是一击必杀，无所谓那些花架子，只讲究撂倒敌人，所以相当悲剧地成了后者，再加上学成出来又那么费时间费精力，所以在很长一段岁月里，这个流派只是被人当成乡下剑道来看待，他们的道场自然也就只能是那永远也做不大的贫薄道场了。

不过宫川胜五郎似乎并不在乎这些，在他眼里，自己这个乡下孩子能够和武士一样握上刀剑整日里在剑豪的指点下于道场内挥汗如雨，那就是莫大的幸运了。故而他学得特别卖力，加上天赋又很好，再加上这道场本身就没几个人，所以不过短短数日，胜五郎就做到了打遍道场无敌手的境界。

对此，近藤周助相当满意，满意之余，他做出了一个决定。

"你想成为武士么？"一天夜里，近藤周助叫来了宫川胜五郎，如此问道。

年仅 15 岁的胜五郎一时不能参透此话，只以为是问他是否还在坚持梦想，于是便坚定地点了点头。

嘉永二年（1849 年），和老婆结婚多年都没留下一儿半女的近藤周助收宫川胜五郎为养子，并让其改名为岛崎胜太——近藤这个姓因为牵涉天然理心流掌门宗家，所以暂且不能让他叫。不过在周助看来，这也是早晚的事儿。

就在同一年，天然理心流道馆里来了一个叫佐藤彦五郎的门徒，在学了没几天之后，他突然就找到了近藤周助，说自己家在多摩，而道馆却在新宿，两地相距甚远，每次来回学剑都老费功夫的，所以希望老师允许，能让自己借着天然理心流的照片在家乡开一个分馆，传

114

授技艺，让附近的农家子弟也都来学。

彦五郎是多摩地区有名的地主，家中农耕用的马就有个三两匹，帮工也有五六名，这在当年的日本算是相当了不起的大户人家，所以他说能叫人来学，那是绝对能叫人来学，只是他学剑资历尚浅再加之剑术水平真的不咋地，若是单独授他一块招牌难保第二天就被人上门给砸了，所以周助对此显得相当迟疑。

"老师，您放心，我自己有几斤几两我还是清楚的，到了多摩之后，我会定时安排老师您上门指导，这学费，绝对不会亏了您的。"

此话一出，近藤周助不由得点了点头——既能上门指导保证他们不荒废技艺不丢天然理心流的脸，又能多一笔额外的可观收入，何乐而不为呢？

虽然他还是没弄明白，佐藤彦五郎也就是一土财主，何必要那么执着于剑道这本该属于武士才玩的玩意儿呢？

原因之一，是佐藤彦五郎他们家在这一年发生过一场大火，火烧过后，出现了一些趁火打劫的宵小之徒，对此彦五郎深感如果不学武艺就没办法保卫家园，所以这才来到试卫馆，学习剑道。

原因之二，是因为形势需要。当时已是公元 1849 年，虽说黑船尚未来航，但形势已经比较严峻了。为了防止出现被列强打成像大清那样的惨状，幕府中不少有识之士开始提出各种应对方针。

其中，有人说，我们要练兵，练很多兵。

因为这话太虚，所以他又进一步指出，现在日本需要的，是打碎原有的四民阶级，让每一个人都有资格挂刀扛枪，实现全民皆兵。

观点的提出人叫江川英龙，是当时幕府的高级官员，同时也是个兰学家。

注意，是兰学家。

江川英龙后来在幕府的支持下办过一个兰学学校，专门教授西洋知识，门下弟子无数，很多人后来都成为了推动日本近代历史前进的

115

重要功臣，比如维新三杰之一的桂小五郎，再比如后来日本著名的外交家井上馨，再再比如佐久间象山、大鸟圭介等人。

事实上，这家伙不仅是个高级干部外加高级知识分子，他还是个全才，属于那种在各种方面都能插一脚，样样通却样样不松的全才。

比如在治国方面，因为江川英龙是江户幕府下面的高官，所以有自己的领地，而且面积不小，包括了今天伊豆的菲山一带以及东京都的多摩地区。他勤政爱民，展开了各种惠民政策，把领地打理得井井有条，所以备受领民们的爱戴，当时人送外号江川大明神。

在农林方面，江川英龙也作出了相当大的贡献，比如在今天东京的高尾山上，他就种植了日本历史上最早的人工林，并且制定了相应的法规来保护这片绿色，所以今天你去那座山上，依然能够看到大片当年种下的日本柳杉，普遍树龄已有将近150年了。

不过这些都属次要，现在我们主要说的，是他在军事方面的成就。

江川英龙是日本最早提出全民皆兵这个概念的人，一般认为，打破武士和普通老百姓之间的差别，展开"人人都能扛枪"这么一政策的，是被誉为日本近代陆军之父的大村益次郎。

但其实早在大村益次郎之前的几十年里，江川英龙就不但提出了理论，还付诸了实践。

嘉永二年（1849年），本着防火防盗防山贼以及万一西洋列强入侵能进行抵抗的基本思想，江川英龙在自己的领地多摩地区展开了农兵募集工作，简单说来就是把领地里的领民挑选出来组成自发性的地方武装组织，保护村落的财产。我们前面已经说过了，在那个年头，不是武士是不给你挎刀的，违者可以直接法办，但江川英龙却率先在自己的领地里打破了这条沿袭了数百年的铁律，表示，只要你够厉害，就能参加民兵组织，就能在街上挎刀，谁要问起来，就直接报我江川英龙的名字。

那哥们儿那会儿是在十三代将军德川家定面前大红大紫的人物，

116

你报了他的名字也别说一般的小捕快了，就算抓奉行所（衙门）里奉行（地方官）都不敢拿你怎样。于是，当地的民众呼啦一下地扛枪挎刀，武装了起来。

对于这事儿，多摩地区的一批豪农也给予了江川英龙极大的支持。他们自己出钱联系各处的剑道枪道的老师，然后请过来教那批农民各种武艺。佐藤彦五郎就是其中的重要一员，他不仅联系上了天然理心流的近藤周助，甚至还表示，自己愿意将自家的打谷场给贡献出来，作为大伙的训练地。

江川英龙对此甚为满意，他数次前往佐藤家打谷场，亲自指点民兵们如何放枪如何刺杀，也观摩过学了天然理心流之后的民兵们的操练，并且给予了很高的评价。

在江川英龙热火朝天地教着这群农民演兵习武的时候，有一个年近15岁的少年每次都会准时到场。虽然他的年龄尚且不够加入民兵组织的标准，可这小子却风雨无阻从不迟到，每次都站在打谷场外一声不吭地看着大伙训练，脸上充满着期待的表情。

他是佐藤彦五郎的小舅子，名叫土方岁三。

土方岁三他爹叫土方隼人义谆，也是当地的豪农，他祖上还算是个武士。岁三是他最小的四儿子，不过义谆因一直身体不太好，所以还没亲眼看见岁三出生，就早早地撒手人寰了，年纪不过40岁出头。

更为不幸的是，在岁三六岁那年，母亲惠津也因病过世，一下子没了双亲的他只能由自己的哥哥土方喜六抚养，到了八九岁的时候，又被自己那已经嫁到佐藤家的姐姐给接了过去，由她和姐夫佐藤彦五郎共同抚育长大。

小时候的岁三特别招人疼，不光是因为没父没母天生惹人怜，更主要的是这孩子聪明伶俐有头脑，多年以来一直都是村儿里的孩子王。

在农忙的时候，岁三会组织小伙伴们一起帮助大人干活。本来大家觉得都是小孩子，最多也就是拾个麦穗啥的，再也做不了其他事。

可时间一长，人们惊讶地发现，在岁三这小子的组织安排下，再小的孩子都能发挥自己的作用，而且他们干的活也是多种多样，从拾稻穗到割稻子，几乎样样都行，最让人惊叹的是效率还挺高，往往三四个小孩就能顶上一个大人。

对此，我们只能说，这是一种与生俱来的天赋。

不光脑袋聪明，岁三的模样也特别漂亮，皮肤雪白、五官端正，是远近闻名的美少年。

11岁时，佐藤彦五郎夫妇决定让他去大城市里见见世面，于是便联系了一家位于江户上野（今东京上野）的大商店，然后再把岁三送了过去当小伙计。结果头一天早上去，第二天天刚刚亮还没来得及吃早饭，这小祖宗便惊现在家门口了，浑身上下又是泥巴又是汗，连鞋子也破了一只。

佐藤夫妇自然是相当震惊，细问之下才知道，原来这店老板没安好心，看岁三年纪小又长得漂亮想吃他豆腐，却不料岁三也不是个省油的灯，强烈反抗之余还操起算盘直接砸在了那个怪叔叔的脸上，接着又当场离店出走，赶了一通宵的夜路又回到了多摩。

这个故事流传甚广，不过并没有经过什么特别严谨的考证，所以姑妄听之便是，唯一能够确定的只有两件事：第一，土方岁三11岁那年的小伙计生涯相当短命，也就那么一两天工夫便擅自从店里跑了回去；第二，他的确是个美少年。

看着弟弟如此遭罪，心疼不已的姐姐再也不肯放他出去打工了，从此以后，土方岁三就整日待在家里被当成少爷养，农忙的时候帮点忙，不忙的时候就做甩手掌柜。

像江川英龙他们训练的时候，就属于典型的不忙时节，于是土方岁三每每都会在一旁观摩。

后来佐藤彦五郎发现，自己这个小舅子在私底下偷偷地找了根木棒子当木刀在有样学样地练剑道，于是他便告诉岁三，如果你真想学这玩意儿，那么过两天有从江户过来的剑道老师，你跟着一块儿来吧。

彦五郎口中的剑道老师，指的正是近藤周助他们。

在天然理心流多摩教室开课的第一天，土方岁三很惊讶地发现，在那清一色由精壮汉子组成的教师队伍里，居然还夹杂着一个和自己年纪差不多大的孩子。而对方显然也发现在那一票成年农民的学生队伍里，竟然也有一个和自己一般大小的家伙。

年龄的相仿在很大程度上可以拉近人与人之间的距离。

"我叫土方岁三，你叫什么？"

"我叫岛崎胜太，你也是来学剑道的么？"

"我就是来看看的，以后就叫你阿胜好了。"

"那以后就叫你小岁吧。"

这是两人的初次见面，从此，他们便成为了好朋友。

不过，让佐藤彦五郎感到相当奇怪的是，土方岁三在正式上课的时候似乎总是一副心不在焉的样子，不是抄着手纯围观就是跟那个叫岛崎胜太的小老师聊天，可一旦等下了课，他总会找一个没什么人的地方单独偷偷猛练。

"面对那个和自己一样大却已经是老师的孩子，真要在他的指点下学剑的话，就算是好朋友也会感到面子上过不去的吧？"岁三的姐姐听说之后这么笑着对自己的老公说道。

比谁都要聪明，比谁都要帅，可自尊心却也比任何人都要强、比任何人都要傲娇，这就是姐姐眼里的弟弟。

到了 17 岁的时候，或许是看岁三蹲家里吃闲饭实在是太不像话了，于是佐藤彦五郎夫妇再次决定，把他送到江户去，找个大一点的好一点的店铺，让小伙子锻炼锻炼，先学着点儿，以后再由家里出钱，让他自己也开一家铺子，这样至少衣食上能算是无忧了。

为了防止六年前的悲剧再度重演，佐藤彦五郎这回亲自出马，挨个托关系，终于找到了一家他认为完美可靠的店铺——开在江户大传马町的吴服店，也就是卖和服的。那里的老板是他的相识，为人和善宽厚，无任何不良嗜好。

岁三这回做的是学徒，不过说是学徒，其实也就是乡下土财主让家里的少爷出来见见大城市而已，用不着特别卖命。而老板也对少年岁三特别优厚，有事儿没事儿总让他闲着，不用干重活，毕竟人家有关系。

却说人这一闲就容易惹是生非，特别是像土方岁三这样戳在马路牙子上当电线杆都会有狗来撒尿做标记的引人注目的家伙，就更能招蜂引蝶了。

不过这次倒不是人家找他，而是他招惹了人家，招惹了一个跟他年龄相仿的女孩子。那人也是在店里帮工，算是老板的亲戚，长得很不错。两个长得不错的孩子碰在了一起，很快关系也变得近乎了起来。

晚八点档的肥皂剧教育我们，少男少女待在一起的直接后果就是成为一对，这两位也不例外，很快就好上了，然后女孩子的肚子被搞大了。

这事儿干得实在是特别糟糕，要知道人家小姑娘刚进来的时候还是黄花大闺女，这让老板情何以堪？

不过最终还是看在土方岁三背后有人的分儿上，也不浸他猪笼了，当然，也不能再留着祸害其他妹子。就这样，17岁的岁三被炒了鱿鱼。

之后他开始跟着亲戚走街串巷卖一种名为石田散药的跌打膏，据说不光能治伤，还有强身健体、滋阴补养等功效，总之是有病治病、没病强身。因为好似确实有那么一点效果，还不算太忽悠人，所以生意一直挺不错的，小伙子年纪轻轻就发了一小笔财，再加之四处做买卖见多识广，也就自然而然地认识了不少妹子。以岁三的性格，当然没可能放过摘花的机会。至于具体是两三朵还是两三把尽管至今无从考证，但总之动静并不小，所以没多久就让他的姐夫佐藤彦五郎知道了。

彦五郎觉得岁三毕竟已经快20的人了，寂寞难耐犯一些错误也是无可厚非，可话虽如此，老这样子下去也不是长久之计，干脆就趁此机会给他找个媳妇儿，也好让小伙子收收心，安定下来好生过日子。

佐藤家和土方家都是当地的大户，所以招亲的风声一放出去，各家的媒婆都上了门，经过各种挑选和层层选拔，最终彦五郎拍板，定下了亲事，对象名叫阿琴，是多摩地区有名的大美人。

可是当彦五郎对岁三谈起这桩婚事的时候，岁三却表现出了意外的冷淡，并且对姐夫表示说自己并不想结婚。

彦五郎对此相当不满，你小子跟那么多女人都有过关系却从不考虑结婚，耍流氓也要有个度吧！这事儿是我亲自定下的，你多少也该听听哥哥的话吧？

但土方岁三却依然拒绝："我考虑的都是天下的大事，在没有立身扬名之前，还是希望保持自由之身。"

不管彦五郎怎么说，岁三却是死活不肯，最后哥俩儿只得各退一步，土方岁三答应和那位阿琴小姐订婚，至于具体婚礼什么时候办，这生米何时煮成熟饭，再议。

关于这件事儿，土方岁三还专门赋俳句一首，以表心志：

"有志者，则易迷茫；无志者，则毫不茫然；此为恋爱之道也。"

意思就是说心怀大志的人在碰上这种儿女情长的事情，会因为恋爱的甜美和心中的大志发生冲突而变得犹豫不决；可如果只是庸庸碌碌的人，一旦看到好妹子，则会毫不犹豫地上去追逐，丝毫不考虑自己的前途或是将来。

有必要说一下的是，这段解释，是贴在某个新选组展览馆里的，也就是官方的说法，但在我看来，其实是这样的意思：如果你已经认定要追这个妹子了（有志者），要么你很容易心绪不定，庸人自扰（茫然），但如果你抱着可有可无、随便玩玩的心态（无志者），那你必定能在把妹之路上战无不胜（毫不茫然），此为恋爱之道也。

简单一句话，别把姑娘太当事儿，她们反而会自动贴过来。从土方岁三一贯人渣的表现上来看，我对我的解释充满自信。

121

佐藤彦五郎知道了以后，专门把自己的小舅子给叫到了跟前训话，说你整日里都在胡思乱想些什么呢，让你成家你也不成，叫你立业吧，看你这德行就知道立不起来了，整天跟着个药贩子到处走，还吟这种歪诗，你到底想作甚？

土方岁三认真地思考了好一会儿，非常严肃地说道："我要做武士。"

佐藤彦五郎很明白在这个年头武士和农民中间隔着一道比马里亚纳海沟还要深的无法逾越的堑沟。虽说他们土方家先前是做过武士，可那也是先前的事情了，现如今，就是一农民，跟村里的太郎啊太吉之类的庄稼汉相比，土方家除了留下个苗字可以与之区分、代表自己祖上曾经阔绰过之外，就什么都不剩了。他土方岁三全家都是农业户口，即便是豪农，可那也是农，要想成为武士，就算说不上绝无可能，可那也是火星撞地球的概率。

缓过劲儿来的彦五郎忙说醒醒吧少年，脚踏实地、老老实实不比什么都强么？别老做着这辈子都不可能实现的梦了，还是听哥的吧，讨论讨论给你置办些房子土地啥的。

然而土方岁三却死活不干，他以从未有过的坚决态度告诉姐夫，自己这辈子一定要成为武士，也一定会成为武士。说完，岁三又背起了那个小箩筐四处兜售石田散药去了。

另一方面，在试卫馆给人当干儿子的岛崎胜太日子也不怎么好过。主要原因是他的养母，也就是近藤周助的老婆，怎么都看他不顺眼。

近藤夫人的名字叫笔，在当时的日本比较少见。她本是新宿某店的艺者，也就是卖艺不卖身的那种，后来被周助看上，出钱赎了身，再双双结为夫妇。

估计是跟她当年的职业有关，这位近藤夫人的脾气特别大，为人也特别苛刻，再加之她和周助结婚多年都没有自己的亲骨肉，所以对这位横空出世且泥腿子出身的养子特别看不顺眼，经常找一些相当无

122

聊的由头比如吃饭的时候吧唧嘴、坐的时候没坐相等原因将其狠狠训斥一顿，而且批评时候的用辞也相当恶劣，动不动就说一些什么乡巴佬、野孩子之类的话，弄得岛崎胜太每次都很郁闷。这种近乎虐待的成长环境当然是很不利于孩子的健康成长，然而，胜太却忍了下来。

嘉永四年（1851年），一个年轻的女子敲开了试卫馆的大门，身后还跟着一个九岁的男童，那是她的弟弟。

他们的父亲死得早，母亲一人无力独自抚养这一对儿女，只能将年纪小的那个送到和自家勉强沾着点远亲关系的近藤周助那里打打杂，好让人家给这孩子一口饭吃。

一进门，近藤夫人的声音先响了起来："这么小的孩子顶什么用啊？那不就等于是来吃白饭的么？"

那位姐姐一脸尴尬，因为她知道对方说的没错，而近藤周助则慌忙上前拉住老婆，生怕她继续说出什么更伤人的话来。

而那个男童则开始哭了起来。当时的他非常坚信自己是被抛弃了的可怜虫，今后会发生什么，自己会变得怎样都一概无从知晓，唯一能做的，也就只有哭了。

要说这孩子还真是挺能哭的，从一早开始就没停过，到了吃午饭的时候才稍稍太平了一会儿，算是中场休息。吃完之后他一人来到庭院，想着想着又抹起了眼泪。

正在伤心欲绝的当儿，岛崎胜太扛着一把木刀晃悠晃悠地来了。其实他只是纯路过，压根儿就不知道发生了什么，乍眼一看一个不认识的小朋友正在自家院子里哭，还以为是迷路的呢，于是便走上前去问说你叫什么，怎么来这儿了。

"我叫宗次郎。"孩子一边抽泣着一边说。

来近藤家的原因，他断断续续了好久才说明白。

"原来你就是宗次郎啊！"岛崎胜太突然一副特别兴奋的表情，"我听说过你哦，你终于来我们家了！听说你老家也是多摩的，我们是同

123

乡欤！"

那孩子看着胜太的笑容，顿时不哭了——被惊的。但还没等他回过神来，更惊悚的事情发生了：岛崎胜太一边笑，一边眼睛里就流出了两行泪，接着他双手一把抱住了宗次郎的肩头："宗次郎，你真坚强！才九岁而已，就敢和家人分居两地。我来这里当养子的时候，都已经十六岁了，可在一开始的时候，还是因为想家而哭了好几回咧！"

看着眼前这家伙又哭又笑的，宗次郎突然渐渐平静了。他吸了一下鼻子，抹去了眼泪，站起了身子，然后把手交给岛崎胜太，由他拉着一起去参观近藤家的里里外外。从此，他将在这里开始自己新的生活，虽然仍旧不知道在前方等待自己的会是什么，但宗次郎相信，只要有这个大哥哥在，日子一定不会太糟糕。

这孩子的全名叫冲田宗次郎，也就是后来的冲田总司。

三个来自多摩的少年如同传奇般地相遇了之后，又天各一方地开始了属于自己的生活——土方岁三继续走街串巷地卖药；岛崎胜太则仍旧每天练剑，每天听养母训话；至于冲田宗次郎，这小子原本以为自己在近藤家的生活会很难过，却不想近藤夫人看他长得可爱再加之确实身世可怜，所以非但不怎么责骂他，甚至连活也不要求他多干，所以宗次郎闲来无事的时候总喜欢跑去道场看大人们舞刀弄枪，有时候近藤周助一时兴起也会教他两招。

岛崎胜太并不喜欢这种两耳不闻窗外事，一心只练天然剑的日子，虽然，作为一名道场掌门的养子，他的身份已经是武士了。可他却并不满足，他觉得，真正的武士还不止如此，或者说，这不是自己想要成为的武士。

所谓武士，自当以手中利剑，忠君报国。

因为出身天领，再加上祖上是曾经跟随过德川家的八王子千人同心，因此他非常自然地将幕府视为自己应该去尽忠的主君，幻想着总有一天能够为将军出力。

124

说白了，他想要个编制。

这仍是一个非常遥不可及的梦想。因为尽管已是武士，但武士和武士之间，亦是天差地别。岛崎胜太这样的剑客，说到底就是个浪人，和真正有主公的那些有编制的武士相比，还是有着本质性的区别的。所以很长时间，他都处于一个报国无门的状态。

比如黑船来航了，胜太想着是不是能去打跑外国人，结果幕府开国了。

安政五年（1858 年）幕府抗旨签五国条约的时候，胜太痛心疾首，深感幕府是爹、朝廷是妈，父母吵架，殃及的是子女。正欲有所作为，却压根没人理会他，也是这一年，他正式继承了天然理心流，成了掌门人，并改名近藤勇。

樱田门外事变，井伊大老被杀，近藤勇愤怒地谴责了水户藩的恐怖分子，并且想要为大老报仇，结果……他爹周助通知他回家结婚。

安政六年（1860 年），25 岁的近藤勇和德川家家臣松井八十五郎的女儿松井常结为连理，并在两年后生下一女，取名阿玉。

松井小姐长得很不好看，之所以娶她，原因有二：第一，她是正经八百的武士之女；第二，江户时代的习惯，女孩子嫁人要自带一笔丰厚的嫁妆入门，松井家有钱，给的嫁妆很多。

近藤周助看中了第二条，而近藤勇则一听说是武门之女，便毫不犹豫地点头了。他太渴望成为一个真正的有编制的武士了。

梦想归梦想，日子还得过。

在一次去多摩乡下教剑的路上，近藤勇和土方岁三不期而遇。

此时的他，配着双剑；此时的他，背着药箱。

相知相交的两人面对面地站着互相看了对方很久，却谁也没有率先打招呼。

"小岁，我记得你的梦想是做武士吧？"最终还是近藤先开了口。

药贩子岁三没有说话，只是微微点了点头，表示不否认。

125

接着又是长达数秒钟的沉默。

当年的宫川胜五郎和土方岁三一样，都是农家的孩子，可现如今一个因继承了天然理心流的近藤家而成为了能堂而皇之挎刀上街的武士，可另一个，则依然还是农民。

在这种情况下，纵然是多年的好友，岁三也很难开口说一些轻松的话题。站在近藤勇跟前，他甚至感到了些许的自卑。

突然，近藤勇笑了："小岁，来我们道场吧，你若是做食客的话，或许也能成为武士。"

且说经过两百多年的岁月，日本那几乎堪称无懈可击的门阀制度也开始变得松动了起来，再也不是当年的那铁板一块了。农民或是商人真的发自内心地热爱武士阶级，想成为其中的一员，倒也不是不可能，最简单的办法就是做人养子，像近藤勇就是最好的一个例子，正所谓龙生龙凤生凤，你做了武士家的儿子自然就是武士。事实上，近藤勇想让土方来自家道场，用意也差不多是如此——学剑的多为武士，你好好练剑，不怕没人看不上你，到时候会发生什么，谁也说不好；再者，在你当试卫馆门客的过程中，也可以光明正大地挎刀上街，反正你土方岁三有名有姓，不查三代谁知道你是个农民？至少，能暂且满足一下自己的虚荣心吧。

在这种时候听了这话，土方岁三若是顿时眉开眼笑说"阿胜你真好，谢谢你"之类的话，那也就不是土方岁三了。此时的他，尽管已经心动，但脸上却依然毫无表情，口中也只是喃喃地问道："阿胜，为什么要这么帮我？"

"你傻么？因为我们是朋友啊。"近藤勇想都没想就便脱口而出。

就这样，土方岁三正式加入天然理心流，成为了试卫馆的门客，不过个人一直认为这家伙实际上的身份其实应该是冲田总司的徒儿——宗次郎小朋友由于天资甚高，深得近藤周助的青睐，破格将他从打杂小弟提升到了试卫馆门徒，13岁时，改名为冲田总司。作为一名新人，土方岁三当然有必要让冲田前辈调教一番，虽然生性高傲的他并不心甘情愿接受一个毛孩子的指导。所以这两人的关系，其实挺微妙的。

文久二年（1862年）9月的一天，冲田总司找到近藤勇，说反正我们家已经有了一个吃闲饭的了，你看是不是能再添一双碗筷？

总司是个特别爱笑并且特别爱开玩笑的孩子，除了近藤勇这位从九岁开始便被他深深敬佩于心底的老大哥之外，他谁的玩笑都敢开，包括近藤周助。

不过毕竟还只是个孩子，加上又没什么恶意，所以几乎没有人会为他那无伤大雅的玩笑而动怒或是较真，唯独的例外是土方岁三。

冲田总司口中的那位吃闲饭的，指的也正是岁三——这家伙虽说在道馆里练剑，却不付学费，自然不是门徒了；每天吃住都在道馆，可也从不见他干活，当然也不是助教了，也难怪总司会这么说。

对此土方岁三只是翻翻白眼，意思是说爷懒得跟你计较。

近藤勇则表示让总司详细说说。

"我上次出去玩的时候认识一个朋友，他说想到我们试卫馆里做食客。"

"那人以前学过剑么？是什么流派的？"近藤勇问道。

"他是伊东道场的。"

所谓伊东道场，就是位于江户深川佐贺町（东京都江东区）的一个剑道道场，规模很大，隶属北辰一刀流。这个流派也很有名，算是江户城中数一数二的大流。

伊东道场的人想跳槽到试卫馆来，这就相当于东京大学的学生要转学去东京春日部产业大学一般不可思议，所以当即土方岁三就吐了槽："他该不会是犯了门规被踢出来的吧？"

冲田总司一听这话自然有些不爽："你把我的朋友当什么人了？"

眼看着两人又要开始斗嘴，近藤勇连忙起身劝阻："总司，你明

127

天先把他带过来，之后的事情之后再说吧。"

次日，总司果然带着自己的朋友来到了试卫馆。这是个身材矮小但相貌相当清秀的男孩子，看起来似乎比总司更年少些，一问之下才知道，此人今年不过 18 岁，名叫藤堂平助，也是个浪人，是个从小生在江户、长在江户的老江户人，已经在伊东道场混了快有两年，武艺相当不错。

不过，从平助进门的那一瞬间起，近藤勇就始终看他觉得不顺当，可具体不顺当在哪儿，却说不出来。

在谈话中，近藤得知，藤堂平助之所以想跳槽，是觉得在伊东道场混着太没存在感，尽管他在那里待的日子也不算短，可总得不到重用，两年下来连个助教的位子都没捞着，总有一种被抛弃的感觉。现在听总司说试卫馆的近藤勇热情好客，为人仗义，所以想特此前来混饭，待遇差点倒是无所谓，但求有个知己。

虽然只有 18 岁，但藤堂平助的说话举止却非常有礼貌，谈吐间给人一种优雅公子的感觉，深得近藤勇的欣赏，于是他便表示说平助，你来我们这儿的事我准了，你现在就能回家去收拾行李了。

平助连忙拜谢，说："那我现在就回去准备了。"

近藤勇带着土方和冲田一直送到他门口，突然感觉到了什么："平助，你等等。"

藤堂平助回过头来，很茫然地望着对方。

"你腰间的佩刀，能让我看看么？"

"嗯，可以。"平助一边说着一边很大方地解开了挂刀递上前去。

刚一上手，近藤勇就意识到这是一把上等货，而毛孩子冲田总司和乡巴佬土方岁三则在一旁看得云里雾里，全然不知自家大哥干吗如此激动。

"平助，这刀……这刀是哪儿来的？"

"平助……平助你真的是浪人吗？"

128

当把刀从刀鞘中抽出来时，近藤的声音也不由自主地开始不自然了起来，因为他已经确认，无论从色泽还是做工或是其他方面来看，这都是一把不折不扣的宝刀。

"这刀是我娘给我的……我生下来的时候，就在我家了……"

"能拜见一下铭文吗？"近藤勇一边说着，一边从怀里掏出了怀纸叼在嘴上。

从古至今，武士都视刀为自己的灵魂，面对名刀都要做到百分百的尊重，不但说话口气不能傲慢，而且为了防止说话间唾液四射玷污了刀剑，通常会拿一张纸放于唇间。

藤堂平助依然很大方，说没事你看吧。

铭文是五个字——上总介兼重。

如果把刀比作车的话，上总介兼重这个牌子，大致类似于兰博基尼。说得再露骨一点，这把刀是他藤堂平助这种穷酸浪人做一辈子都买不起的东西，别说买，见都没资格见上一眼。

近藤勇终于明白自己为何在一开始的时候横竖看平助不顺当了，因为他腰间的这把名刀和身上的那一套粗布衣服配在一起显得太扎眼，太不和谐了。

一旁的土方和冲田在看到铭文之后终于理解了近藤先前的反应，接着土方岁三问出了一个近藤勇刚才就想问却一直没好意思问的问题："平助，你爹是谁？"

而藤堂平助则讲出了一个几乎让所有人都要昏过去的答案："我娘以前说，我爹是藤堂高猷。"

藤堂高猷是当时伊势国津藩（三重县内）的藩主。顺便一说，他祖宗是活跃于日本战国时代的名武士藤堂高虎，一生之中换过近十个主君，人送外号跳槽之王。

高虎同志有过一句人生感言：人不跳槽非武士。

他的人生最后一跳，是跃向了江户幕府创始人德川家康的怀抱。

129

在进入江户时代之后，高虎出任津藩藩主，并召集了领内名匠为自己打刀，其中便包括了上总介兼重。

生性爱刀的近藤勇知道这个典故，所以他明白藤堂平助应该不会骗人，可却又始终不敢相信，堂堂诸侯之子，居然穿着粗布衣服要在一个贫薄的穷道场里做食客！

然而，面对近藤勇他们那副惊讶万分，想问却又不好意思问的尴尬，藤堂平助却显得一点都不避讳："我是私生子。"

"那也是大名之子啊……"近藤勇毫不掩饰地感叹道。

就在藤堂平助进门当食客的同一年，又有不少人登门试卫馆拜访，说是希望能留在这里混口饭。经过各种甄别，近藤勇最终留下了两位，一个叫永仓新八，一个叫原田左之助。

永仓新八是神道无念流的弟子，原田左之助使枪，隶属于名门宝藏院流。

话说到这里肯定会有人觉得奇怪，因为这试卫馆原本不过只是一间贫困潦倒、万年没生源的破道场，现如今就在这短短几年里，居然会有那么多名门出身的武林高手前来拜把子甚至还留下来，着实不可思议。

究其原因的话主要是两个：首先是近藤勇，这家伙天性热情，对谁都能坦诚相见，久而久之便自然会有一干人为他的人格魅力所折服，自发地聚集在他身边。

其次是土方岁三。这厮虽然人称吃闲饭，可自打他进了试卫馆，基本上就没怎么闲过，三天两头为近藤勇出主意，不断地改善着道场的经营方式，为的是能让试卫馆扩大规模，让天然理心流发展成为能和北辰一刀流、神道无念流等流派并驾齐驱的大流。

在他出的众多主意中，有一条让近藤勇甚为满意，同时也是让试卫馆在短时间内爆出大人气的关键之举——不分门第，只要付够学费，就给学剑。

130

长期以来，佩剑都只是武士的特权，农民商人你敢佩剑走路上试试，分分钟把你抓走。事实上，包括剑道也只有武士才能学，只不过前者是明文规定，后者则是潜规则。在江户时代，农民商人跑去道馆要求拜师学艺，基本上会被婉言谢绝，因为武士不齿于和泥腿子同堂挥剑。

像试卫馆这样敢让佐藤彦五郎这样的农民前来学剑并且敢把招牌挂到乡下去给农民专用甚至让农民出身的近藤勇来继承流派，绝对是极少数中的极少数。

别以为这是他们心甘情愿和劳动人民打成一片，那是没辙，生活所迫。

现在土方岁三又做了一件更为极少数的事情——干脆彻底敞开大门，不分阶级，欢迎任何人前来学剑。哪怕你是个贱民，哪怕你是个铜臭满身的奸商，只要带银子，那你就是我们的学生。至于武士的自尊，武士的特殊性，都滚一边儿去吧。

同样也是为了钱，但你不得不承认一点的是，土方岁三之所以能如此具备实用主义精神并且将试卫馆作为全民皆剑客的试点搞推广，其启蒙者，正是那位江川英龙先生。

这种做法确实给试卫馆带来了巨大的人气，甚至很多武士出身、其他流派的高手都琢磨着想去试卫馆参观并且围观，结果当他们碰到馆主近藤勇的时候，又被他所吸引，于是，便产生了留在此处的想法。

之前提到的那两人差不多都是这种情况，现在，先让我们对他们做一个简单的介绍，以免日后再度出现的时候感到脸生。

在新选组中，若是根据剑术高低的排名，则向来有一冲田、二斋藤、三永仓的说法，冲田指的是前面说过的冲田总司，斋藤是以后会说到的斋藤一，而这永仓，则是现在要说的永仓新八。

这人祖籍松前藩，位于今天的北海道，出生地是江户。

他们家领 150 石俸禄，大致跟高杉晋作家差不多，也算是中层领导干部家庭了。新八本人从 11 岁的时候就进了神道无念流位于江户的

131

道场击剑馆，出师的时候 18 岁，堪称年少有为。

本来是前途一片光明的，结果没承想，在 19 岁的时候，他脱藩了。

所谓脱藩，指的是武士离开自己所在的领国，放弃自己的编制，成为一介浪人。在江户时代无端脱藩从原则上来讲是犯法的，但自黑船来航之后，幕府也好、各藩也罢，监管力度空前下降，再加之形势不稳、人心惶惶，这种现象也就开始显得普遍了起来。

永仓新八脱藩的理由是，他想成为一名真正的武士。

和近藤勇完全相反，新八认为所谓武士，应该是由内而外自成一体的东西，绝不应该为身份编制这种无聊的枷锁所束缚，为了追求真·武士之道，他选择了脱藩。

结果这两个怀着同一种梦想但对梦想认知正相反的人，在一次偶然的机会见了面，然后相见恨晚、谈笑风生，之后便走到了一起——永仓新八成为了试卫馆的一名食客。

原田左之助，伊予松山藩（爱媛县松山市）出身，传说是个白脸美男子，虽说也是武士出身，但他爹其实不过是一个足轻而已，也就是所谓的步兵，属于武士阶级中的最下层，所以从小就不怎么被中上层的武士给看得起。在他 20 岁的时候，有一次跟别人吵架，对方估计是吵不过，逼急了，破口大骂："你小子算个毛啊？看看你的那副穷酸样，也配做武士？你会切腹么？会么？看你个要饭样子就知道，你连切腹都不会，不会切腹就别再说自己是武士咧！"

左之助相当愤怒，你说我不会我就不会了？我切给你看！当场他就拔出了腰间的短刀，往自己肚子戳去，顿时血流了一地。

其实人家说的没错，因为左之助出身微寒，所以从来就没接受过什么正经的武士道教育，对于切腹这种技术活儿，自然是不会的。虽说血喷得是又远又多，但毕竟没伤到要害，而且那时候他正巧是体力最好的年龄，所以愣是没有死。从此也就得了个外号——不死的左之助。

虽说不死，但活着的滋味也不好受，依然被人看不起，被人嘲笑，在 22 岁的时候，他脱藩来到了大阪，在道馆里学习枪术，在这方面他倒是相当有天赋，很快就成了用枪的高手。

学成之后，原田左之助来到了江户，原本是想找一家枪术道馆当老师的，却不知怎么阴差阳错地来到了教剑道的试卫馆，结果恰巧和近藤勇谈得不错，于是便将错就错地留了下来。

这家伙倒是正宗吃白饭的，因为试卫馆根本就不教枪术。

还有一个叫山南敬助，此人出身仙台藩（宫城县），来试卫馆的日子已经很久远了，甚至比土方岁三要更长一些。

话说山南这个姓，要一辈一辈地论起来的话，其实算得上是日本著名贵族藤原家的支流，事实上仙台藩藩主伊达氏，也是藤原家之后。

良好的出身使得山南敬助有机会接受良好的教育，无论是文化修养还是兵法策略，他都颇有心得，属于典型的智囊型人物。

20 多岁的时候他脱了藩成了浪人，然后来到江户，先后学习了小野一刀流以及北辰一刀流等剑术，并且都顺利轻松地拿到了免许皆传，也就是传说中的资格认定证书。因此他在试卫馆里担任的职务是助教，不是食客。

总体而言，试卫馆确实像很多与新选组相关的电视剧以及动画片里描述的那样，尽管是个小破道场，但因为近藤勇，因为这些伙伴，从而总是其乐融融，充满着欢声笑语。

虽然在很多方面大家的观点都不尽相同，比如近藤勇梦想进体制，永仓新八视体制为垃圾，山南敬助更偏向于尊王攘夷，但这并不妨碍他们是同伴，亦不妨碍他们都有着一颗爱国之心。

所以当得知幕府要征集浪人保护将军上洛的消息后，近藤勇瞬间就兴奋了。他觉得这兴许是一个可以实现自己多年来夙愿的好机会，于是便召集了小伙伴准备一起上路。

对于养子的决定，近藤周助表示支持。他叫来了试卫馆资格最老的助教——井上源三郎，吩咐他跟随近藤勇一起上路，以便沿途照顾。

133

临走前夜，近藤勇很激动地对土方岁三说："阿岁，我们终于可以成为武士了！"

土方岁三只是很平静地笑了笑："阿胜，我会让你成为大名。"

就这样，他们来到了京都。

之后发生的事情我们前面就说了。就在近藤勇眼瞅着可以精忠报国的时候，斜刺里杀出了清河八郎这么一个人物，近藤勇内心的愤恨不爽可想而知。他当然不打算离开京都，他要和这个家伙叫板。

土方岁三的辩驳让清河八郎无法还击，无奈之下他只能表示，要留下的就留下吧。

留在京都的，包括近藤勇、芹泽鸭在内，总共有 24 人。

3 月 13 日，清河八郎率大部队开赴了回乡之路，留下来的那几个就这么成了没娘的孩子，一时间连吃饭都没个着落。

眼看着是来混编制当武士的，一瞬间的工夫，变成了自带干粮的武士，简称自干武。就在绝望之际，有人伸出了援助之手。他就是松平容保。

容保大人觉得这二十多个人忒有种了，为了保护将军大人居然敢孤零零地留在人生地不熟连当地话都不怎么能听明白的京都，所以决定帮他们一把。

数日后，经会津各家臣研究讨论决定，让近藤勇等人正式成为了会津藩手下的雇佣军，并且因为他们住在壬生村，赐名壬生浪士组。

至于工作职责，基本上就类似于今天的警察：维护维护京都的治安，抓抓小偷强盗以及到处喊着天诛这个、天诛那个的尊攘派。

然而，除了划拨了一块地皮让他们有个落脚之处外，会津藩并没有给予这伙人固定的工资俸禄。说到底，他们还是自干武。在八木家门外的空地上，近藤勇他们甚至种起了茄子。

同月，德川家茂上洛。

上一次幕府将军的上洛，还得追溯到 229 年前的三代将军德川家

134

光时代了。

这次家茂来京都，主要是来看看他的大哥孝明天皇，然后向他汇报一下攘夷情况，并且做个保证，一定攘夷、坚决攘夷，在不久的将来在日本要实现外国人零存活的伟大目标。

大哥很满意，夸奖了妹夫几句，见面圆满结束。

基本上就这么算完了，其实想想也该明白，那一年家茂不过17岁，你能指着他干出什么惊天动地的大事儿来呢？

之后，大家该干吗还是干吗去。

幕府忙好了家茂的上洛之后，开始掉过头来对付那个把自己耍得团团转的清河八郎了。

其实事情也没想象中的复杂。

清河八郎虽然把原本的将军护卫队给变成了攘夷军团，还把人给重新拉回了江户，但这并不意味着这两百来号人就归他清河家管了。真正给大家每个月发工资的大佬，其实还是幕府。在江户攘夷就在江户攘夷，无所谓了，只要人归我们管就行。

不过毕竟清河八郎还是相当有威信的，幕府虽说是发工资的，但有的话必须得由清河说了大家才会听，实在是让德川家的老板们感到很没面子。想来想去，办法就只有一个了。

文久三年（1863年）4月，清河八郎在路边喝水的时候，被人从背后一刀砍杀。主刀者，旗本佐佐木只三郎。

清河一死，浪士组立马被幕府改编，名字也被换成了新征组。而原来跟着清河一块儿混的，不是被抓入狱，就是就地正法，基本没留几个活口。

不过清河有一句还是说对了，当时的日本，因为四处流行着攘夷论以及攘夷教育，所以普遍激起了民众对外国的反感，战争，的确是一触即发。

135

第九章

攘夷战争

首先燃起战火的地方是长州藩。

长州是历史悠久的老藩，他们的藩祖是被誉为"战国第一智将"的毛利元就。他们家最强大的时候，曾经占了中国80%的土地。当然，这个中国不是我们住的这个中国，而是日本中部地区，简称中国。

元就死后，继承人是他的孙子，叫做毛利辉元，这个人总的来说一句话，心比苍天高，手比豆腐软，没什么本事却还总想做老大。

庆长四年（1600年）的时候，日本爆发了国内有史以来规模最大的内斗战役——关原会战，由德川家康对阵石田三成，其中，石田三成所率领的西军事实上是代表当时日本最高统治的家族丰臣家。不过，三成虽说是丰臣家的代表，但其实也就是个战场总指挥，西军的最高统帅，是毛利辉元。

那时候请他来做西军的总大将。一开始他还摆着个架子不肯来，最后石田三成承诺，一旦打败德川家康，就让毛利家成为日本第二大家族，仅次于丰臣家，这位大爷这才答应参战。

在整场会战中，西军在战场的总人数达到将近十万人，其中，毛利本家以及毛利分家的小早川家和吉川家三家兵力就有个三四万，但这三四万人由于毛利辉元老大的常年无能带领，在战场上不是围观就是倒戈，非但没起到正面作用，其中小早川家的小早川秀秋因为临阵背叛，倒向了德川家，最终直接导致了西军在关原战场上的失败。

136

但战场失败并不意味着战役的失败。要知道，此时此刻毛利辉元自己还带了万把人驻留在大阪城内；而大阪城，则是被誉为当时"日本第一"的金汤之城，如果率众据城一战，也未必不能打败对方。

当时同在城内的大名立花宗茂，甚至辉元自己的养子毛利秀元等人都持守城决一死战的态度，可就在这关键的时刻，辉元认尿缩头了，他决定向德川家投降。

面对前来讨饶的辉元，德川家康的态度非常明确：现在来投降？早干吗去了？

所以在战后，毛利家依然受到了相当大的惩罚，长州藩原本 120 万石的领地被削减到了 30 万石，一下子就穷掉了。

从此，长州藩就恨上了幕府。掰着手指头算算，这仇已经两百多年了。

虽说是当年的辉元老大人太傻而引起的，但仇恨就是仇恨，江户幕府开幕以来，在长州藩的武士心中就有这么一个印象：是幕府破坏了我们原本美好的生活。倒幕的开山老祖吉田松阴，就是那地儿出来的。

自黑船来航之后，长州主要就流行两种学说：第一叫攘夷，第二叫倒幕。

不过，倒幕成本太高，风险太大，一旦玩过头了全国大名都跟着幕府一起来征讨那可吃不消，还不如暂时先紧跟潮流过一把攘夷的瘾来得划算，毕竟还能落下个好名声，看看人家萨摩的岛津久光，都快成全日本的超巨星偶像了。

文久三年（1863 年）5 月，位于下关海峡（山口县）的长州藩炮台，突然炮声大作，紧接着，就看到海面上一艘冒着烟的船狼狈地向远方逃窜，再接着，便听到了长州武士们一阵庆贺胜利的欢呼。

那艘被打得冒了烟的船叫做篷布罗号，是一艘来自美国的商船。这天估计是开累了，正好停泊在下关海的岸边，不想莫名其妙几颗炮弹冲着自己就飞过来了。还没反应过来，几艘日本战船又围了上来，开炮的开炮，丢绳索的丢绳索。惊慌失措的美国人开足马力，二话不说夺路就逃，好在机械设备比较发达，这才免去了喂鱼之灾。

同月，一艘法国用来递送公文的邮船在从横滨开往长崎的途中，也遭到了长州藩的炮火袭击。邮船上面自备了火炮，所以一度还进行了零星的抵抗，但很快法国人就发现，这一两门的小火炮压根就不是人家几十门炮台的对手。于是船长挥舞白旗，表示投降，并且带领几名水兵下船上岸，想跟日本人交涉一下，主要目的是告诉对方，我们纯粹路过打酱油的，真的没有恶意。

一看到船上下来人了，长州藩的武士们马上停止了开炮，纷纷端起手中的洋枪开始放枪。结果，船长受伤，水兵死了4个。

美法两国很生气，他们觉得长州藩是在滥杀无辜，不可饶恕。特别是美国，当时还处在南北战争中，南军方面也顾不上国内阶级矛盾了，直接就派出了维奥明古号军舰杀向了下关海峡。

到了下关之后，维奥明古号就开始四处晃荡，寻找长州的船只。很快，就发现了长州籍军舰庚申丸、壬戌丸和癸亥丸三艘，此时此刻它们都停泊在海峡内。

维奥明古先瞄准了庚申丸，一阵猛烈的炮火过后，对方被击沉。壬戌、癸亥两船见势不妙，立刻赶来夹攻，但又被美国舰劈头盖脑的一阵炮弹，造成了一沉一重伤的下场。

顺便一说，这三艘军舰，是长州藩近代化海军的全部家当。也就是说，他们几乎所有的海上力量，被美国军舰一艘给灭了。

长州藩彻底傻眼了，攘夷攘出这种悲剧，倒还是从没有发生过的。敢情这外国人动起来真格，就是这么厉害啊！难怪幕府就算抗旨也要开国啊，洋大人确实牛啊。

还没等他们反应过来，法国人也到了。

法国的行动就比较简单粗暴了，先是军舰站在炮台射程外一阵猛轰，把长州海边的炮台基本给毁了个干净之后，再派地面部队登陆，

138

对民房进行烧抢。

由于在此之前，长州藩的海军基本已经全灭，所以制海权这个玩意儿，自然也就和他们无缘了。一连数次的援军船，都被法国军舰上的大炮给打了回去。烧够抢够，法国人扬长而去。

长州藩清醒过来了：攘夷是不能再接着攘了，再这么随便乱攘下去，那估计就得被外国人给灭藩了。不但不能攘，还得反过来学习人家外国人的先进技术。

首先要学的，是军队。

经研究发现，日本原有的那套军队制度已经跟当前的国际形势完全脱节了，所以藩主毛利元周决定，从外国进口先进的武器，并且改组军队，不再由单一的武士组成自己的军事力量，而是从普通的市民、农民甚至商人中选拔出合格的人才，加入军队。

一时间，长州藩展开了轰轰烈烈的大练兵活动，由老百姓组成的一支支军队先后冒了出来，名字也是各式各样的，比如什么应征队、八幡队、游击队之类的，这其中战斗力最强的，是一支叫做奇兵队的队伍。

它的创建者叫高杉晋作。

虽说给人的感觉好像是大少爷从家里骗了钱出来搞了一支乐高玩具兵军团来装逼，但其实奇兵队的作战水平确实是当时长州藩数一数二的。

顺便需要说一下的是，当年在上海考察完准备回日本的前夕，高杉晋作不知道从哪儿找到了荷兰的海军方面负责人，然后擅自订购了一艘军舰，价值为两万两黄金，签的是藩主毛利元周的名字。

消息一传回去，全长州轰动了，轰动完之后，几个家老立刻去找荷兰人退单，跪求了半天才算是将这事儿给摆平了。为此，高杉晋作还相当不满意，觉得自己好不容易为长州的近代化作了些贡献，居然还被这帮老头子给抹杀了。只能说大少爷真会玩。

139

军舰虽说没买成，但毛利元周还是同意让晋作在藩内搞起了军政改革，之前说的奇兵队也就是这么建立起来的。

就在长州藩如火如荼地搞起了改革准备迎接新时代的时候，西南那边又出事儿了。

6月22日，说好要报仇的英国人的舰队终于开到了萨摩的海面上了，总共7艘军舰，在离开鹿儿岛城7公里的地方下锚了。

总人数一千四百人，共带大炮100门。

28日，英国人仗着船坚炮利，继续推进了6公里，此时距离岛津久光住的地方，不过1公里。

正所谓原子弹最有威力的时刻其实是在发射架上，这次虽然样子壮观了一点，可英国人依然没有开打的意思。他们想就此好好威胁萨摩人一把，争取"和平"解决。

当然，价码不能变，两万五千英镑外加将凶手引渡给英方。

可岛津久光别说是赔钱了，就连说个对不起的意思都没有。当然，样子还是要装装的，毕竟马上就要打仗了，争取时间还是非常必要的。

岛津家家臣伊地知正治带着4个人，划着小船上了英国军舰，见到了英国公使的代理人尼尔先生和这次的舰队指挥官库帕提督，说是来和谈的。

两人一看萨摩人来了，以为他们是被军舰给整怕了，所以也就不废话，直接拿出了一份请求书，然后告诉正治，我们大英帝国的要求全都写在上面了，自己拿回去看吧。当然，不会给你们拖延时间的机会的，最后通牒，限时30个小时作出答复，不然立刻大炮伺候。

正治表示自己一定给藩主认真过目，并且很快就会给予答复的。

之后，他表示，为了能够更好地进行磋商，是否还请两位外宾上岸一下，跟自家大人把酒言欢，共商大计？

尼尔跟库帕略作考虑便拒绝了。

这是相当明智的选择。因为根据岛津久光的作战计划第一步，就

140

是把英国人的指挥官给骗上岸来然后一刀剁了丢出去喂狗，然后趁着敌人群龙无首的时候，发起突袭。

当然，现在计划失败了，也只能来个一计不成，再施一计了。

第二天傍晚时分，英国舰队的旗舰尤里阿拉斯号附近，非常诡异地出现了 8 艘小船，每艘船上乘着十到二十个人不等，慢慢地向着旗舰靠拢过来。

很快，这些船与人就被英国士兵给发现了，他们大声询问来者何人。

只见船上的人不慌不忙，从随身带的布袋里摸出了一个西瓜，然后问道："要不要西瓜？上好的西瓜。"

而另一艘船上也站出来一个人，自称是萨摩岛津家的外交代表团，还说自己是岛津久光的亲戚，带着自家主君的答复文书来跟英国人交流来了。

看着这两伙人，英国人的脑子有些糊涂了。

一群是卖西瓜的，一群是搞外交的，怎么就凑一块儿过来了呢？

因为他们是一伙的。

8 艘船里，2 艘号称外交时节专用船，上面还自称坐了个岛津久光的亲戚，而另外 6 艘则伪装成普通的卖西瓜船，事实上这 8 艘船里总共 100 多人，都是不折不扣的萨摩武士。

他们打算依靠这种手段，麻痹英国人，然后登上旗舰，将尼尔和库帕剁了之后丢海里喂鱼，然后再合力把这艘船给夺下。

话说库帕接报之后，仔细想了想，觉得这西瓜就暂时不买了，天气还挺凉快，没必要浪费这个钱。至于外交使者，那是一定要请上船的。

于是，2 艘船上的 40 来人就这么上了英国的旗舰，其中包括了在生麦事件中第一个动手的奈良原喜左卫门。

把他们请到船长室之后，尼尔就觉得有些不对劲儿了。这些人满脸横肉，浑身杀气，一点也不像搞外交的，要说是打手，还真有几分相似。

而且，他们口称带来了岛津久光亲笔写的答复书，可真要起来，

141

却支支吾吾一边浑身上下乱摸，一边还念叨着："欸？东西呢？出门的时候还带着的呀。"

最让人搞不懂的是，不知为何这些人一直往船长室的窗外张望，好像在等着什么一般。

其实他们是在等作为进攻暗号的炮声。

当然，尼尔是肯定不知道的，他还正在琢磨着呢：怎么这萨摩人一点礼节都不懂，老往窗户外面看个什么劲儿呀，又看不出啥西洋景来。

就在双方僵持的时候，突然一艘小船冲向了旗舰，映入了大家伙的眼帘。

上面的人一边挥动着小旗子一边大叫："快下来！别干了！快下来！"

船长室里的萨摩人一阵骚动，为首的町田六郎，也就是自称是藩主亲戚的那个对着尼尔一鞠躬，说道："实在抱歉，那份答复文书似乎不在我的身上，可能是比较慌乱，忘记带出来了。"

事情到了这分儿上要是还能接着忽悠尼尔的话，那他也不用混什么公使代理了，直接回家抱孩子顺便颐养天年得了。

由于尼尔不是瞎子也不是傻子，所以他既看到了那艘靠近的小船，也很快就明白发生了什么事儿，同时知道了这些"外交使者"前来的真实意图。

但他没有吱声，这很正常，因为船长室内就他跟库帕还有寥寥几个水兵，而里里外外的萨摩人至少有 40 个，占据了压倒性的局部人数优势，一旦闹开动起手来，自己是根本不够人家砍个两三刀的。

于是，尼尔非常镇定地表示，没事儿，你们回家去拿吧，我等着。

大家伙立刻先下大船，再上小船，然后 100 多人 8 艘船如同离弦之箭，争先恐后地驶向岸边。

萨摩西瓜奇袭队的作战计划正式宣告失败。

究其原因，还是因为萨摩人心理素质不是特别过硬。

142

当时的情况是这样的：两艘自称是来搞外交的船被英国人给放行了，而剩下的那六艘号称卖西瓜的，也纷纷要登船兜售自己的商品。

原本不想买那西瓜的英国人终于被喊得心动了，接着就准备掏钱行动了，不过他们觉得，无非就是送几个西瓜而已，上来十几二十个人最多了，哪见过才送十个西瓜就上六十来号人的？种西瓜都不用那么兴师动众好吗？

所以，他们对下面的六条小船表示，只许上来十个左右，其余的该干吗干吗去。

本来就有些心虚的萨摩人见状以为英国人看穿了什么，便立刻自暴自弃地临时终止了计划，并且开始撤退。

就这样，由于大家不够沉着冷静，导致错失了一次不错的战机。

经过这么连续几次的来回折腾，尼尔和库帕算是整明白了，对方压根就没和谈的意思，从早到晚都在想着怎么把自己给弄死。

既然这样，那也就别废话了，准备准备，开打吧。

7月1日，英国舰队倾巢出动，直接杀入了鹿儿岛湾，并且一举拿下了正好在停泊休息中的三艘萨方的蒸汽军舰：天佑丸，白凤丸和青鹰丸。

这三艘船都是岛津家从美国新买来的，总花费在30万两左右。

而英方要求赔偿的2.5万英镑，折算下来其实也就是6万两左右。

夺取了军舰之后，英国人并不急着继续作战，而是再一次派出了使者，目的不言而明：你是给我们6万呢，还是看着我们毁你的30万？

他们有理由相信，船质在手，这一次岛津家一定会服软的。

对此，我只能说一句话，要是会服软，那岛津家就不是岛津家了。

岛津久光果断下令：轰死英国佬。

7月2日，这一天萨摩湾狂风大作，暴雨直下，天上闪电一道接着一道。在这样一个不适合开打的好天气里，英国人依然保持了高扬的斗志，随着库帕的一声令下，7艘英国军舰外带3艘萨摩船质更加深入了鹿儿岛湾，企图直接用大炮和岛津久光居住的鹿儿岛城来一个亲密对话。

之所以敢犯这种兵家大忌，不是没有理由的。

首先，是源自于对自己的自信。

英国人有理由相信，号称日不落帝国的他们，是能够克服一切艰难险阻，取得任何胜利的。

其次，是源于对装备的自信，萨摩虽说修了不少炮台，但大炮总共不过80门，而英国舰队这次来，总共携带了100门，其中还有21门当时世界上最先进的阿姆斯特朗炮。如果这还打不过，那就真没天理了。

最后，英国人觉得，萨摩人已经丧失斗志了。

事实上萨摩跟长州一样，这三艘蒸汽军舰是自己海军的全部家当了，而且他们比长州更惨，人长州好歹还逃回去了一艘，可萨摩，却是全部被人家给生擒活捉。

遭此毁灭性打击，还能有斗志么？就算有，能高到哪儿去？

估计放几下炮一吓唬，就全崩溃了。

英国人一边抱着这样的想法，一边迎着暴风雨继续前行，然后就听到了隆隆的炮声。

萨摩人的炮台，已经等着他们好久了。

压根就没想到对方居然还敢主动攻击，一时间英国军队在暴风雨中阵脚大乱，而旗舰尤里阿拉斯号也在混乱中被炮弹击中，造成了数人伤亡。

更要命的是，尽管英国的船好炮好，可因为天气缘故，所以根本没有办法发挥出预期的攻击效果，连瞄准目标都不太容易。无奈之下，他们只得顶着风雨慢慢靠近萨摩的炮台，打算离近了再打，不想没走多久，就碰到了岛津事先布下的水雷区，被炸了个昏天黑地。

同时，英方的考戈多号、雷斯霍斯号等数艘军舰也被击中，死伤相当惨重，库帕见状只得下令舰队暂时退到了鹿儿岛湾的花仓冲。

在调整了行进队伍之后，又考虑到带着三艘船质实在太累赘，于是，英国人便将船上的贵重物品一扫而空后将其焚毁。

随后，舰队向南退去，一边开一边还对鹿儿岛的城下町进行了炮击。

城下町基本上就是平民的住宅区，当然，也住武士，不过现在这种打仗的时候，屋子里住的只有武士家属。

估计这也是没辙了，我打不过你的炮台，我轰你的平民解气吧。

英国人充分地证明了自己是勇敢的、无畏的日不落帝国的子民，也充分向全世界展示了大英帝国的船坚炮利，仅数小时的时间内，就在鹿儿岛沿岸造成了350多间民房被毁的惨剧。

因为萨摩的炮台射程有限，所以也只能眼巴巴地看着英国人进行肆意破坏。

正在英国人又轰又炸特别快乐的时候，悲剧再次发生了。

旗舰尤里阿拉斯号估计是想扩大战果，再多毁几栋老百姓人家住的房子，将船直接就开到了离海岸特别近的地方大肆放炮。

这么一来，便进入了萨摩炮台的射程了。

于是，一阵炮响之后，船上发出了数声惨叫。尤里阿拉斯号被轰成重伤，舰长乔斯林古大校被当场打死。

库帕也在船上，虽说没受伤，但也被吓得不轻，当即下令别再打了，撤退吧。

7月4日，经过两天两夜苦战的英军已经弹尽粮绝，连燃料都已经不够用了。不得已，他们在锦江湾为战死者举行了水葬仪式之后，撤回了横滨。

这场史称萨英战争的会战，就这么打完了。

打完之后就该结账了。

从损失方面来看，萨摩沿海岸将近百分之十的建筑被毁，其中不但有民房，还包括了钱币制造局、兵工厂以及大量的商铺。

145

尽管如此，由于事先得知了英国人会来，所以萨摩藩本身对当地居民进行了非常细致的疏散避难工作。尽管建筑被毁得厉害，可伤亡人数并不多，分别为5人和18人。

至于船只方面，除了之前被人活捉然后焚毁的那3艘军舰之外，在炮战中，萨摩又有5艘民用船被毁。

基本损失就是这些了，接下来我们来看英国的。

由于英国是跑来在海面上打人家，所以不存在建筑受损，这点可以略过。

伤亡人数就比较多了，阵亡13人，受伤50人，其中包括了旗舰尤里阿拉斯号的舰长和副舰长（双亡）。

然后，英国方面重伤一艘船，也就是旗舰尤里阿拉斯，轻伤的则有三艘。

此外，那位库帕提督，因为涉嫌轰击平民住宅区，没几天就被英国议院的议员们给点名了，然后在国内被登报曝光。各大媒体对他一阵乱骂后纷纷踩上他几脚，弄得他是满头包。

总的来说，这仗基本上属于两败俱伤，但双方谁也不肯服谁，都嚷嚷着你有种的就来再战，但说到底也没见着谁真的来继续动手的。

大家都知道对方不是善茬，不好惹。

英国人欣赏萨摩人那种不怕死的拼命劲儿，萨摩人则看认清了自己和西洋近代化国家之间的差距，同时也彻底明白了一件事儿：攘夷，是一个绝对完成不了的任务。就此，两家人一时间有了一种英雄惜英雄的感觉。

俗话说不打不相识，从此，萨摩和英国就这么好上了。

之后的几年里，英国开始源源不断地向萨摩进口各种精良武器，并且还帮着他们建造兵工厂，以便萨摩人能自己动手，丰枪足弹；而萨摩人不但装备上了清一色的英式枪炮，连军队的训练方法、编制，都开始全盘英化了。

146

当然，朋友归朋友，账目归账目，这之前英国要求的 2.5 万英镑，一个子儿都是不能少的。

岛津久光并不想出这笔钱，但又不能不出。

结果是他想了一个相当缺德的办法——以财政困难为由问幕府借，并且告诉幕府，如果不借的话，那只能接着打下去了，到时候战火会扩大到整个日本也说不定。

幕府并不傻，当然不想做这个冤大头，只不过这事儿闹得确实很严重，都已经真刀真枪地打起仗来了。作为中央政府的自己若是继续揣手旁观，恐怕要出大乱子。因此，在财政相当不宽裕的情况下，仍是拿出了 6 万两黄金作为赔偿，给了英国人。

英国人拿了钱，当场就表示这事儿我大英帝国就不跟你们计较了，以后大家友好相处吧。至于原先要求惩办凶手甚至引渡凶手去英国之类的话，全部作废。

由于以一藩之力对阵日不落帝国还勉强打了个平手，所以朝廷方面再一次对萨摩提出了褒奖，而岛津久光也再一次成为了全日本攘夷派的超级偶像。

至于那个在背后默默收拾烂摊子、为国赔钱的幕府，又毫不例外地成为了全国人民唾弃的卖国贼。

同时被恨上的当然还有英国人——你居然敢白拿我日本的钱，找死呢？

就这样，京都再次盛行起了攘夷天诛之风，一时间又是一连串的血案，不过让人感到非常遗憾也非常无奈的是，京都是没有外国人居住的。也就是说，那些"爱国志士"们，又在天诛自己的同胞了。

诛来诛去，最后竟然诛掉了一个高级干部——从四位右近卫权少将兼国事参政，姊小路公知。

右近卫少将其实源自于中国，原版名字我们大家都应该听说过，叫做虎贲中郎将。国事参政就相当于日本的国会议员。

147

被杀的时间是在晚上 10 点左右，那时候姊小路公知正好开完会，从皇宫里带着几个随从走了出来，来到一个十字路口的时候，突然迎面就走来三个蒙面的彪形大汉，其中一个问道："你们谁是姊小路公知？"

随从一看情知不妙，正要纷纷四散而逃，却只见公知脸带微笑地上前了一步："在下就是，请问有何贵干？"

再没见过世面的人一看这架势也该知道一二了，可他却丝毫不在意，仿佛早就知道会有今天一般。

接下来就是一声非常熟悉的"天诛！"然后一声"啊！"的惨叫。

姊小路公知倒在了血泊中，脸上被划开了一道口子，肚子上也被戳了一刀，都戳穿了。刚送到家，就咽气了。

这事儿一出，大家都觉得相当莫名其妙。

因为自从流行起天诛这么个玩意儿之后，被杀的一般都是跟幕府关系紧密的幕府官员、学者或者说商人平民之类的，杀人的通常都是尊攘派的"志士"，可这一次被杀的姊小路公知，不但是朝廷的高级干部，还是一个不折不扣的尊攘派。更重要的是，他不是一般的攘夷分子，而是攘夷派中的旗手，深受孝明天皇信任的红人，年仅 25 岁就当上了四品官，成为了日本高级干部队伍中的一员；而且刺客在出刀前指名道姓找的是他，所以不存在什么杀错之类的问题。

一时间谣言四起，说什么的都有，比如姊小路公知是潜伏在尊攘志士中的一颗毒瘤啊，姊小路公知私通幕府啊，私通外国啊，等等，还有人说姊小路公知打算暗杀孝明天皇之类，总之是闹得满城风雨。

负责京都大小事务的松平容保很愤怒，下令限期破案。

这是相当苦难的一件事儿，因为现场除了留下一把刀之外，就再也没有任何相关的证据了。

无奈之下，只能从这把刻着"奥和泉守忠重"铭文的日本刀上下手查找了，在广大刀具专家辛苦勘辨之后初步认定，这把刀的刀鞘、刀镡，都非常像是萨摩那一带出产的。

2天后，一名叫做那须信吾的土佐藩藩士来到了姊小路公知的家中，仔细观察了这把凶器之后，向专案组反映了一个重要的情况：这把刀他见过，主人叫做田中新兵卫，是萨摩藩的藩士。

说起这个田中新兵卫，专门是有两个字来形容他的——人斩。

这是日语，所以谓语后置，翻译成中文就是"砍人的人"。

作为一个人斩，新兵卫在圈子里是相当出名的，之前我们提到过在京都被第一个天诛掉的倒霉孩子岛田左近，就是由他亲自动手送其上路的。

接下来，新兵卫又先后砍杀了本间精一郎、渡边金三郎、森孙六、上田丞之助等数十人。

因为业绩突出，他和河上彦斋、中村半次郎、冈田以藏三人合称幕末四大人斩。

专案组一合计，觉得此人嫌疑重大，于是也不多废话了，当天就带人冲到了田中家，把他给抓了起来，然后往拘留所里一关，准备过几天好好审问一下。

但他们终究没能如愿，第二天，新兵卫在牢房里自杀了。

如此一来，这一出暗杀事件从原本的疑点重重，现在彻底变成了一个谜团了。

不要说暗杀的动机、背景，就连到底是不是田中新兵卫干的，都没人能确定了。

当然，虽说不能确定，但他的嫌疑还是很大的：不是你干的你干吗自杀呢？你很可疑呀。

对此，萨摩藩予以了坚决的否认，说现场的那把刀是人家故意留下陷害自己的，新兵卫自杀很有可能是杀人杀得太多得了忧郁症，和这起命案没有丝毫关联。

反正也只能随他们说了，所谓死无对证估计就是这么回事儿吧。

对于这事儿，个人还是存在着很大的疑惑，毕竟不管是不是萨摩的田中新兵卫干的，人家姊小路公知那都是尊攘派啊，你们还不至于找不到人杀了就自己人杀自己人吧？

不管是从尊攘派无聊的角度还是变态的角度来看，都是没有办法找出答案的。

但是当我们换一个方向来看问题的话，基本上就能明白了。

姊小路公知已经不再是尊攘派了，而是渐渐地开始成为了一名开国派，所以，他才被人当作"叛徒"给暗杀掉的。

在距案发日 10 天前，朝廷方面主动向幕府提出，要求设立海防总督以及在长崎建造大型的制铁厂。

当然，这制铁厂的技术当时日本是根本不具备的，只能从外国引进设备和人才。

这事儿基本就算是破天荒了，一向以攘夷为最高目标的朝廷，居然会同意搞外国人的那些个西洋技术？

答案是会，因为有人上下活动过了，而这个活动的人，就是姊小路公知。

当然，按照常理来说，即便他活动，孝明天皇也是不会批准的，毕竟人家是日本头号愤青，怎么可能就这么轻易地同意让外国人跑来给自己打铁呢？

事实是，孝明天皇压根不知道这事儿。

换句话说，姊小路公知借着天皇对他的信任，假传了圣旨，上下前后地忽悠了一大圈儿，把这个工程给敲定了下来。

而他之所以会从一个攘夷旗手转变成宁可冒着生命危险也要假传圣旨搞开国的"日奸"，完全是源自于一次谈话。

这是一个深夜，姊小路公知独自造访了一位幕府高官在大阪的宅邸，为的是确认一下将军家茂是否真心攘夷。

但是这位高官却并没有给予他明确的回答，只是邀请公知坐下来，

150

然后拿过来一个茶杯：

"少将（右近卫少将）大人您喝茶。"

"啊，您也请。"

双方各自喝了一口杯子里的茶，然后又各自沉默了。

姊小路公知毕竟是身怀任务而来，所以不能这么跟着对方大眼瞪小眼地干耗着，于是他主动打破了沉默："一说到现在的时局，实在是让人担心万分哪。"

"是啊，正所谓内忧外患，说的就是现在的日本吧。"那位幕府的官员喝了一口茶后突然问道，"以少将大人之见，这种局面该如何摆脱呢？"

姊小路公知几乎没有做任何考虑便脱口而出："攘夷啊。"

"攘夷？怎么个攘法呢？"

"合力将所有的外国人都赶出日本，恢复从前的样子就行。"

"少将大人，您觉得这么做有多大的胜算？"

两人之间再一次冷场了。

因为这是一个相当现实的问题，你要把外国人都从日本给撵出去，光靠决心信心和口号是不够的，必须要有真家伙。

对此，姊小路公知只能以守为攻地反问："那么您认为应该如何是好呢？"

"要想达到攘夷的目标，除了要把外国人给赶出日本之外，更重要的是不让他们进来。"

对此姊小路是深表同意的，但同时也产生了一个新的疑问——如何才能做到不让外国人踏上日本的土地呢？

"外国人都是从海上而来，为此我们必须要搞海防。"对方说道，"在以后的日子里，要想保护日本的土地，就必须先要保护日本的海洋，所以，没有一支像样的海军是万万不能的。您知道么？少将大人，现在西洋的军舰，从大阪开到姬路（兵库县），只要一顿饭的工夫。"

151

接下来，那位官员给姊小路公知仔细讲解了各国的海军、世界的形势。时间一分一秒地过去了，身边用于照明的蜡烛也燃尽了一根又一根，对于公知来说，此时此刻自己的任务已经显得不再是那么重要了，因为他更想从对方的口中知道日本以外的世界以及日本未来该走的路。

"在这个国家，现在有两种人，一种人希望完全对外封闭，保留原有的风俗习惯，等等，拘泥于日本传统的外壳，而另一种人则希望全盘西洋化。而我们真正应该走的，是第三条路，那就是尽快打开国门，然后尽可能地吸收异国的先进技术和知识，积蓄国力。等我们能以均等的实力和西方列强较量的时候，再跟他们好好地打上一架，这才是真正的攘夷，不是么？"

姊小路公知不说一句话。

他服了。

起身告辞之后，公知便匆匆回了家。

从此以后，他开始逐渐疏远了原先的那些尊攘同志，更多关心起了海军、钢铁、海防、大炮，并且和自己身边的朋友大说特说这些玩意儿，终于引起了别人的警觉，然后遭到了杀身之祸。

我相信，他应该早已有了这份觉悟。

当得知了姊小路公知被人暗杀于街头之后，那个和他彻夜长谈的幕府官员哀叹了一声，摇着头说道："这真是国家的大祸啊。"

此人便是幕府的军舰奉行、幕末最强的开国派、日本第一嘴炮王、数年后拯救江户城于兵火之中的大功臣——胜海舟。

说起来，在把姊小路公知化攘夷为开国之前，他还靠着嘴遁，成功地把另外一个人给忽悠得改变了立场。那是一个尊攘派的刺客，怀着一颗杀光"日奸"的心上门来送胜海舟上路，举着刀都快喊出"天诛"二字了，愣是被他的那一套套理论说得一愣一愣的，最后把刀往地上一丢，干脆拜其为师了。

这个刺客是土佐藩脱藩的藩士，名叫坂本龙马。

152

姊小路案发生之后，京都的治安再一次陷入了恶化，甚至还有人组建了天诛组，正儿八经地、有组织有预谋地在街头搞起了砍人大业。

松平容保很生气，后果不严重。

因为比起天诛攘夷，发生了一起更让他觉得麻烦的事儿。

第十章

芹泽鸭

有人告诉他，芹泽鸭，壬生浪士组的那个芹泽鸭，四处问京都的商家借钱，但凡碰到不借的，就砸人家的店，自己动手拿钱，影响极为恶劣。

这事儿还得从头说起。

话说，自从来到了壬生村之后，浪士组经过了几次斗争肃清之后，最终确立了一套领导班子，最大的叫做局长，分别由芹泽鸭、近藤勇和新见锦三人担任。

新见锦也是水户出身，跟芹泽是多年的老相识，他的权力不是很大，所以浪士组主要还是由芹泽和近藤两人主持日常工作。

而其内部，也被分为了两派：一派是以芹泽鸭为首的水户派，另一派则是以近藤勇为首的试卫馆派，前者也叫芹泽派，后者也能称之为近藤派。

虽然内部斗争搞得是轰轰烈烈、热火朝天，可整个壬生浪士组的总体情况只能用一个字来形容，那就是穷。

穷的意思就是没钱，没钱的原因是没人给钱。

虽说会津藩将浪士组给收编了，并且还送了人家名字，可这名字毕竟不能当饭吃啊。你上街买个午餐，光顶着名号不给人仨瓜俩枣儿的，谁会给你一粒米啊？

所以，芹泽鸭和近藤勇数次向会津藩提出，希望能给一点生活费

154

使使，好歹也让弟兄们能有口饭吧。

会津藩很为难地表示，自己财政也非常困难，所以还请浪士组的同志们坚持坚持，勒紧腰带。

对此，芹泽和近藤的回答是——请给腰带。

这不是危言耸听，而是确有其事。

在收编浪士组之初，松平容保曾经下令召见芹泽鸭和近藤勇。

但是两人却迟迟不肯去，原因是他们连一套像样的礼服都拿不出。

知道这事儿之后，房东八木源之丞非常好心也非常大方地拿出了自己的礼服，说是借给两人穿着去见守护职大人。

可问题在于，源之丞的礼服那自然都是八木家的东西，所以每件上面都理所当然地印着相同的也就是八木家的家纹。你要让近藤勇和芹泽鸭这非亲非故的两人穿上代表着一家人的、刻有同样家纹的礼服，那看起来就是非常滑稽了。

举个不怎么恰当的例子来说明的话，就好似今天你在街头看到两个大老爷们儿穿着情侣装。

当然，我不是反对说男性和男性之间怎么的，但一让我想到芹泽鸭和近藤勇两人穿着情侣装，实在就忍不住想笑了。

但也没办法，好歹就这么几件礼服了，你再找也找不到了。于是，两人只能硬着头皮穿了起来去见松平容保。

这次见面的唯一收获就是，松平容保答应给浪士组的每个成员定做一套统一款式的队服。队服是以青葱色为基本色调的羽织，所谓羽织，就是和式的外套，然后袖口上有着白色的山形图案。

款式的提倡者是近藤勇，不过他本来是想做成黑色的。

这个相当天才的创意源自于日本江户年间轰动一时的赤穗四十七浪人——他们为了给被陷害的主公报仇，在一个大雪纷飞的夜晚冲入仇人的宅邸，将其成功砍杀后从容切腹自尽。

在报仇的当晚，这四十七个人统一着装，每个人身穿一套黑色羽织——就是刚才说的那种样子。

因为四十七浪人代表着江户时代武士的"忠义"，所以对此深感崇拜的近藤勇有一种把壬生浪士组打造成赤穗浪士组的冲动，并且打算先从衣服开始学起。

芹泽鸭基本没表示反对，但他觉得黑色的不好看，改成青葱色的比较好。

还没说完土方岁三就跳出来了，表示这种青不青,绿不绿的叶子色，一看就是土巴子，坚决不能要。

芹泽鸭很轻蔑地笑了笑："你一看就知道不是武士呢。"

土方岁三相当火大："你说啥？谁不是武士？"

土方非常忌讳别人拿他的农民身份说事儿。

芹泽鸭不紧不慢地说道："如果你真是武士，难道不明白青葱色的含义么？"

土方岁三不明白，近藤勇也不是很清楚。

他们虽说身份是武士，但跟正儿八经的水户豪族出身，从小受过相当正规系统的武士道教育的芹泽鸭比起来，那基本就算是文盲了。

旁边的新见锦也跟着芹泽鸭一起笑了起来，然后看着非常窘迫的近藤和土方。

"芹泽局长的意思是，要让我们所有人都抱着一颗随时准备为国切腹的赴死之心吧？"

突然一个声音就响了起来。

芹泽鸭一愣，长期以来，他都把试卫馆派的人当作来自乡下的文盲土著、山寨武士，不想居然还有这等文化人，望眼过去，是一个长得又瘦又白，酷似书生的家伙。

是山南敬助。

望着山南，芹泽当即点头表示：回答正确，多给你做一件当奖励吧。

之所以要做成青葱色，是因为江户时代武士在切腹的时候，穿的

156

礼服就是这种颜色的。

不过在此之前的战国时代，切腹的礼服是地地道道的白色，所以也被叫做白装束。

经这么一解释，近藤和土方也不好反对什么了，只能点头表示默认。

当天，他们就找到了做和服的专门店并且下了订单。

顺便一说，帮他们做衣服的那家店，叫做大文字屋，也就是今天日本的大丸百货商店，上海也有。

接着，浪士组又定做了一面大旗，旗子上面写了一个大大的"诚"字，从此，这个"诚"也就成了浪士组的标帜，从旗帜到衣服再到袖章，都被印上了。

穿上了新衣，扛起了大旗，芹泽鸭等人依然觉得不满，毕竟人饿了的时候不能啃衣服吧。哥儿几个还是得弄点钱来，买几个饭团填饱肚子。

但会津藩并不愿意给钱。

事实上，这做衣服的钱也不是他们给的，而是京都支持公武合体的商家们所谓的"政治献金"，从头到尾，松平容保就没拿出几块钱来。当然，这也确实不能怪他们，前面就说过，会津自己的日子都过得是紧巴巴的。

事到如今也是实在没法子了，毕竟活人不能被饿死，芹泽鸭和近藤勇开始想起了生财之道，办法想了一个又一个，搞到最后浪士组甚至还举办过一届相扑比赛来赚门票钱，可忙里忙外忙了好几天，也没挣来几个钱。

最后，他们终于想出了一个短平快的好办法：找人拿钱，应该说是"借"，因为根据芹泽鸭的说法，是绝对会还的，但至于什么时候还，那就没谱了。

说是这么说，但实际操作起来其实很困难，你要不信你现在出门左转找一家超市借个两百块试试？

157

这是一个技术活，也是个力气活，首先要找对借你钱的对象，这得靠技术；其次，一旦对方不肯，就要给以颜色威胁，这就要力气。

偏偏芹泽鸭就是技术与力气结合的化身。

他先四处派人在京都打探天诛组的消息，倒也不是关心他们每天都天诛了谁，而是了解这些人每天花了多少钱，上哪儿花，这钱是从哪儿来的。

最终发现，天诛组过得相当富裕，而这富裕的背后，是一些商家的支持。

当然，也不白支持，因为很多藩都攘夷，你支持了天诛就等于支持攘夷，这样一来这些藩就会成为你的生意伙伴。

正当这些商人们盘算着花小钱赚大钱的时候，芹泽鸭上门了，开口先要100两。

店老板很不屑，这哪儿来的家伙啊？穿得就跟大葱似的，走走走，别在我门口瞎转悠，爱上哪儿上哪儿去，别打扰爷做买卖。

芹泽鸭又重复了一遍自己的要求，说是要100两。

店老板生气了，威胁说他如果再不走自己就报警了。

芹泽鸭笑了，他告诉店老板，自己就是警察。

老板有些软了，只得告诉对方，自己小本经营，没什么钱的，你要个1两2两的还成，一开口要100两，那不是要了自己的命了？

芹泽鸭不废话，直接就对老板说，你几天前借给了天诛组的谁谁谁多少多少钱，几天前又给了天诛组多少多少东西，这些个总价值都快200两了，你怎么会没钱呢？还是说，你有钱支持天诛组，没钱支持我们壬生浪士？

这个罪名相当厉害。因为大家都知道，天诛组在当时其实就是不折不扣的犯罪团伙，你出钱支持犯罪团伙，那就是从犯，先得把你抓进去再说。至于那店，下辈子再开吧。

芹泽鸭一边说，一边拿出一把扇子猛地往柜台上那么一敲。

158

柜台立马就裂了。

那扇子是纯铁打造，重两斤多，正面写着进思尽忠，反面写的是无二无三大和魂。

老板当场就服软了，乖乖地转身去拿钱。

拿到钱之后还没完，芹泽鸭一边笑容可掬地说谢谢，一边还打了一张列有明确借款金额、借款时间、借款人、放款人可偏偏就是没有还款日期的借条。

这就是传说中的收据，民间俗称白条。

看到这里，你是不是觉得芹泽鸭很坏？

当然是很坏没错，不过有必要告诉你另外一件事：白条上面是要签名的，除了芹泽鸭之外，还有近藤勇的名字——不是代签的，是亲笔签名。

对于芹泽鸭的这些行为，其实无论是近藤还是土方都是默认甚至参与的，最多也就是芹泽鸭砸柜台，他们抄手站着看而已。当然这也没办法，毕竟整个浪士组都很贫穷，大家都需要钱，总不能真的种了茄子拿去卖然后发工资吧？

尝到了甜头的浪士组们开始扩大战果，于是，在各大商铺的门前柜前，都纷纷活跃着一群群穿着青葱色羽织的武士们。他们或诚恳哀求，或拍桌威胁，总之目的只有一个——钱。

也因此，搞得天诛组一时间都过上了穷日子，因为但凡给他们钱的商家，无不受到壬生浪士的要挟，所以最好的办法就是撇清关系，不发生金钱往来。

从某种程度上说，这种开自己财源断他人财路的方法，也算是间接维护了京都的治安。

不过，从此往后，广大京都人民自发送给了壬生浪士组"壬生狼"的称号。在日语中，狼和浪是能发相同的音的。

对此荣誉称号，芹泽鸭表示，自己做得还很不够，在今后的日子里，他将会努力进取，开拓新的生财之道。

商家们终于忍不住了，这么下去，还让不让人做生意啊？

他们纷纷托关系，通路子，找到了会津藩的人，希望这些人能告诉松平容保芹泽鸭他们所做的一切。

其实松平容保全知道，但同时他心里也是一百个明白，芹泽鸭他们这么做也是生活所迫，归根结底还是自己收编了人家却不发工资，所以也就睁一只眼闭一只眼了。

但不久之后发生的一件事儿，让他再也坐不住了。

且说有一天，芹泽鸭带着新见锦等人来到了一家店铺里，这是一家生丝商店，叫大和屋。

这是一家有相当规模的商铺，他们的产品在京都以及周边市场的占有率基本上是数一数二的。

进门之后，寒暄就免了，直接便是开门见山，要钱。

对方态度很好，又是端茶又是送水，临了回了芹泽鸭一句，老板不在，咱就是个小伙计，做不了主。

出人意料的是，芹泽鸭的态度也很好，没有再跟以前一样摸出个铁扇子来吓唬人，而是面带微笑地表示，麻烦你现在就去找你们家老板，我晚上再来。

小伙计连忙点头应诺，说："您就放心吧，晚上老板一定来。"

这就是所谓的缓兵之计，拖你一个时辰是一个时辰。晚上你要真来了，我接着拖，反正老板就不在了，你还能拿我怎么着？

吃过晚饭，一伙人真的又来了，小伙计还是老一套："刚才去找了，老板在小老婆那儿不肯回来，要不，老几位明儿再来？"

芹泽鸭一挥手："老板不在，钱总在吧？我们不找你家老板，就要你家的钱。"

小伙计一边笑着一边搓手然后表示，自己实在不好做主，那得等老板来了才能说了算。

"你就说你给不给吧。"

"不是不给，是实在是不好给……"

"不给是不是？"

芹泽鸭摸出了那把招牌铁扇子，然后用力一挥，大概四五个人拉着一门大炮就跟过来了。

没错，是大炮。

这玩意儿是会津藩赠送给浪士组的，为的是勉励他们好好工作，看到大炮就想到会津的恩情，倒也没想到这么快就给用上了。

"生丝商大和屋，你们不但垄断市场、哄抬物价，甚至还曾资助尊攘派的不法浪人，简直就是罪无可赦。今天，接受我壬生浪士组一局之长芹泽鸭的惩处吧！"

说着，他把扇子一指："开炮！"

几声炮响过后，也不知道谁乘机又丢了几个火把进去，店铺开始着火了。

那时候日本的房子是百分百的木制结构，所以火势一下子就变得很大。边上本来还有几个想去救的，可一看到芹泽鸭一副神来杀神、佛来屠佛的模样，哪里还敢动手？只得眼睁睁地看着房子被吞没在火海之中。

芹泽鸭很高兴，他一边拿了个装着酒的葫芦喝着一边还笑着说："烧吧烧吧，让大火来得更猛烈些吧！"

松平容保震怒了。

他怒的不是芹泽鸭烧人店铺，而是那门大炮，会津藩送的大炮。

用会津藩的东西来搞打砸抢的勾当，实在会让人引起诸如"在客观上帮助了芹泽鸭的破坏""用实际行动助长了芹泽鸭的嚣张气焰"之类的想法；而且，本身是维护京都治安的会津藩，现在居然成了破坏治安的帮凶，这顶帽子要真被扣上了，那可不是随便说两句解释一下、掩饰一下就能完事儿的。

161

芹泽鸭的暴乱行为还不仅仅限于敲诈勒索。

文久三年（1863年）六月，水口藩的人找到了松平容保，说你们家的那个芹泽鸭四处打劫商家，行为极其过分，还希望您老能多管管。

同时，他还出具了相关的证据以及诉状。

要说这水口藩，也是一个百年老藩了。他们的藩祖，是当年帮丰臣秀吉打天下立下汗马功劳，被授予"贱岳七本枪"集体荣誉称号中的一员，加藤嘉明的孙子——加藤明友。

松平容保接受了他们的诉求并且表示，这证据你们先收着，过两天我一定会找芹泽鸭好好谈谈的。

但还没等过了当天，芹泽鸭就知道这事儿了。

本来他也没在意，其实这人心眼还是挺大的，听过后只是笑了笑，就过去了——讲真，那几天基本上天天都有人跑会津藩告浪人组的状，真要一件一件计较的话，那就没工夫去讹钱了。所以芹泽鸭笑过之后，又找了一户商家，照例叫来老板，要钱。

见到芹泽局长，老板也照例哭穷，表示："芹泽大人您前几天不是来过了么？怎么又来了？小店真没钱啊。"

芹泽鸭说："老子前几天还吃过饭了呢，怎么，不用再吃了？你给还是不给？"

老板叹了一口气："芹泽局长，你们比攘夷派更凶啊。"

芹泽鸭呵呵一笑："那是，我精忠浪士组要是连攘夷派都比不过，还怎么混？"

其实这时候老板已经是一肚子火了，实在忍不住，说："你们这么厉害，怎么不去收大名的保护费啊？"

这话不说还好，一说芹泽鸭抄起铁扇子往柜台上一敲："好，老子今天就去收给你看。"

当天晚上，芹泽鸭突然想起了水口藩告过自己的状，于是都不等吃完饭，便带了几个人直冲水口藩的驻京办。来到了大门口，摸出那

162

把铁扇子就往门上敲。

守门的两个卫兵一时间被吓得不知所措，别说上前阻拦了，就连问个"你是谁"的勇气都没有了。

芹泽鸭一边砸门还一边大嚷，说："水口藩开门呀，开门开门开门呀，你有本事告黑状，你没胆子开门啊？"

眼看着这门都要砸坏了，里面终于走出来了个人，说是请芹泽局长别在门外大叫，影响不好，有什么事儿咱里面去谈。

进门之后，芹泽鸭连茶都来不及喝一碗便又嚷嚷上了。这次他的要求很明确，说是谁告的黑状就让谁出来见他，然后两个人单挑，被打死的那个自认倒霉。

水口藩没想到事情居然会闹到这个地步。按照他们原来的设想，芹泽鸭再怎么强横也最多就敢凶凶开店的商人，怎么也不敢跟正儿八经的武士较劲，却没想到还真的闹上门来了。

这下他们真有些进退两难了。

要是接着让眼前的这位局长大人闹下去的话，这事儿铁定是要被捅到藩主那里的。到时候，会津藩多半是帮着芹泽鸭，给予自家藩主压力；而自家的藩主，肯定是要给自己压力。

因为虽说水口藩和会津藩都是藩国，可地位等级完全不在一个档次上。

身为一名小藩的家臣，大家感到了巨大的压力。

于是，他们当即对芹泽鸭表示，那个告黑状的哥们儿脑子不太好使，您别搭理他，要不咱把他手头上的那些个所谓的证据给你，然后这事儿就算是完了，如何？

芹泽鸭说，不行。你告了我的黑状，接着又像没事儿人一般把东西往我这里一丢，告诉我就当没发生过，那我岂不是很没面子？你水口藩真的有诚意的话，那就去找个酒店摆两桌和气酒，再当着我的面给我行礼道歉，把该给我的东西给我。这样的话，我就不再追究了。

163

对方想了想，表示同意。

第二天，由水口藩做东，在京都岛原的花街上，找了一家叫角屋的酒家，摆下了宴席，邀请了芹泽鸭以及浪士组的其他主要领导人。

会上，水口藩的家臣代表首先向芹泽局长表示了由衷的道歉，并且还俯身磕头以表诚意。接着，又将原本要交给会津藩的证据双手奉上。

一切的一切都进行得相当顺利。

道完歉，给完东西，那就该喝酒上菜了。

正在大家一手拿酒杯一手拿筷子的时候，突然就听得"哐当"一声，回过头看，发现芹泽鸭不知什么时候又把他的那把铁扇子给摸了出来，然后把自己面前的陶瓷器皿给敲碎了，里面的菜肴撒了一地。

"看什么看？接着上菜啊。"芹泽鸭喝了一杯酒，对一旁惊呆了的侍者说道。

不敢违抗的侍者只得硬着头皮把该上的菜一盘一盘地端上来。而芹泽鸭也没闲着，人家送上来一盘他就砸一盘，砸完一盘再要一盘。一连砸了好几十个还嫌不够，于是又站起了身子，跑到其他人的桌子上砸了起来。不但砸碗筷，他还开始动手干起了拆迁工，把纸质的拉门给拔了下来，而且还把上面的纸给捅破，接着又在每间客房和包房的榻榻米上到处洒酒。就在他想扩大战果——放一把火的时候，被随同的近藤勇和土方岁三死活抱住，好说歹说算是拖了回去。

结果是导致了角屋停业七天。

此事闹得京都尽人皆知，尊攘派笑称这是幕府手下们的狗咬狗。

最终，忍无可忍的松平容保给近藤勇下达了密令：在必要的时候，肃清芹泽鸭。

传达这个密令以及之前告诉容保芹泽鸭种种恶行的人，叫斋藤一。

他是在浪人大部队到达京都，清河八郎闹事之后才加入的。当时没有人知道他的底细，只知道这是一个精通剑道，立志报国却又沉默寡言的三好青年。

164

土方岁三相当兴奋，他想弄死芹泽已经不是一两天了。

他没有忘记自己当初的承诺，他将会用尽自己一切的力量，让近藤勇成为一介诸侯。

所以，即便芹泽鸭是个遵纪守法的好人，即便会津藩没有下命令，对于土方岁三来说，这都是他要除去的一个眼中钉。

另一方面，芹泽鸭本能地感受到了朝自己迫近的危险，瞬间就像变了个人似的，再也不去敲诈勒索了，甚至连花街都不去，每天白天巡逻晚上放哨，一副铁血忠心为群众的人民警察形象，弄得土方岁三一时半会也下不了手。

双方就这么僵持了两个月，8月17日晚上，浪士组全体成员又浪完了一天，准备躺下休息以便迎接明天新的战斗的时候，突然有两名会津藩的武士闯了屯所，叫起了芹泽和近藤："会津侯那里有命令来了！"

事情要从几个星期前开始说起。话说有一个神主，也就是神社的负责人叫做真木和泉的，向长州藩的桂小五郎提议，让天皇巡幸大和的骨尾山（奈良县内），对着山神宣誓攘夷。

这看起来是相当稀松平常，毕竟我们的天皇哥哥叫着嚷着要攘夷也不是一两天了，而且人家是天皇，不存在装逼的必要，说攘夷肯定是真心的。

可问题并不在这里。

因为一旦天皇正式宣誓攘夷，那就说明他要身体力行地来"一概鬼子全杀尽"了，换言之，就是要掌握兵权。既然天皇执掌兵权，那么本身就是军政府性质的幕府，就没有存在的必要了。

这就是真木和泉的本意。

而与此同时，长州藩觉得现在的幕府越来越没威信，越来越窝囊，干脆甩开他单干拉倒了。当然，要想单干手里光拿锅碗瓢盆肯定是不行的，得有砝码，有王牌。

165

这个王牌最好的候选自然是天皇。

一合计，两家人就走到了一起，他们的第一步计划，是绑架天皇。

不过，并不是明着冲到皇宫里拿绳子往孝明头上一套然后拖着就往外走，而是先上奏朝廷，希望天皇能够巡幸大和地方（奈良县），目的是如真木和泉所说，宣誓攘夷，然后就能把他给骗出京都。反正天皇活了一辈子都没出过远门，连东南西北都分不清哪儿是哪儿，到时候再把他带到长州告诉他是大和，再来个挟天子以令诸侯，那不就能想干吗就干吗了？

但这事儿的情报工作没做好，不知怎么的就让萨摩藩给知道了，接着萨摩就告诉了会津。

松平容保觉得事态有些严重，又回过头去找岛津久光商量对策。

久光是相当实在，马上告诉容保，也别商量了，直接就废了长州的武功吧。

他的意思是在京都范围内清理长州人，争取做到长州人与狗不得上洛这样的效果。

松平容保表示同意，但考虑到长州藩还负责了皇宫禁里中其中一扇叫做堺町门的警备，为了防止他们狗急跳墙强行破门绑了天皇就走，所以决定先解除他们站岗放哨的资格，取而代之的是萨摩藩的士兵。

然后再死死把住皇宫的所有进出口，但凡是长州的，一只蟑螂也不给进。

接着，又联合了几个公卿连夜赶到宫里，准备上奏天皇，说长州藩的人要绑架你。

不过那时候孝明陛下还在睡觉，所以大家只能暂时等着。

最后，为了防止长州藩彻底来一手兔子急了还咬人的剧目，会津萨摩合兵一处，对皇宫的主要地方进行了布防。在这个过程中，松平容保突然想到在壬生村还有一群浪士组正闲着呢，于是立刻命令："御花园的防守任务，就交给他们了。"

166

我看过京都的皇宫地图，御花园是在宫里头，而这次的主要军事任务是守卫各处出入口不让长州的人进去，也就是说，其实浪士组属于替补部队，纯粹就是一块砖，哪里需要哪里搬，不要你了就排排站的那种。

布阵完毕，开始行动。

当天半夜，会萨两藩士兵联合出击堺町门，以迅雷不及掩耳之势解除了完全不明就里，还握着个长矛在那里傻站的长州哨兵的武装。

至于人，则捆起来，嘴巴里塞上一块抹布，直接丢小黑屋里头去了。

另一方面，接到出战命令的浪士组也迅速行动起来，芹泽鸭和近藤勇穿上盔甲，其他人则穿上了平时巡逻出勤用的那套制服，然后火速赶往预定的地点，也就是御花园。

御花园在皇宫的里面，也就是说，想去那里，先要进宫。

走到大门口，被把守的会津藩士兵给拦住了。

会津人问，你们是谁啊？来这里干吗？

近藤勇说，我们是会津下属单位壬生浪士组，特地来参与防守御花园的。

"不认识，没听说过。"

很有耐心的近藤上前一步，说道："我们是奉会津大人之命，来帮助你们防守的。"

"快滚！"

近藤勇愣住了，现在的他不知道是该进还是该退了：进吧，人家不让；退吧，也不说军令完不成怎么办，光是当着那么多弟兄的面缩头，以后还怎么混哪。

就在这个时候，芹泽鸭走上前来。

"不好意思。"他冲着那几个会津武士说道，"你们能不能滚开一下？好狗不挡道啊。"

估计活了小半辈子，没人敢对自己这么说话，开始的那个挡路的

167

会津藩士一时间不知道怎么开口回他了。

"我是会津藩下壬生浪士组一局之长芹泽鸭，奉了上头的命令特地率队来保护御花园，听明白了的话就快让路。"

"御花园？"对方相当郁闷，正琢磨着这地方有什么值得保护的。

"对，就是御花园，为什么让我们去那儿，到底是什么地方我也不知道，可上头就是这么命令的，没办法。"

尽管是第一次看到芹泽鸭这么一号人，但会津藩士毕竟是会津藩士，非常强硬地表示，不管你们是上头空降的还是下面钻出来的，这里都是不会让你们通过的。

当说完这话的时候，他惊讶地发现，芹泽鸭大踏步地向自己迈步走来，一边走一边摸出了他的那把已经快成为招牌的扇子。

"你小子刚才说什么？有种再给我说一遍？"他用扇子指着那个会津藩士说道。

"我是说……是说……这里……不……不能通行……"

看着芹泽鸭越走越近，周围的士兵挺起长枪就逼了过去。但芹泽却毫不在意地举起了手中的铁扇，就听到"啪"的一声，长枪的矛头被扇子稳稳地挡住了。

大家惊呆了。

芹泽鸭依然如同没事儿人一般走向那个会津藩士，一直走到他面前，站住了脚步。

"我们是奉了上头，也就是会津侯松平容保公的命令来守护御花园的，你说不让我们进？如果出了什么事儿，你能负责么？

"这……这里确实……不能……"

"你小子该不会想赶我们回去吧？那可是违背上命的事情哪。要是这么做的话……"芹泽将手中的扇子"啪"的一声敲在了对方的肩膀上，然后又慢慢地移到了头盔上，"你的这里和这里，就要搬家了哦。"

浪士组就这么走进了御花园。

168

一进去，整个队伍都沸腾了，有干嚎的，有鸣咽的，还有的就直接对着苍天高呼："娘啊，你看见了么，儿子进宫啦！"

芹泽鸭也趁此机会高喊道："就让我们鼓足精神，把那些宵小之徒给赶出京城吧！"

士气一时间高涨到了顶点。

不过冷板凳依然是冷板凳，这点实在是不太可能改变的，精神百倍的浪士组就这么在御花园里戳上了一整天。

与此同时，长州藩的人也基本遭遇了差不多的经历，他们在堺町门前被会津和萨摩的联军给拦住了。

双方发生了激烈的争执，长州代表久坂玄瑞说你放我进去，会津藩的指挥官说向这小子开枪，于是一排枪子儿就朝着长州的士兵射了过去。

久坂玄瑞急了，可他不敢动手，因为会萨联军的背后就是皇宫，一旦对着联军开枪，就等于对皇宫开枪，对皇宫开枪就是对天皇开枪，那是要株连九族的罪名，而且很有可能就此让长州成为朝敌。

所谓朝敌就是"朝廷的敌人"的简称，这在当年的日本是一个重到没边儿的罪名，因为一旦成为朝敌，那么便是天皇的敌人，全国人民的敌人，举国上下都有责任共讨之。

僵持了很久，从宫里出来一人，说："谁是长州毛利家的？出来一下。"

久坂玄瑞以为天皇知道了这事儿，特地让人给长州拨乱反正来了，于是非常兴奋地跑上前去说："我就是我就是！"

来人瞄了他一眼，说道："天皇有旨，剥夺长州藩看守堺町门的资格，哪儿来的回哪儿去吧。"

久坂玄瑞这下彻底没辙了，既然连圣旨都下来了，那还有啥好说的，被人摆了一道，虽说心里不爽，但要是抗旨不遵的话那搞不好就是朝敌了，所以，他只能下令撤退。

169

长州藩的势力就这么被赶出了京城，一起走的，还有几个支持他们且支持攘夷的公家，仔细数来共有 7 人，所以也被叫做七卿。为首的那个，名叫三条实美。

这场史称"八一八政变"的事件就这么结束了，看起来是挺闹腾的，其实说穿了也就那么回事儿：这是尊攘派和公武合体派之间的一场斗争罢了，不过就是动静闹得大了点。

长州藩要攘夷，萨摩藩和会津藩不让，孝明天皇又不帮，自己又不敢来硬的，所以只能灰溜溜地走掉了。

唯一让人觉得有些奇怪的就是，原本成天叫着嚷着要攘夷的大愤青孝明，这次居然不叫了，转而是把要攘夷的长州藩给赶走了。

因为他心里很清楚，长州的真正目的其实并非是攘夷，而是倒幕。攘夷不过是一个用来投机的借口罢了。天皇虽说长年以来都好似傀儡，但并不代表人家智商低；相反，人不但不傻还很聪明，你要让他给你当牌打，那基本上是不太可能的。

但也不是不可能。

我们知道这场政变的参与者总共有四方：天皇、会津、萨摩和长州。

但是最大的得益者究竟是谁呢？

首先当然不可能是长州，人都被赶走了。

天皇么也不存在什么得益不得益的，反正日子还是这么过，不少一分钱也不多一粒米，也就是听了几声枪响看了一场热闹，对基本生活不起任何作用以及副作用。

接下来的会津藩倒是受了益了，他们得了唯一的好处是一封来自于天皇的亲笔表扬信，大致内容就是这次的事情很危险，你们冒着危险保护我，值得表扬，同志们辛苦了，你们对我的忠心我记下了，谢谢你们啊。

其他的什么封赏奖金之类的一概没有，这封破信拿去烧了取暖大概也就三五秒的暖和，拿去擦屁股估计太硬，屁股得受伤。

170

最大的受益者其实是萨摩。

首先，他们顺利地接替了长州的位置，成为了皇宫堺町门的防御负责人；其次，他们傍上了大款——会津藩，跟会津结盟其实也就是间接的跟幕府成了兄弟，以后可以在幕府和朝廷之间游刃有余地玩双飞了；最后，也是最关键的，就是把长州藩从京城给赶走了，这才是岛津久光的主要目的，而他的真正目的，是为了夺取更大的中央政治权力。

当时的中央政治主要由四家来把持：第一是幕府，第二是会津，第三是萨摩，第四是长州。从本质上来讲，萨摩和长州其实是一样的，他们都属于和德川家非亲非故的"外样大名"，这种大名在以前，不管你领地多大、才能多好、实力多强，都是绝对无缘中央政治的，别说权力了，连参与都不让你参与。

现在正巧赶上个动乱年代，幕府需要人手帮忙，所以才给了他们可乘之机，但外样毕竟是外样，幕府自不必说，连会津藩他们都比不过，人家是德川家的私生子。为了达到自己终有一天能够独霸中央的梦想，眼前的这三家都是绊脚石，必须得一家一家地挖走，这第一个挖的，就是最弱、脚跟最不稳的长州。

接下来的，就是会津；最后要动手的，是幕府。

萨摩的设想大致如上，进行得也比较顺利，但之后就没那么简单了，毕竟会津藩不但是德川家的亲戚藩，而且松平容保和孝明天皇的关系还特别好。

他们俩第一次见面的时候，孝明帝就拿了一匹红色的绸缎赏给了容保，说是让他去做一件外套穿着。松平容保还真的去做了，做完之后就天天穿在身上。你能在照片上看到他穿的那件外套，虽说看着是黑白的，但其实就是拿天皇给的那匹绸缎做的红马甲。

赏赐完绸缎之后，孝明天皇突然用极其哀怨温柔的声音说道："容保，我们现在能依靠的，只有你了，唯独只有你了！"

松平容保当即俯下身子："臣虽粉身碎骨也将鞠躬尽瘁、万死不辞！"

你要想把会津藩给弄掉，估计孝明天皇第一个不答应。办法倒也不是没有办法，比如一不做二不休地把孝明天皇一起给一窝端了，不过岛津久光的胆子毕竟还没有大到逆天的地步，所以也就只能暂时作罢了。

此外，会津藩因为得到了天皇的亲笔感谢信，所以非常高兴，一高兴，就想到了那个在御花园里当了一整天柱子的浪士组。

当年 8 月下旬，他们的地位正式得到了会津藩的认可，并且还被赠送了新的名字，叫新选组。

尽管孝明帝压根就不知道自己后花园里还来过这么一拨人守护花花草草，但由于会津藩操作得当，最终朝廷还是以天皇的名义，御赐了这个名字。

从此之后，这伙人每个月都有定量的金钱补贴，立功了还有奖金，再也不需要去过那些敲诈勒索的日子了。

因为有了固定的资金来源，所以很多在京都浪着的浪人们便纷纷前来报名参加新选组，这个组织终于迎来了一次历史性的发展高峰期。

对此，芹泽鸭很高兴，但土方岁三却很不高兴：这生活稳定了，你不闹腾了，我上哪儿找你茬整你呀？

不过不要紧，办法总是人想出来的，一时半会儿整不到你，从你身边的人下手还不容易么？

土方岁三瞄上了新见锦。

之前就已经讲过了，新见锦虽然贵为局长，但本质上的地位是跟土方岁三平起平坐的；而由于土方君是个会来事儿的阴险狡诈（此处作褒义词用）之辈，所以在新选组中，一度是芹泽、近藤、土方三巨头，没他新见锦什么事儿。

尽管新见锦被排斥到了核心边缘，但土方岁三仍不打算放过他。

172

文久三年（1863 年）九月十五日，土方岁三和山南敬助找到了新见锦。当时他正在祇园的某个窑子里喝得大醉，看到来访的二人，只当是一起来玩碰巧遇上的，因此还醉醺醺地打着招呼："两……两位，一起来……一杯？"

土方岁三却是一脸严肃："新见殿下，鉴于您之前在大阪强行问商家借讨黄金 100 两，以及之后又在京都各处商行勒索钱财 200 余两，还有连日来流连于花街全然怠慢队务，这些都造成了极为恶劣的影响，因此我们奉命对您进行惩处，请您像一个武士的样子，切腹吧。"

新见锦顿时酒醒了：

"土方，你说什么？"

"我是说，鉴于您的种种恶行，我们奉命勒令您切腹。"

"你算哪根葱？！"新见锦暴怒地站了起来。

"这是近藤局长的命令。"

"近藤……近藤？呵，他算老几？"

"同时也是芹泽局长的意思。"

新见锦不再说话，而是直勾勾地盯着土方岁三，良久，又转向了山南敬助，仍是直勾勾地看，眼神火辣辣的。

山南敬助也直视着他。

两人对视了一会儿，新见锦笑了："山南，没想到啊，你也在。"

"我在近藤身上下了注，不管发生什么，我都会跟着他，因为我相信他，为此，不管什么我都会去做。"

"好，我切。"

新见锦从怀中摸出贴身短刀，拔了出来，刀尖对准肚子，颤颤巍巍地抖了两下手，仿佛是下定了决心一般，一咬牙，一转手，操着刀就朝土方岁三扑了过来。

而土方岁三却丝毫不为所动，连挪都没有挪一下。只见他身后突然闪出一个人影，以眼睛都无法看清的速度挥出了手中的剑。一道寒

173

光过后，新见锦倒在了血泊之中。

在闭上眼之前的那一瞬，他看清了那人，是冲田总司。

这一年，总司19岁。

这是一个相当传奇的人物。他给大多数人留下的总体印象大致有两点：第一，近乎神话的高超剑术；第二，能够迷死千万女性、老中少幼通吃的脸庞。

当然，因为他最终没能留下一张照片，所以长得帅也就仅限于大家的口传笔录了。或许总司就是一张大众脸，经过代代口传终于被群众塑造成了一个樱花美少年也不是没有可能的。毕竟在翻阅了很多资料后发现，关于他的相貌气质的描述非常少，比较主要的是说他为人很阳光，皮肤有点黑，脸长得像比目鱼。

黑色比目鱼的话，实在是不太像小鲜肉啊。

而在剑道方面，即便没有视频作证，但也能基本认定这是一个高手或者说是天才。还记得他刚来试卫馆打杂的时候多大么？不错，是9岁，数月后被近藤周助收为门徒，然而就在第二年，也就是10岁的时候，他就已经获得了天然理心流皆传免许，也就是资格证书。13岁的时候已经当上师范了，并且还学会了天然理心流的大绝招——三段突。这招数具体说来就是在一瞬间拿着刀对人连着猛戳三下，像子弹发射一样速度极快，让对手猝不及防，以达到戳倒敌人的攻击效果。

你可以去东京新宿区的天然理心流道馆问问，练了十几年都当爹了，还学不会三段突的大有人在。所以他调教土方岁三，绝对是土方岁三的荣幸！

新见锦被砍死的当晚，近藤勇、土方岁三、冲田总司以及山南敬助四个人就召开了一个秘密会议，会议主题是怎么才能砍死芹泽鸭。

土方岁三说了两点：第一，会津藩之前派人来打过招呼，说弄死芹泽鸭的锅，要扣在攘夷志士的身上，我们不背；第二，芹泽鸭是高手中的高手，要多几个人去，但必须都是自己人，免得走漏风声。

174

近藤勇自告奋勇："那我也一起去吧。"

土方岁三一口回绝："你是大将，你绝不能去。"

琢磨了半天，土方说："要不就我和山南两个人去吧，趁着他睡着了偷袭。"

近藤反对，表示："两个人太少了，刚才你不还说要多几个去么？"

冲田总司也发话了："你叫我来开会又不让我去，消遣我么？"

"不是，我想过了，你和芹泽交好，就不用去了。"

冲田总司跟芹泽鸭关系相当好，主要是因为这孩子阳光，到哪儿都受欢迎。而芹泽鸭又是那种看着心狠手辣其实心眼特别大、特别随着性子的性情中人。于是两位一拍即合，成了好朋友。

土方岁三觉得让冲田总司去杀芹泽鸭有点残忍。

总司笑了笑："还是让我去吧，我想送他最后一程。"

据土方岁三在给姐姐的信中回忆，这是一种如孩童般天真的笑容。

这就有三个人了。

近藤勇问说："是不是再叫一个？毕竟对手是芹泽鸭。"

冲田总司提议道："那就叫上左之助吧。"

土方岁三问理由是什么。

"他身手好为人也可靠，更重要的是不会想太多。"

全员一致通过。

9月18日，新选组为了给新见锦举办葬礼，在角屋，也就是上次芹泽鸭砸人场子的地方，举办了白宴会，全体成员如数参加，当然也包括了芹泽局长。

会上，土方岁三、山南敬助等近藤派的成员挨个给芹泽鸭斟酒劝酒，表现得极为恭敬。

特别是土方岁三，一边倒酒一边还对上个月芹泽鸭在皇宫门口面对会津长矛临危不惧的豪胆之举赞不绝口，内容相当肉麻，比如什么局长一把铁扇惊会（津）军，人间能有几回闻之类。说到最后，芹泽鸭笑了："土方，你到底在搞什么鬼？"

"没有啊，我只是实话实说而已。其实我这个人很正直、很本分的。"

芹泽鸭笑了起来："你要真是这样的人，那估计六月天都会下雪。"

"我最喜欢下雪了，来，局长再来一杯！"

一连十几杯，芹泽鸭是来者不拒，越喝越勇，喝到最后，就醉了。

"我回去了。"他站起身子说道，"剩下的酒就给我打包吧。"

平山五郎、平间重助等水户派一见立刻上前去扶，但芹泽鸭一边两腿打颤一边说："别扶我，我……没醉……"终究还是被大家劝的劝扶的扶给送走了。

芹泽鸭一边走一边还问："那酒呢？酒……我要打包带回家喝的那个酒你们拿了没啊？"

"拿了拿了，局长，我们都拿着呢，您注意脚下。"

"嗯……我……没醉……"

正要走出角屋大门的时候，他突然被叫住了。

"芹泽局长。"

"哦……近藤啊，怎么了？有什么事儿吗？没事儿的话你就回去接着喝吧，别管我了，我一个人能回去。"

"不，我有一句话想对你说。"

"不想听，快回去喝酒吧。"

"这话现在不说的话……"近藤勇眼看芹泽鸭要走，上前一步打算追过去。

"近藤哟。"芹泽鸭站住了脚步，"变成恶鬼吧。"

其实他很明白自己快要死了，也知道会是谁来杀自己，更清楚自己为什么会死。

虽然你未必清楚。

你觉得芹泽鸭为什么一定要死？

不要说土方岁三要他死他就一定得死，土方岁三虽然很牛却还没

176

到一手遮天的地步。肃清一局之长的芹泽鸭，当然是会津藩的命令。

那么理由是什么？

敲诈勒索？欺压百姓？或者说欺压大名？

并不是。

这些虽然是罪过，却也不至于死。会津藩最不能容忍芹泽鸭的，其实是他的政治理念不正确。

芹泽鸭和新见锦，都是不折不扣的尊攘派，而且还是非常有地位的尊攘派。

芹泽鸭本人就不谈了，天狗党成员、老牌尊攘主义者、著名尊攘思想家藤田东湖的门徒。

至于新见锦，这人在尊攘界的地位我只说一件事让你感受一下。话说在明治维新之后，长州藩搞了一个灵山招魂社，里面专门祭祀那些有分量的尊攘志士。结果有人意外地发现，本来明明应该是敌人的新见锦，却亦名列其中。

此外，在明治天皇的外公、著名尊攘派公家中山忠能的家里，也曾一度同时出现过芹泽鸭和新见锦的名字。

这两个人之所以会加入新选组，其实本身抱定的想法就是要和平演变这个佐幕组织，待到将来为尊攘大业所用。

所以，他们必须死。

在这里我就不再反复举两朵火花的例子了，只想问你一句，你有没有想过，两朵火花相撞之后，被撞灭了的那朵火花，都会想些什么？不外乎是哀叹或者悲怆吧。

我相信井伊直弼在临被砍下头颅的那一刹那，一定是在哀叹自己的人生，自己明明是一心为了这个国家，却怎会落得如此下场？

然而芹泽鸭却不同。作为水户学的信徒，他当然是个尊攘派，他坚信自己拥有着精忠报国的大和魂。虽然和近藤勇和土方岁三乃至松平容保的政治理念格格不入，但他坚信自己对这个国家的热爱绝不亚

177

于任何人。而当命运没有向他偏斜的时候，当他这朵火花要被撞灭的时候，他却绝不会害怕也不会哀叹，因为对于他来说，不管别人说什么，谁说的，他都会依然贯彻他自己的人生之路，即便是遭到什么杀身之祸或者被人惩处，也绝对不会推诿他人或是找任何借口。

这就是芹泽鸭。

在芹泽离去后大概又过了一两个小时左右，角屋的宴会会场里又有四个人起身离开，他们分别是：土方岁三、山南敬助、原田左之助和冲田总司。

准备要动手了。

晚上 11 点的时候，四个人来到了芹泽鸭的房间门口，此时的芹泽早就已经睡得不省人事了，身边还躺着他的情人阿梅。

冲田总司举起了手中的刀……

文久三年（1863 年）9 月 18 日夜，德川幕府下属特别警察组织新选组初代笔头局长芹泽鸭遇刺身亡，年 36。

同时被杀的，还有其情人阿梅、新选组芹泽派成员平山五郎、野口健司以及平间重助。

芹泽鸭就这么死了。他的死，使得新选组合水户派及试卫馆派两派为一，并且最终确定了近藤勇的最高领导地位。

很长一段时间以来，日本拍幕末的时代剧，但凡涉及正经历史的，肯定会分成两派：一派是支持幕府的，一派是支持明治天皇的。如果支持幕府，那么就会把维新志士给刻画成反面角色；反之，幕府就成了恶人，但不管是支持幕府还是支持维新，只要这部戏里有芹泽鸭，那么他铁定就成不了好人，这已经成了日本时代剧的一个潜规则了。

但他其实真的不是一个坏人，我是这么认为的。

芹泽鸭给我的感觉就是，尽管这家伙经常性胡作非为，有时候还要披着警察的外套干一些土匪的打砸抢勾当，但总是让我觉得，只有这样才像他；只有这样，才是芹泽鸭之类的感觉。他是一个随性到了

178

极点的家伙，这在按部就班，死板到一定程度的日本社会里，是非常非常少见的。

或许也因为这样，所以才终究不被这个时代所接纳吧。

为了表明我的人生观、价值观，我在此郑重声明一下：我不赞成打砸抢，也不赞成任何以非正当手段从他人那里获取利益的行为。

但我确实对经常这么干的芹泽鸭讨厌不起来。

雪霜花更好，凋零梅香残。

这是他生前非常喜欢的一句诗，同样也是我很喜欢的。

芹泽鸭死后，新选组内举行了盛大的追悼仪式，近藤勇亲自主持并且宣读悼文。当然，他们是不能主动承认刺杀芹泽的，所以这口黑锅，就栽给了尊攘派的家伙们，说是芹泽鸭遭到了他们的天诛，然后要求新选同志们化悲痛为力量，把尊攘派们杀个干干净净，给局长大人报仇。

在大家悲愤的口号声中，追悼会圆满结束。

当年10月，也就是芹泽鸭死后的第二个月，在新选组的驻地贴出了一张布告，上面写了四个大字——局中法度。

然后从右往左写了五条，分别是：禁止作出背离士道之事；禁止擅自脱离组织；禁止擅自筹取金钱；禁止私下调停诉讼；禁止私斗。

再左边被单独列开写了一行——如有违背者，切腹。

这便是闻名史册的御法度。

这五条东西里头，后面四条都是明面上的意思，跟今天学校里的校规差不多，什么不许擅自逃学啊、不许打架斗殴啊之类的，唯一的差别就是处罚力度不一样，学校不敢让你切腹而已。

关键是这第一条，禁止违背士道，士道就是武士道。

其实这条是个坑。之所以这么说，是因为它牵涉一个长久以来大家争论不休的话题：究竟什么才是武士道？

要说起这玩意儿，当年新渡户稻造愣是写了一本书都没完全说明白，因为武士道这东西跟苹果、香蕉不一样，是无形的、看不见的，所以不是说什么就能是什么的。

比如说，江户时代认为，武士就是要忠君，忠于自家的主君，打死不能背叛，可在此之前的战国时代流行的武士道却是以下克上，就是谁有能力谁就把自己的老大给做了然后自己做老大。江户时代结束了，又过了好几十年到了昭和时代，结果是一群日本鬼子拿着刺刀追着中国老百姓，满世界地杀人放火，并告诉你这就是武士道。

个人认为武士道其实只是一种生活方式而已，并不是什么表现自己的忠厚仁义的道具或者是统治者便于自己统治而想出来的精神洗脑工具。

可这具体是什么东西，我还真的说不清，其实也没人能说得清。

也正因为如此，所以才把它列在了局中法度的第一条，为的就是谁也说不清，谁也没有个标准来评判你究竟违反了没有违反，最终解释权归法度原创小组所有，组长土方岁三。

事实上也确实有人因此死得不明不白——走在路上遭到尊攘派袭击，背后被砍了一刀，然后下手的逃走了。结果回来之后，土方岁三二话不说，让这名组员切腹。

理由是临阵脱逃，违背了武士之道。至于依据，就是那条在背后的伤——武士向来以正面被砍为荣，背后负伤为耻。

因为下手太狠，所以土方岁三很快就赢得了鬼副长的称号。

而另一方面，在八一八政变之后，长州藩的势力基本算是被清理出了京都。不仅如此，整个尊攘派的势力也受到了大大的打击，搞尊攘的诸位整天惶惶不可终日，走在马路上生怕看到穿得跟大葱一样的新选组盘查，每天只能躲在家里做宅人。但正如一些伟人所说的那样，他们在捣乱失败之后，一定会再捣乱的。

这一次他们决定干一票大的。

第十一章

血战池田屋

具体说来，这帮人是打算直接发动武装政变，在京都的街头放火，引起骚乱。趁着骚乱，大家再冲入皇宫，把天皇给劫持了带到长州去，同时，搂草打兔子地顺手把松平容保给刺杀了。

要说日本人胆子也真够大的，这样一场高难度高成本的大场面行动，参与者不过区区 15 人。带头的有两人，一个是肥后脱藩，宫部鼎藏；另一个是长州的浪士，叫吉田稔麿。

宫部鼎藏，肥后（今熊本县）人，家里世代都是医生，估计也是祖上积德，出了这么个社会活动家兼恐怖分子。他自幼过继给自己的叔叔做养子，30 岁的时候被肥后藩送到了当地的重点学校林樱园去学国学即孔孟之道。就是在这个时候，他结识了吉田松阴，两人一起结伴四处游荡，从日本的东北到日本的西南，基本上能去的地方都去过了。文久元年（1861 年），他加入了肥后勤王党，正式成为了一名光荣的尊攘派，俗称恐怖分子。

顺便一说，勤王党这个称号在当时的日本非常泛滥，每个地区基本上都有那么一拨儿人自称这玩意儿，比如肥后勤王党、萨摩勤王党、土佐勤王党，搞到后来甚至还出现了什么什么町勤王党，什么什么村勤王党，搁中国的话就是某某街道勤王党，某某小区勤王党。

"八一八"后，宫部鼎藏一度随着被清理出京的尊攘派们一起逃到了长州藩避风头，但过了没几个月，一看风声没那么紧了，他又偷

181

偷潜伏回了京都,住在了自己的朋友古高俊太郎的家中,伺机筹划着再来几次恐怖袭击。

吉田稔麿则更有来头了,他虽说出身比较微寒,家里是足轻的干活,但因为从小勤奋好学,所以被吉田松阴收入门下,成了长州藩重点学校吉田塾的一员。在这所精英四处都是的学校里,他又靠着自己的努力,成为了尖子生,跟之前出场过的久坂玄瑞以及高杉晋作一起,被誉为吉田塾的三秀才,而这三个人又和不久之后即将登场的入江久一一起,并称为吉田塾四天王。

吉田塾校长松阴被斩首之后,学生们就只能离开学校各自混饭了。而吉田稔麿从此跟高杉晋作混在了一块儿,文久三年(1863年),他加入了奇兵队。

同年,他来到了京都,由一名高才生成功转变为了一个恐怖分子。

对于稔麿,很多年后,已经成为了明治元勋的日本前内务大臣,同样也是吉田塾出身的品川弥二郎评价道:"如果那小子还活着的话,今天总理大臣的位置,铁定就是他的了。"

当然,这个评价肯定是夸张的,弥二郎多半是觉得,自己这种成绩都能做到内务大臣了,尖子生的稔麿绝对能做总理。

然而,高分低能是人类历史上从来就不曾缺少过的一类人。

且说这几个人自从凑在一块儿后,每天就只干一件事儿——开会,从上午8点开到下午5点,天天讨论怎么在京都放火,怎么进宫绑架天皇,怎么冲进会津大本营暗杀松平容保,但讨论来讨论去,就是不见动手。

这也难怪他们,毕竟人手太少,才15个,人家光是松平容保带来的藩兵就有一千,全丢进去估计还不够别人热身的,所以也就只能每天光说不练了。

这会从文治元年(1864年)的4月开始,一开就是俩月,到了6月大家都没能有个头绪,相反倒是把新选组给引来了。

毕竟你聚十几个人，成天讨论那些什么放火暗杀之类的不和谐内容，难免会有闲话谣言外传，传着传着，也就传到了整天巡街、满世界溜达的新选组的耳朵里。

6月3日早上，新选组经过数日的排查，突击了一所叫做枡屋的工具店。经过仔细搜索发现，这家本来应该只是卖卖铲子锄头的小店，居然囤积了大量的铁炮子弹以及火药，还有数把长枪、短刀之类的武器以及很多写给潜伏于京都各地尊攘派成员的密信。于是，新选组把店主人喜右卫给带回去审查。

当然，说是审查，其实就是打到你说为止。新选组从来就不是什么文明机构，他们是壬生狼。在屯所里，有专门用于审讯的房间以及各种各样当时日本最流行最有效的刑具，但凡进了那间屋子的人，都会变得非常诚实。

顺便一说，那个动刑的叫岛田魁，是出了名的大力士，能够扛起一大截木桩子然后抛出老远，是一个百分百适合做打手的人选。

然而，虽说岛田魁力大无穷，可这一次却碰上了高手。一顿暴打过后，对方仍是一声不吭。

总长山南敬助是个善良的人，见状连忙喊停，说可能人家真的啥都不知道，切莫伤了无辜群众啊。

"你傻啊？"土方岁三当即反驳道，"如果这人真的是无辜的，那严刑拷打之下，他一定会说出很多东西，比如家住哪儿，父母叫什么名字。尽管和我们想要的情报不同，但为了寻求解脱，哪怕是再琐碎的事情都会知无不言。现如今此人一声不吭，摆明了是有备而来。接着打。"

于是又接着打，这回打完，总算开了口，这位叫喜右卫门的店老板，真名居然是古高俊太郎。这可是一位老资格的尊攘派了，他出身长州，是个武士，自三年前开了枡屋之后，一直以此为联络据点从事恐怖活动。

说完，他又不开口了。

183

岛田魁手上的棍子已经打折了三四根，手都酸了，可古高俊太郎仍是不招。

土方岁三见状走上前去："古高，你当真不说？"

古高俊太郎轻蔑地看了他一眼，并不言语。

"行吧。来人，松绑。"土方岁三下令道，"然后把他手脚摁在地上，不要让他动。"

几个队员走过来，照着土方的指示，将古高俊太郎摁在了地上。

"找几个五寸钉来。"

五寸钉就是大钉子，长度为五寸，约十六公分。

很快，钉子就找来了。

"来，钉在他四肢上，手脚各一个。"土方岁三以非常平静的口吻说道。

接下来，整个新选组的屯所都能听到古高俊太郎的惨叫声。

"再拿四根蜡烛，点上火，安在钉子上。"望着不住流血、不住惨叫的古高，土方岁三依然显得非常淡定。

当队员照着命令做完了这一切后，古高俊太郎虽说仍是惨叫着，可声音比起之前要来得无力了许多。

土方岁三则又上前了一步，面带笑容轻轻地说道："古高，我祖爷爷曾经跟我说过这样一件事，蜡烛融化之后，这蜡油啊，会从伤口流入体内，然后沿着血管直奔心脏而去，再一点一滴地积累在其中。等最后凝固了，心脏当然也就停止跳动了，与此同时，你的这颗心，也会变成蜡做的了。"

"对了对了，祖爷爷还跟我说，当火烧过一刻，你的人首先从脚尖开始就会变得像蜡烛那样又冷又硬。等到七天七夜之后，所有蜡烛都已燃尽，那你不光是心脏，连整个人都会成为一根蜡烛。"

"呵呵，你现在有没有觉得，你的脚尖，已经完全失去知觉了？"

话音刚落，古高俊太郎突然抬头喊道："把蜡烛拔掉！快把蜡烛拔掉！我说，我什么都说！"

他用尽了全身的力气看着土方，两眼充满了求生的欲望。

而土方岁三却仍是微笑从容："不，你说了，我才会拔。"

"我们要火烧京城！"

"为何？"

"为了趁乱将天子带出皇宫，去长州！"

"什么时候？"

"这个月大概8号左右！"

"大概？左右？"

"不，就8号，8号！"

"你们有几个人？"

"十几个，长州藩士为主。"

"目前藏身于何处？"

"只知是三条和四条附近，我真的只知道这些！"

"来人，把蜡烛给拔了。"

得知了这些后的新选组并没有马上行动，而是召集了全体领导人员开始开会。

他们不敢轻举妄动。

因为在之前的岁月里，新选组尽管被叫做什么壬生狼、活山贼之类的，但其基本工作性质其实跟片警没两样，也就是整天在街上溜达美名曰巡街，看到老公老婆吵架了去劝一劝，看到老婆婆过马路了去扶一把，有人喊抓小偷了去追几步，再就是去抓一些尊攘浪士，这已经算是比较高难度的工作了。最厉害的一次，也就是八一八的那会儿，上御花园站岗放哨一整天，除此之外，就再也没有别的关于治安防暴的工作经验了。

现在，他们面对的是一群有预谋有组织且训练有素的职业恐怖分子，一时间大家有些没辙，只得坐下来开个讨论会，听取群众意见。

185

会上，新选组被分成了两派：一派是以土方岁三为首的"立刻行动"派，另一派则是山南敬助率领的"看看再说派"，两派发生了激烈的争执。

山南敬助表示，这事儿已经不是片警干活儿了，而是刑警乃至特警的事情，超出工作范围的东西尽可能地不要轻举妄动，眼下最好的办法就是向会津藩求援。

土方岁三则非常不屑地认为，对方不过15人，新选组有60好几人，就算留20个守大本营，也能派出40个去，光凭一己之力足以搞定那伙人了。

"这事儿非同小可，如果单凭我们这些人去，万一有个差错，那就将造成不可挽回的损失啊。"

"不会发生这种事情的，放心吧。"土方岁三依然是一脸自信。

"这跟以前的对手不一样，这是……"

土方岁三非常不爽地打断了山南敬助："仗还没打你就想着要输，这怎么打啊？"

片刻的沉默之后，响起了一声暴喝：

"事先把所有的对策都想好了那才叫打仗呀！你不懂么？！"

"山南先生……也会大声说话啊……"坐在一边的冲田总司说道。

会议最终决定两条腿一起走，一边派人去会津藩求援，一边自发组织起来，开始对三条、四条地区所有可能窝藏恐怖分子的旅馆进行了搜索。

知道了消息后的会津藩也是乱作了一团，当时松平容保正赶上生病，倒在病床上什么也干不了，只得让下面的几个公用方开会讨论。

所谓公用方就是类似于各藩的老中，一般每个藩都设好几个，并设一个首席。

会上，广泽富次郎提议说，还是派一点援军过去吧。

会津的首席公用方叫小森久太郎，对于支援新选组一事，他持强烈的反对态度，一口咬定打死也不能去。

186

"如果不去，天皇有可能被劫走的，小森大人。"

"跟我们无关。"

"怎么可能无关？！主公是负责京都治安的京都守护职，如果发生这种事情，那铁定是官帽不保，难道这还不够严重么？"

"这样最好，我们大家一起回会津去！"

碰到这么一个软硬不吃油盐不进的家伙，广泽富次郎几乎无语了，但他还是在做着最后的努力："新选组都来求援了，你让我们怎么答复？"

"告诉他们我们会给援军，但是调动军队需要时间，就这样先拖着。"

广泽是彻底没话说了。

"这一切，都是为了咱们主公。"小森久太郎临走时说了这么一句。

事实上，会津人来到京都一年多了，依然有很大一部分会津家臣觉得，来到京都做那个什么鸟守护职是使会津迈向灭亡的第一步，所以大家伙想尽一切办法让自家的主公赶紧回去。只要他们那群人能安全回家，会津藩能继续存在于地球之上，即便是天皇被劫持到外星上也无所谓。

在外厅的近藤勇自然不知道这些会津人的想法，他还在满怀希望地等待着关于援军的答复。

不一会儿，广泽富次郎走了出来。

"广泽大人，情况如何了……"

广泽伸出一只手："我们会津藩派五百人支援你们。"

近藤勇很高兴："非常感谢，那么……我们什么时候出发？"

"这个不急，我们这里调动需要一些时间，近藤局长要不先回去忙您的吧？"

近藤勇很高兴地回屯所去了。

另一方面，宫部鼎藏也已经收到了桝屋被抄，古高俊太郎被抓的消息了。

经讨论决定，他们计划在 6 月 6 日大清早，袭击新选组屯所，抢回古高俊太郎等人。

但新选组决定动手的日子是 6 月 5 日的晚上。

当天夜里，全体成员聚集在屯所的会堂里，静静地等着会津藩的援军，一旦到达便立刻启程。但时间一分一秒地过去了，别说会津藩的兵，就连一个会津人都没出现。

土方岁三有些不耐烦了："都已经半夜了，再不走，街上都要挤满人了。"

之所以这么说，因为 6 月 7 日，是京都一年一度的祗园祭，其热闹程度不亚于中国的新年；而 6 月 6 日，被叫做宵山，6 月 5 日则称之为宵宵山，类似于中国的大年夜和小年夜。从 5 号的下午一直到 7 号的晚上，都是大家在一起热闹过节的时候。

近藤勇则不动如山地回道："不行，一定要等会津藩的援军来了才能动手。"

于是大家只能接着等，又等了大概半个多钟头，总算等来了会津藩的武士，只有一个——广泽富次郎。

"不要再等了，会津藩是不会派援军了！"广泽一进来就开门见山地说道。

近藤勇很困惑，这之前不是你告诉我派五百人马的么？怎么现在又说不会来了？

广泽很无奈地表示，大哥，这都是忽悠你们的呀，但你可别怨我。要知道，这可都是我们家小森久太郎大人的命令，冤有头债有主，你要报仇千万别找错人了。

现在不光是近藤，整个新选组都陷入了困惑之中。

因为截止到目前，大家对于这 15 个恐怖分子的确切地点依然没有头绪，也就是说仍旧必须要一家一家旅馆去搜。为了保证搜索的速度，肯定是要分头行动的。换言之，假设新选组60多个人留下20个看守屯所，40个出门搜捕，然后分成2到3组行动，那么每组不过十几个人，完全占不到人数优势。对方既然从4月潜伏到了6月，想必对住所周围的环境是非常熟悉的，不管是战斗、逃跑，新选组都占不到一丝一毫的地理优势。

这是一场几乎没有什么把握的战争。

打，还是不打，这是一个问题。

近藤勇沉默了许久，站起了身子："准备行动！"

没有会津藩也好，没有援军也好，即便只有我们这几个人也依然要去，因为，这里是我们新选组守护的地方。

计划相当简单，近藤勇亲自出马，和土方岁三兵分两路，以京都的河流鸭川为界，西面近藤队共10人负责搜索，东面则交给了土方队的24人。任何一方找到了那些尊攘派，则立即去通知另一队赶来会合。

商定完毕，大家立刻出发。

新选组的搜查是比较有特色的。一般情况是这样的，他们跑到一家旅馆或者商店酒肆的门口，不进去，就站在进口的地方先大喊一声："新选组在此，御用检查！店老板在不在？"然后再走进去该干吗干吗。

每到一家就要喊上一次，这天也不知道在喊了多少次之后，近藤队走到了一家挂着三星一文字图案的旅馆门前。

这种图案是长州藩藩主毛利家的家徽，同时也是长州藩的象征。但凡挂着这种标帜的旅馆，一般来说就是长州藩藩士来京指定的居住旅馆。所以，近藤勇不由自主地站停了脚步，问道："这是什么地方？"

担任新选组军师的武田观柳斋告诉他，这家旅馆叫做池田屋。

"新选组在此，御用检查！店老板在不在？"

店老板一边应着一边慢慢地走下了楼梯："请问新选组的各位大人，有何贵干？"

这话他说得特别大声，尤其是"新选组"三个字，生怕别人听不见。

189

"我们是新选组的，来检查一下贵店。"

"新选组的大人来啦！新选组的大人来啦！"老板如同见了久违的亲人一般，一口一个新选组，又大声又亲热。

近藤勇也没说什么，径直走进了店里："能让我们去楼上看看么？"

"行，新选组大人请这边上楼！"声音还是非常大。

近藤勇站住了："老板，你在玩什么花样呢？"

刚刚还在大吼大叫的店老板一下子不说话了，回头就噔噔地往楼上跑。近藤勇见状，亲自带了四个人就紧跟了上去，其余的则奉命在店的各个出口把守，再留出一人前去通知土方岁三。但此刻楼上的蜡烛已经不知何时被全部吹灭了，只看得到一片漆黑。

于是四人只能慢慢地摸索着爬楼梯，刚刚踏上2楼的地板，就听到"哐"的一声拉门声，一群人高喊着冲杀了出来。

近藤勇他们也举起刀子冲了上去。

双方在这一片黑灯瞎火之中，展开了混战。

冲上2楼的四个人里，除了近藤勇之外，其余三人分别是冲田总司、永仓新八和藤堂平助。

再说当时池田屋的2楼，一片漆黑。尊攘派们一看对面喊杀声震天响，一时间也不知道具体来了几个人，以为新选组的全杀过来了，只得也发出一声喊，全部冲出去迎敌，打算一边打一边退，逃出池田屋再说。

冲第一个的，叫石川润次郎，是土佐藩脱藩的浪人。次郎高举着刀还没来得及砍下，被迎面而来的冲田总司一刀放倒。

接着，总司又被三四个人给围住了，其中一个土佐藩脱藩的叫望月龟弥太的，是坂本龙马的朋友。

近藤勇见状就要来帮，冲田总司连忙说了句："近藤先生，您不必管我，我没问题的。"

然后近藤就真的不管总司了，追着几个逃得快的尊攘派就下楼了。

而永仓新八和藤堂平助一看越来越多的人都在往楼下逃，便各自叫了一声："总司，楼上就交给你了！"

于是，整个楼上除了被砍死的，就剩下冲田总司、望月龟弥太、北添佶摩、大高又次郎和福冈佑次郎这五个活人了。顺便一说，这大高又次郎，是江户时代著名的四十七浪人中的一员，大高忠雄的子孙。

第一个杀过来的是北添佶摩，他挺刀助跑直别别地冲向了总司，但被总司一个侧身让了过去，再从背后给了他一刀，佶摩当场扑街阵亡。

就在佶摩倒地的那一瞬间，福冈佑次郎、大高又次郎一前一后同时杀到。冲田总司先是用刀架住了前方的福冈佑次郎，接着一脚将其踢翻在地，趁着他还没爬起来的时候，转过身子截住了大高又次郎。两人厮杀不过一两个回合，又次郎就给他劈死了。

随后，总司又很轻松地解决掉了那位福冈佑次郎。已经被吓傻了的望月龟弥太拔腿就逃，可还没走上几步路就从背后挨了总司一刀，被砍翻在地，但顽强的求生欲望使得他又艰难地爬了起来继续逃命。就在冲田总司要上前一步彻底送其上路的时候，不可思议的事情发生了。

一口鲜血，从总司的嘴里喷了出来，紧接着，他一边剧烈地咳嗽着一边一个劲儿地往外吐血，身体也慢慢靠着墙壁往下滑，直到瘫坐在地上为止。

望月龟弥太不知道发生了什么，他只知道要跑路唯有趁现在。

冲田总司之所以会吐血倒地，一般认为是肺结核，但其实并非如此。要知道，一个人得了肺结核，一旦病情发展到随时随地会吐血的地步了，那基本也就离死不远了，但从历史上看，尽管冲田总司确实是得肺痨而死，但他在之后的好几年里都依然活蹦乱跳于京都街头，诛杀这个肃清那个的，所以冲田总司当时绝不可能已是将死之人了。因此我们可以认定，尽管不知总司在池田屋时吐血原因究竟为何，但至少不是肺结核。

混战依然持续着，藤堂平助如同迅猛的狮子一般砍倒了自己的对手，然后跑到了楼底下的院子里。

他觉得太热了，想吹个风。

杀得浑身热汗的平助回顾了一下四周，在没有发现什么可疑分子靠近之后，将头上的头盔和钵金护额给摘了下来，然后用手做扇子一边扇一边喘着粗气。

就在他风凉快活的时候，突然背后一记喊杀声，平助下意识回过了头，就看到一名彪形大汉举刀袭来。来不及躲避的他就这样被人迎面一刀砍中了脸部，当场血肉横飞，倒在了地上。

一边的永仓新八见状连忙来救，但立刻就被几个缠上来的尊攘派给杀得脱不了身。

孤立无援的藤堂平助为了不让自己变成烈士，不得不一手捂着脸一手拿着刀逃跑，而那个把他给砍得毁了容的尊攘派似乎也没有放过平助的意思，举着把刀就追了过来。

正在两人上演猫捉老鼠的时候，池田屋外一阵喊杀声震天，土方岁三率队赶到了。

一开始15个人被4个人在2楼打得满地乱跑，之后又被10来个人在1楼打得只有招架之力，现在对手一下子猛增到30多人，宫部鼎藏知道，胜负已定了。

此时的他也已经遍体鳞伤，到处都在流着血，但鼎藏依然拿刀撑着地板站了起来，用尽力气大叫了一声："肥后脱藩宫部鼎藏在此！近藤勇何在？"

这是叫板，就是打算跟人单挑的意思，反正群殴是肯定打不过你们这帮子人了，干脆来个单挑，一对一，兴许还有机会。

"在下新选组局长近藤勇。你们输了，所以还是干脆点乖乖投降吧。"

"我怎么可能听从你的指示？"宫部鼎藏摇摇晃晃地说道，"幕府的走狗！"

一边的土方岁三忍不住了，这家伙死到临头还敢嘴硬，抽出刀子就打算上前送他上路，但是却被近藤勇给拦住了。

宫部鼎藏双目圆睁："纵然是杀了我，你们也阻挡不了时代的脚步。你们还没有发现吧，自己干下了多么愚蠢的事情？"

"我们的职责是守护京都的治安，只要破坏治安，那就是我的敌人。对此，我问心无愧。"

宫部鼎藏笑了："跟我们一起的，有成千上万的志士，你一个人杀得过来么？"

近藤勇也笑了："只要你们敢违法乱纪，我就一个一个地杀过来！"

两人举起了手里的刀，大喝一声后相向猛冲。

一道寒光，一声铿锵，宫部鼎藏倒地身亡，年44。

对此，我的评价和之前对井伊直弼的评价一样，这是一次观念和观念的撞击，近藤勇他们撞赢了而已。

战斗结束。

接下来便是打扫战场了。15个尊攘派里，当场被砍死在池田屋的就有6个，其余的都负伤在逃，而新选组方面仅阵亡1人、重伤3人，其中包括了吐血不止、被当场送往附近医院救治的冲田总司以及从此脸上留下了一道疤痕的被毁容者藤堂平助。基本上可以说是他们大获全胜。

正当近藤勇一边安排照顾伤员安葬死者，一边命人继续追击脱逃的尊攘派的时候，一队整齐的队列开了过来，打着的旗号上写着个大大的"会"字。

"在下是会津藩公用方小森久太郎，特地带援军赶来了。"

这就是所谓的夺取胜利果实，民间俗称捡皮夹子。

土方岁三两眼望天干笑了几声："还真是辛苦你们了啊，这事儿总算是不劳你们会津的老爷们就让我们自己给解决了。"

小森久太郎的脸部有些抽搐："这样实在是太好了，你们也辛苦了，接下来的事情就交给我们会津藩吧。"

193

说着，便带人走进了池田屋，开始进行起了大规模的搜查。

近藤勇则上前一步，大声说道："任务完成，回营！"

一面红底白字的诚字大旗，随着队伍的前行高高飘扬在了京都的夜色之中……

但是事情并没有完全结束，吉田稔麿和望月龟弥太依然还没有被捉拿归案。

稔麿是抓不到了，因为他逃半道儿上的时候觉得自己伤势太重，与其被活捉还不如自我了断拉倒，便切腹自尽了。

望月龟弥太则拼尽全力爬到了长州藩的驻京办门口。他要求进去，请求长州藩派人支援池田屋的同志们。

他理所当然地被拦住了，看门的说自己就是个门房，说了不算，帮你先通报一下。

当时驻京办里说了算的那个，是桂小五郎。

桂小五郎即维新三杰之一的木户孝允。他当时的外号叫跑路小五郎。数百年后，中日两国的历史爱好者们又赋予这位伟人诸如假发小五郎、假发等各种昵称，足见其人望之高。

他出生在长州藩医和田家，和田氏的祖宗如果一代一代严格推算起来的话，应该是长州藩的开藩老祖毛利元就的第七个儿子毛利元政。7 岁的时候，他成为了年薪 150 石的桂家的养子。

一般收养子，肯定是家里没儿子的缘故，换句话讲，7 岁的小五郎成了这家人家的独子了。

这样的家庭收入在日本算是中产阶级，也就是一般我们说的"中下级武士"，但桂家绝对是属于"中"的，这个毫无疑问。

不过小五郎同学从小就不太喜欢干正经事儿，比较热衷于水中活动。

具体说来，就是大半夜在水里玩潜水，当有过往船只经过的时候，突然出现在人家船头或者船帮子上冒充水鬼吱哇乱叫恐吓路人，然后看着别人惊慌失措的面部表情，哈哈大笑，乐在其中。

当然，小孩子干一些这种事情应该是可以得到原谅的。

17 岁的时候，小五郎进了吉田塾学习兵法。在数年的学习生涯中，他的老师吉田松阴对其作出了如下的评价：

"此人有成大事的才华。

"桂这个人，有着比我更强的才能。"

一般情况下老师对学生的评价最多也就是"尊重师长、勤奋学习、成绩优良、品学兼优"之类，很少有人会在明面场合说自己的学生比自己厉害的。但吉田松阴却毫不吝啬地这么说了。

之后，他开始了在全日本的游学生涯，先后学习了炮术、造船术还有英语。

文久二年（1862 年），小五郎回到了长州藩。在他的推动下，藩里决定派遣留学生去欧美考察，人数总共有 5 个，其中为首的 2 个，一个叫井上馨，另一个叫伊藤博文。

在池田屋事件中，其实桂小五郎一直就在旅馆里没走，跟宫部鼎藏他们在一起，为的是劝说这帮家伙放弃自己那愚蠢的行动计划。

很可惜的是，劝说无效，并且还勾来了新选组。眼看着人家越走越近都开始敲门了，我们的小五郎大人一个鹞子翻身就上了屋顶，然后就听得"哎呀"一声，一脚踩空的他便消失在了这茫茫夜色之中……

据说他在逃进长州藩驻京办大门的时候，是一副比较惨的模样：不但一瘸一拐，手还捂着个腰。

对于望月龟弥太的求救，桂小五郎一口回绝："把那小子给我赶走。"

手下有些不解："为何……"

然后被小五郎一口打断："你傻啊，我们藩如果跟新选组有了过节怎么办？一旦兵刃相交，不但平息不了这次事件，还搞不好就要跟会津藩交战了，你觉得现在是出手打仗的时候么？"

手下默不作声。

"池田屋的这事儿，和长州藩没有关系，不管是谁跑到我们这里来求救，一律不能让他们进来，哪怕是我们长州藩自己的人！"

门外，望月龟弥太的悲呼在月光下飘荡不去：

"放我进去！你们藩的人真在和新选组开战！长州人正在池田屋开战啊！为什么不去帮我们啊！为什么？！为什么啊！？"

"说过了，你不能进，快滚！"

绝望的龟弥太跪坐在门口久久不肯离去，突然，他拔出了腰间的胁差，猛地刺向了自己的肚子……

自始至终，长州藩一声不响，装作不知道。

这就是日本幕末史上非常有名的"池田屋事件"。新选组的迅速出动、果断镇压，使得原本一起严重的恐怖袭击事件得到了有效的制止，而其本身的地位身份，也从原来的片警提升成为了特别行动警察。至于声望和好评也是纷沓而来，一洗之前的壬生狼的残暴形象，成为了京都和平守护神的代言人。会津藩自然也很高兴，毕竟再怎么说新选组也是他们的下属单位，所以这头功肯定是要归功于领导平时的严格帮助和细微关怀。为此，天皇特地又写了一封感谢信给松平容保，对于他的功绩予以肯定。容保一高兴，就发了新选组一笔奖金，总数 600 两黄金。

这种事情，一般来讲有人欢喜的话，肯定有人会忧愁。

尊攘派算是彻底玩完了，他们从此之后一蹶不振，再也没有搞起过什么大规模的恐怖袭击了，究其原因，还是没人了。

人都给杀光了。宫部鼎藏、吉田稔麿、望月龟弥太，这些个原本在尊攘派里都是一等一级别的核心成员，在池田屋里被杀了个干干净净。而那些没被杀的，基本上也都受了惊吓，他们本来的梦想就只是"天诛"而非"被天诛"，特别是听说了什么冲田总司一边吐血一边还能一挑四，宛若鬼神下凡之类的故事之后，生怕自己美丽的人生就此断送，纷纷离开了尊攘派的队伍，开始安安分分地过起了小日子。

当然，并非所有人都是这样的。

196

禁门之变

第十二章

同年 7 月 11 日，一个长着黑胡子、看起来相当猥琐的老头骑着马经过了京都三条的木屋町，他的名字叫佐久间象山。

用一句话来介绍他的话，就是：这是日本的魏源、林则徐，是日本开国的第一人。

用人物关系表来介绍的话：他有很多学生，其中三个比较出名，一个叫胜海舟，一个叫吉田松阴，还有一个叫坂本龙马。

佐久间象山是松代藩（今长野县长野市内）出身，自年轻的时候起便精通儒学。黑船来航之后，他开始跟着江川英龙学习大炮的铸造技术、玻璃制造技术等西洋学，甚至一度还想把牛痘给引到日本来，不过最终因种种障碍的存在而失败了。

话说那位第一个带着黑船跑日本来的美国提督佩里，是个特别目无东方人的家伙，但他唯独就对一个日本人低头鞠躬行礼过，那就是佐久间象山。

这事儿不知道是真还是假，不过以象山的威望和能力来看，就算是真的也不奇怪。

话是这么说，可提倡"以夷制夷"的佐久间象山依然成为了尊攘派眼中的头号卖国贼。

元治元年（1864 年），象山受聘于一桥庆喜，来到了京都。两人情投意合，都支持开国和公武合体，所以一时间佐久间象山的日子特

197

别好过，每天除了给老板庆喜出点主意之外，就是骑着个马走街串巷四处找乐子，一般情况下这乐子特指逛窑子。

这天估计他又要上哪家店去找姑娘，就听到背后一声："请问，是佐久间象山老师吗？"

佐久间象山坐在马背上一边回头一边应声："嗯，嗯，就是我，我就是……"

"天诛！"

一道寒光，他应声落马，但并没有被杀死。

来者将刀平举，一步步逼近……

"等等！"佐久间象山伸出手制止，"能回答我一个问题么？"

"因为你是卖国奴，所以要杀你！"一般情况下被陌生人给砍了，都会问上一句，你为啥杀我？刺客心里想你佐久间象山多半也会问这个问题，那我就提前告诉你得了。

"不……不是这个，我想问，你的名字叫什么？"

刺客觉得相当莫名其妙：你都快死了还管我叫什么？难不成你想记着个名字，做鬼都不放过我？

佐久间象山伸手一把抓住了刺客的衣襟："既然你能杀死我，那就一定要让我知道你的名字……"

无奈之下，刺客只得告诉他了："河上彦斋，老子叫河上彦斋，变鬼之后可别找错了。"

说着，举起了手中的刀，准备给对方最后一击。

"等等！"佐久间象山再次摆手道。

"又怎么了？"

"你……你是三点水的河……还是三个竖的川？"

这里解释一下，河字和川字在日语中都读作 kawa（咔哇），所以佐久间象山问人家是河还是川。

刺客终于爆发了，娘的你都一只脚踩在棺材里了还跟我唧唧歪歪

198

我姓什么!

他举起了刀怒喝一声:"是三点水的河呀!"

日本著名思想家佐久间象山就此遇袭身亡,年54岁,天诛理由是"西洋奴"。

那位叫做河上彦斋的刺客,因为刺杀了名满天下的佐久间象山,所以就被列入了幕末四大人斩的名单。

但是当他知道了佐久间象山的事迹比如以夷制夷的观点,力求用西洋科技使日本富强的梦想之后,表现出了深深的悔恨之意,他觉得自己杀错了人。

这种悔恨之意最终化为了实际行动。这位四大人斩之一的河上彦斋,在此后的生涯里金盆洗手再也没有拔刀杀过人,一次也没有。

很多年后,有人画了一部漫画,主人公的原型便是他,名字叫做绯村剑心。这部漫画,便是风靡一时的《浪客剑心》。

佐久间象山之死让幕府大为震惊,再一次加强了对京都地方治安的控制以及对尊攘派的铲除。不过说老实话,佐久间象山的暗杀应该是纯属偶然,毕竟在池田屋事件之后,像河上彦斋这样敢顶风作案、铤而走险的大胆哥们儿实在是珍稀动物中的珍稀动物。

而在此同时,长州藩终于要有所行动了。

自从"八一八政变"之后,他们就被彻底踢出了中央政治的圈子,不仅如此,藩主毛利敬亲和他儿子定广也先后受到了批评处分,并且被要求待在自己的老家好生反省,没有召唤不准进入京都。

对此,长州的一些重臣纷纷先后上京,求见天皇,为自家老大求情,主要内容就是说我们家老大什么也不知道,他很无辜之类,但孝明天皇压根就不为所动,所有的奏折都一一驳回并且连见面的机会都不给他们。

本来,广大的长州藩士还是挺能忍的,他们想天皇总有一天会回心转意重新把目光投向长州的,可池田屋事件算是彻底打碎了这群人

199

的幻想。

天皇嘉奖了把长州人杀得鸡飞狗跳的会津藩，让广大的长州人民觉得，这辈子回到中央政治的圈子里算是没什么希望了。

于是，一大帮子的长州藩士再也忍不住了，他们觉得天皇是被萨摩和会津两藩给蒙骗了，为了让皇上重新清醒过来，必须要采取一些非常的手段，比如带兵强行进入京城，杀入皇宫，见到圣上之后当面陈情，请求他撤回对长州的处分决定，让毛利家重新回到中央政治的舞台上来。就这样，一大群长州人自发潜入并聚集在了京都，日夜商讨大计。

虽说跟池田屋那会儿的计划差不太多，但本质上的区别是：池田屋不过是几个脱了藩的浪人在搞，出了事儿各藩都能推得一干二净，可这一次，却是正儿八经的由长州藩士挑头，长州藩发兵，冲到皇宫里头找天皇喝茶。

这个主意一想出来就遭到了另外一些人的强烈反对，比如桂小五郎。

他觉得如果这么闹腾的话，天皇非但不可能帮长州说话，很有可能适得其反，完全恶化长州在他心目中的形象。

结果当下就有人说："我们凭借一颗诚心如果还不能打动圣上的话，那就只有把圣上恭请到长州侍奉起来了！"

言下之意就是要是天皇敢不答应我们的请求，就直接给他俩嘴巴子然后抓到长州来做人质。

造反，这是赤裸裸的造反啊。

说这话的人是桂小五郎在吉田塾的同学，久坂玄瑞。

要说这个久坂玄瑞，在当时也是相当有名。他家里跟桂小五郎原来的家一样，都是医生，自幼进了吉田塾学习，因为天资聪颖，所以被吉田松阴誉为长州第一秀才，常常将他和高杉晋作相提并论。

不仅书读得好，而且小伙子人也长得很帅，所以吉田松阴一喜欢，就动心了，把自己的妹妹嫁给了他。读了几年书能把校长的妹妹给搞

200

到手，着实说明此人本事不小。

小五郎算是有点没辙了，他念叨着怎么会碰上这么一群大爷，你以为皇宫是那么好冲的？会津藩、萨摩藩、新选组你都视而不见的？

"那就把会津藩和新选组之类的一并打倒好了！"一旁的一个大叔说道。

这人就是之前登场过的，早在八一八的时候就盘算着绑架天皇的真木和泉，也算是这方面的老手了——计划老手。

"你会死的。"小五郎对久坂玄瑞说道。

"我不怕死。"

"你那是白白地送死！"

"为了长州，即便是白白送死也无所谓！"

桂小五郎彻底无奈，这人一旦不怕死还能拿他怎么办？

疯了，全都疯了。

为了避免自己也卷入其中，平白无故地在这美好的人间消失，桂小五郎打算尽快离开这是非之地，回长州老家去。而久坂玄瑞也不跟他多废话了，继续搞起了备战。

最终经大家讨论后决定，从长州调集了三千多兵力聚集在了伏见、天王山（大阪府内）以及京都附近，准备于 7 月 17 日一举攻入京都，实行兵谏。

部队被分成三路：一路由长州家老益田弹正率领驻留天王山，作为预备部队；另一路则由长州的另一个家老福原越后守带领，在伏见沿着街道北进，途中，与大垣、彦根等藩的守军展开激战。大垣、彦根藩守军人多势大，长州军几番冲击，均未奏效。激战中，长州兵受挫，福原越后守负伤，遂退回伏见，准备沿着竹田街道再度北攻。当他们打算抢渡宇治川的丹波桥的时候，不想彦根、会津藩追兵突然杀到，福原只得指挥长州军且战且退，疾走山崎。至此，这支自伏见北进京都的长州军被击败。第三路则直接攻打皇宫，指挥官有三人。久坂玄瑞、

201

真木和泉，还有一个叫做来岛又兵卫的人，此人乃是长州藩排名第一的激进派，天天叫着嚷着要杀岛津灭松平，把会津和萨摩从日本地图上给抹去。

长州人进攻的消息很快就传到了会津和萨摩那里，他们一边上奏朝廷告状，一边也开始整顿起了军队准备迎战。

此刻的朝廷被分成了两派：一派觉得，长州藩太过分了，三番五次要搞恐怖袭击，不灭了他们不足以平民愤，该打；而另一派则觉得，虽说是看着有点乱来，但人家出发点还是好的，都是为了天皇国家，所以也就放过他们算了。

最后，负责皇宫以及周边治安总务的禁卫总督一桥庆喜发话了，说你们长州别闹了，在伏见已经打了一仗意思意思就行了，快回老家歇着吧，再这样下去我们就真的要不客气了。

且说自打安政大狱一桥庆喜被关禁闭之后，没几年就被消除处分，进入了中央权力的核心体系。

长州人说我们这次来就是跟你们不客气的，识相的就快点让路放我们进去见天皇。

一桥庆喜也只能回答两个字：扯淡，并且要求手下牢牢看住皇宫的各个大门，绝对不能让一个长州的生物进去。

20日半夜，一桥庆喜冲入皇宫，说是军情紧急，要一张天皇的圣旨。

一个小时之后圣旨下：着一桥庆喜为京都周围幕府隶属军队总司令，率部击退长州藩，钦此。

当庆喜拿到这张圣旨，刚刚告别天皇的时候，远处已经传来了阵阵枪声。

话说在皇宫门口，一个要进，一个不让进，于是很快就演变成了互殴。

互殴双方分别是长州藩和会津、桑名两藩的联军，桑名藩也是幕府的亲戚，他们的藩主松平定敬是松平容保的弟弟。

202

地点在一个叫做蛤御门的地方。

之所以取这么个名字，是因为在天明八年（1788 年）的时候，一场大火把大门给烧出了一个缺口，就着这个缺口看大门的话，和文蛤异常相似，故此得名蛤御门。

这扇门里面就是皇宫，平时一般不开放，所以也叫禁门。

在屡次要求对方闪开无效之后，失去耐心的长州藩率先发起了攻击。自文久二年（1862 年）松平容保出任京都守护职以来，镇压下去的尊攘派十有八九是他们长州来的，八一八的时候更是把长州人从京都扫地出门，正所谓新仇旧恨涌上心头，千万仇恨化作一句话：打不死你丫的会贼！

很快，仅仅拿着日本刀和长枪的长州藩军队，就把会津、桑名两藩的联军给打得节节败退，一时间甚至还冲进了皇宫。

其实他们带了大炮了，不过没敢用，毕竟炮弹不长眼，万一轰得不好轰到了皇宫，便成了朝敌，那可是个千刀万剐的罪名。

别说大炮了，就连洋枪都没敢怎么放。

倒是会津和桑名两家，反正是背对着皇宫，怎么打都打不到，子弹是一发连着一发朝着长州的阵地打去，恨不得自己手里的前膛火绳枪一下子变成马克沁机枪。

尽管这样，可对方因为心怀着巨大的仇恨，所以一时间大大增加了攻击力防御力以及暴击的概率。一群群怀着满腔怒火的长州武士提着枪挥着刀就冲了过来，继蛤御门之后，另外一所乾门也有着被攻破的危险。

就在这危急的时刻，萨摩人赶到了，跟着一起来的，还有新选组。

因为考虑到之前在池田屋的时候新选组把长州人给杀得太惨了，会津生怕这次长州人盯着新选组往死里打，所以特地给他们安排了一个比较靠后的位子，但是近藤勇却在战端一开之后，果断地下令前进到最前线，和大家一起投入战斗。

而萨摩人自从跟英国人好上之后，武器花样、武器质量基本上就是一月一个样，三月大变样，什么新式武器都有，从枪到炮各个都能代表世界领先水平、日本最先进水平。他们赶到之后，也不多废话，当下就推出了几十门大炮朝着长州轰了过去。接着就发起了突袭。

萨摩人本来就是亡命之徒，而且还拿着先进武器，碰上的对手还有些缩手缩脚，一下子长州人就被萨摩人从乾门口给撵了出去，还死了不少人。

是可忍孰不可忍，眼看着自己被打得连命都快要丢了，长州藩也顾不上什么朝敌不朝敌的了，头脑一发热，一冲动，猛地也拉出了数门大炮朝着御所就是轰轰轰的连发好几炮。其中有几枚炮弹真的给他们打到皇宫里面去了，发出了巨大的轰炸声，惊得宫女们尖叫着四处逃窜。不仅如此，巨大的炮声还把一位13岁的小亲王给吓得当场昏了过去，掐了一刻多钟人中才算是重新睁开了眼睛。

这个柔弱胆小的孩子是睦仁亲王，也就是后来的睦仁天皇，民间俗称明治天皇。

一时间会萨两军都被惊呆了，他们谁都没能想到，这居然还真有横不怕死的敢朝皇宫点炮的。反应过来之后，立刻向长州藩的阵地发起了全面总攻。

当时乾门阵地上的长州藩兵数不过三四百出头，而萨摩会津方面却至少有着四五个藩共计好几千人，此外还有一百多凶猛彪悍的新选组队士。而因为刚才一时脑热而犯下朝皇宫开炮这个大错的长州人此刻也清醒过来了。他们意识到自己闯下了大祸，这次基本上算是铁定要被定性为朝敌了，所以纷纷丧失了战意，一个一个地往后退。萨会联军则越战越勇，一口气把敌人赶出了好几里地，长州军总司令来岛又兵卫当场就被砍死在了乱军之中，而另一个久坂玄瑞死倒是还没死，但也受了伤。

在这危急关头，他突然心生一计：既然没办法明着冲到皇宫去，

204

那就偷偷溜进去。

这个想法看起来相当荒诞可笑，毕竟你久坂玄瑞一不是盗圣二不是火影忍者，这光天化日、朗朗乾坤的，说让你溜进去就能溜进去的？你以为皇宫是少年宫呢？

但其实并没有我们想象中那么困难，因为皇宫是有偏门的，而且还不止一个。这些偏门，都被安了在各大公家家族的宅子里，比如一条家、九条家、鹰司家，等等。但凡是在朝堂上有威望有地位且就住在皇宫隔墙的公家家族，家里面基本上都有一个方便自己行走的连着皇宫的偏门。

久坂玄瑞带着几十个人找到的是刚上任不久的新关白，鹰司辅熙家。鹰司辅熙是朝中著名的挺长州派，也不知道是收了长州的财产还是娶了毛利家的姑娘，总之特别青睐长州藩，专门替人家说好话。像这次事件里，也是他率先启奏孝明天皇说，长州藩是一个热爱和平、热爱天皇的好藩国，之所以兵谏那实在是给逼得没办法了，但他们带兵是用来自卫的，绝对不会对皇宫、天皇之类造成什么不利影响。

可万万没想到的是，他这话放出去还没过 24 小时，长州人的炮弹就打了过来，结结实实地给了他一巴掌。

鹰司辅熙很生气，后果很严重。

当久坂玄瑞等人来到鹰司家后，鹰司辅熙虽说出来见了他们，但一丝一毫的好脸色都没给。

久坂玄瑞也顾不上那么多了，直截了当地就说，鹰司大人您把偏门开一下，我们要进皇宫见圣上，事关紧急，还请帮忙。

鹰司辅熙说扯淡，你们都对皇宫放炮了，我要是再放你们进去，那不是也成了朝敌了？以后我也不用在京都混贵族了，直接就得被拖出去斩立决。你们哥儿几个还是行行好，找别人家开后门吧。

久坂玄瑞显得特别为难，因为鹰司家是长州在京都最铁的关系户了。现在这个情况下要找别人，估计连大门都不会让他们进。

205

所以他还是哀求道，请鹰司大爷无论如何高抬贵手开个后门，我给你鞠躬了。

"磕头也没用，我这一家老小几十口子呢，跟着你们一起搭进去？这也太不值得了吧。"

双方正在争执不下，突然几发炮弹就炸了过来，落在了鹰司家的院子里，炸飞了好几个长州藩的藩士，墙壁屋檐也被炸塌了好几块。

原来是萨摩人发现了这些长州人的踪迹，架着大炮就追了过来。

一阵猛烈的炮火之后，鹰司家的屋子算是全毁了，不但面目全非还燃起了熊熊烈火。久坂玄瑞也挨上了一炮，虽说还在喘气儿，但已经算是临终状态了，而其他的几十个长州人，基本上死的死伤的伤，没剩几个了。

为了避免被敌人生擒活捉受屈辱，久坂玄瑞用尽最后的力气切腹自尽了，年仅 24 岁。

胜负已定，前线的另一个指挥官真木和泉决定撤退，暂定目的地是天王山，那里还有长州藩家老益田弹正率领的预备队，人数为一千上下。

真木和泉向天王山逃去的时候，身边只有 17 人，没走几步路，他们就得到了一个相当悲剧的消息：早在数小时之前，益田弹正已经率部开拔、先行撤退了。

于是，在京都附近出现了这样一个画面：益田部队一马当先，飞也似的向西逃窜，真木和泉带着 17 个人紧随其后。而在这些人的背后，萨摩士兵千把人也紧紧跟了过来。

最终也不知道是益田部队逃得太快还是真木和泉走得太慢，总之他们没有追上大部队，反而被后面的萨摩人在天王山下给追上了。见此状真木和泉果断下令迅速登山，占领制高点。

然后，集体切腹。

8 月 22 日，在真木和泉的带头下，大家痛饮高歌，尽兴了一番后，砸了杯子,烧了指挥部,17个人齐刷刷地排成一排然后拿刀刺进了肚子。

这场战争最终以幕府的大胜而告终,长州方面死了400多人,而幕府那边,阵亡的仅40人。

而那位桂小五郎,一看大势不好,立刻化装成卖萝卜的行脚商人溜出了京都,逃往了旦马国(兵库县内)并潜伏了下来。

自池田屋展示了非凡的轻功从屋顶上逃走之后,维新三杰之一的小五郎同志这次又在乱兵中化装易容之后从容撤退,这是一个逃跑技能被点满的男人。

缘此故,他得到了一个外号——跑路小五郎。

仗到这儿就算是完了,接下来就得论功行赏。

会津、萨摩两藩是头功,这个没得说,孝明天皇再一次劳驾给两藩一藩一封表扬信,连夸了他们祖宗十八代,可就是连一两黄金都没赏。

倒也不是小气,毕竟天皇穷,这次皇宫还遭了那么多下炮轰,光是房屋修理就要好大一笔费用,所以只能暂且把物质奖励抛在脑后了。

好在两藩也没说什么,一副欢天喜地的样子接受了。

得到实在好处的,是新选组。拿着表扬信的松平容保一高兴,又赏了他们一些钱,具体算来,有黄金200两。

对此,近藤勇千恩万谢,还多了一句嘴:"那我们的罪过,上面就不再追究了吗?"

会津藩使者呵呵一笑:"近藤局长说哪儿的话呀,你们新选组只有功劳,何来罪过?"

是啊,禁门之变中新选组不但真刀真枪地和长州藩干了一仗,还担负起了京都各街道的警戒治安责任,可说是功劳莫大,那为何近藤勇还要说自己有罪过?

这就要从事变当天说起了。

话说那天,长州、会津、萨摩三大藩各自都打红了眼,直接在京都点炮,导致千年古都火海一片。在这隆隆的炮声中,总指挥松平容

207

保自然是一百个担心皇宫安危，但另一个地方，却也同样叫他挂念，那便是六角监狱。

六角监狱位于京都三条地区，是一座具有悠久历史的专政机构，其建狱年代最早可以追溯到一千多年前的平安时代。当时监狱里尚且关着一百多犯人，为了防止发生意外，会津藩特地让近藤勇派出山南敬助以及队员数名进驻防守。

江户时代的日本有一条不成文的规矩：当监狱发生火灾时，会把非重刑犯放走，但要约好回来的日期，按期回归者一律减刑甚至当场释放；而如果有胆敢爽约的，日后一旦抓住则就地处死。

当时六角监狱虽说尚且安稳，但外面炮声隆隆、地动天摇的，给人一种战火分分钟就会蔓延过来的感觉。因此时任典狱长兼京都奉行的泷川具举决定提前准备，拿过犯人名单开始画勾，勾到的等监狱被炮轰到了或是怎么样了，就直接放走逃命。

然而没画几笔，泷川典狱长就愣在了名单前。

此时映入他眼帘的，是古高俊太郎、平野国臣、水郡善之右，水郡乾十郎等一长串名字。

古高俊太郎你知道，老熟人了，池田屋主要参与者之一，被新选组抓走吊打后便关进了六角监狱。

平野国臣，尊攘志士中的老前辈，从暗杀井伊直弼到高杉晋作组建奇兵队，都有此人参与的身影，后被抓，投狱。

水郡善之右和乾十郎都是天诛组的骨干，这组织听名儿就知道是干吗的了吧。

说白了，这些人都是政治犯。

按照道理来讲，他们既不是杀人放火这种罪大恶极之人也不是必须牢底坐穿的重刑犯，根据规矩，得放。可泷川具举觉得，这几位爷要是真的放出去逃命了，恐怕这辈子是不可能再主动回来了；更何况政治犯虽说不直接杀人，但其种种言行堪比诛心，较之直接杀人的主

208

儿更为厉害，对幕府造成的危害也更大，因此不能放。

故而泷川具举直接略过了当时关押在六角监狱里的 33 名政治犯，又去勾画其他人了。

可勾着勾着，又觉得不对头了：一旦监狱真着了火，他们会不会逃走？一旦逃走了，上哪儿抓去？

不行，连逃走的机会都不能给他们。

泷川具举叫来手下："把名单上这些谋逆之人，全部处决了吧。"

私决人犯，在什么时代都是犯罪，所以手下人面面相觑，不敢动手。

"你们不用顾虑。"泷川具举说道，"眼下炮火连天，殃及六角监狱也不过是时间问题。一旦牢房发生火灾，这些逆贼必定会趁机逃跑，再想抓回来可就难了，因此不如在此先行解决，一切责任都由我这个京都奉行来负，和你们无关。"

作为幕府的公务人员，站在幕府的立场上，泷川典狱长的手下都觉得这话在理，于是再也不犹豫了，将人犯挨个拉出，拖到院子里伸头就是一刀。

一连砍了十几个，小院子里哀鸣一片，正要再砍，被拦住了。

山南敬助跑了进来。

话说山南总长原本正带着几个人在监狱门口巡逻放哨，防火防盗防长州，听到小院子里有人喊饶命，开始还以为是在拷打犯人，后来听着听着就觉得不对了，连忙跑来探个究竟，一看，果然是在提前处决人犯。

山南拉住了泷川，说泷川大人，您这样做是不合规矩的。

泷川具举则理直气壮地反问道："山南总长，你看看这是何人？"

顺着泷川典狱长的手指，山南瞄了一眼，发现正被按倒在地要砍头的，竟是古高俊太郎。

"此人策划火烧京都，袭击你新选组的屯所，如果因战火而越狱，会造成怎样的后果，你想过吗？"

209

"无论他是否会越狱，越狱后做什么，这都不是我们不经审判而私自将其斩杀的理由。"山南敬助正色道。

古高俊太郎从未想到新选组里除了土方岁三之外居然还有山南敬助这样的人存在，心中再度燃起了熊熊的求生欲，挣扎着喊道："我古高俊太郎一言九鼎，绝不会逃跑！"

泷川具举冷笑了一声："你这样的逆贼有何资信可言？斩！"

还未等山南敬助反应过来，一道寒光闪过，古高俊太郎人头落地，终年35岁。

紧接着，还未等泷川具举反应过来，山南敬助的拳头狠狠地砸在了他的脸上。这位在京都地位仅次于松平容保的大人物被瞬间打倒在地。

在艰难地被手下扶起来后，泷川具举狠狠地盯住山南："你知道你的下场会是什么吗？！"

"无非一死罢了。"山南显得非常平静，"但我也想请教泷川大人，您身为幕府高官如此行事，若是上层人人都如你一般不讲法理，那德川幕府的下场又会是什么？"

这一天，泷川具举最终将牢里的33名政治犯如数杀死。

然而这一天，六角监狱却并未受到炮击，也没有着火。

也是在这一天，山南敬助反复地问了自己这样一个问题：如此的德川幕府，真的还有必要继续存在下去吗？

因为山南敬助毕竟是把京都奉行给打了，所以在之后的数日里，知道事情原委的近藤勇一直都处于一种心有戚戚的状态中，生怕挨打的那位泷川大人去告状。

事实上泷川具举也确实去告状了，只不过反而被松平容保给骂了一顿：六角监狱根本没着火，你就抢先把人犯都给砍死了，居然还有脸来告状？山南敬助打你？我松平容保都想打你呢，滚！

就这样，这事儿总算是被摆平了。

眼看着风平浪静，手头又多了一笔横财，近藤勇的第一个想法就

210

是扩大组织规模。但考虑到京都这个地方尊攘派居多，对幕府有好感的人没几个，于是特地借着回乡探亲的名义去了一次江户，在那里大肆宣传并且招募人手。

值得一提的是，新选组招人，不问出身，不问地位，只要你能打，对幕府足够忠诚，能忍得住变态的局中法度，那你就可以进来。

一听说能给德川幕府出力，不问出身而且每个月还能有几两黄金的薪水，一时间各路会点拳脚刀剑的人都来了，其中，包括了伊东道场的掌门、藤堂平助的师傅——伊东甲子太郎。

伊东甲子太郎出身水户，跟芹泽鸭是同乡，原名叫做铃木大藏。他爹铃木忠明是水户藩的藩士，因为经济问题而遭到了流放，大藏也就乘着这个机会脱了藩，开始四处游学起来。他先是学了神道无念流的剑术，又跑到人家私塾里做了几年老师，最后来到了江户北辰一刀流的伊东道场做了门徒。门徒做着做着，原来的掌门看他能打，便升他做师范。师范做着做着，掌门看他人也长得挺帅还有学问，便问他要不要嫁给自己的女儿，也就是做上门女婿。

大藏想了想，同意了。

从此，他就改姓伊东。

从政治立场上来讲，这个人是不折不扣的尊攘派，尤其在尊皇方面，比芹泽鸭还激进。

但当近藤勇来江户招人时，伊东大藏却是主动凑上前去，提出要求加入这个佐幕组织，这自然是妥妥的别有用心。

伊东大藏从一开始，就抱着利用新选组往上爬，顺手把这个组织全员洗脑改编成尊攘团伙的伟大理想。而以老好人著称的近藤勇哪里能想到这些？他只知道平助的师傅、当年论规模足够吞并试卫馆几百次的伊东道场掌门主动来投靠自己了，高兴得简直不能自已，想都没想便答应了对方的请求。

或许近藤知道伊东大藏的想法，但这个男人就是这样，他不愿意去怀疑自己的同伴,他相信只要自己足够真诚,那么别人也会真诚对他。

就这样,伊东大藏来到了新选组,成为了参谋,其地位仅次于局长近藤勇、副长土方岁三、总长山南敬助和军师武田观柳斋,两百多人中排行第五。

因为加入新选组的这一年正好是甲子年,所以他改名伊东甲子太郎。

花好稻好,拿赏钱受表扬吃上肉的说了一大堆,接下来该说说挨揍的了。

我指的是长州藩。

长州藩被正式划成朝敌,这个没什么讨价还价的,朝着皇宫点炮还差点吓死亲王,这要都不算朝敌那这世上还需要朝敌这种罪名么?

不仅如此,天皇还下了一道圣旨,要求幕府在适当的时候率兵讨伐长州。

德川家茂答应了,说让自己准备准备就动手。

接着,便是那一批原本挺长州的公家,也纷纷受到了惩罚。那位被久坂玄瑞找到要求开后门的鹰司辅熙就更惨了,不但被停职,连家里都被大炮给轰烂了,因为犯了错误,所以修理费得自理。

这样一来,在整个朝廷里,再也没有为长州说一句好话的人类了。

长州藩,终于走到了开藩以来最艰难的地步。

而同样走到最艰难地步的,还有幕府。

所谓禁门之变,虽说是直接打击了企图问鼎皇权的长州藩,但同时也造成了京都内超过半数的街道遭遇炮火、2万栋以上房屋被烧毁以及上千平民伤亡的悲惨结果。

长州是朝着皇宫点炮的,行为再恶劣,却也没怎么殃及百姓。反观幕府,在打长州的同时,还顺风点火地给人民群众的生命财产造成了巨大损失。尽管之后会津藩及时地进行了救灾赈灾的工作,但由于损失太大收效甚微,因此德川家仍是被京都人给恨上了,还是刻骨铭心、

212

咬牙切齿的那种痛恨。

　　幕府的威望，再度大幅降低。

第十三章

鬼副长

近藤勇回了老家一趟，浩浩荡荡地拉回来几十个人，从而使得新选组的总人数达到了 200，迎来了史上最巅峰的时代。

人一多，地方便显得不够，在松平容保的操作下，这群拿着刀枪的亡命之徒将大本营迁至了京都的西本愿寺。

于是寺庙里的那些和尚当然就不高兴了，不光是因为佛门乃清净之地，更因为西本愿寺历来和长州藩走得很近，对幕府本身就没啥好感。不过这事儿背后有会津侯撑着，也就只能忍气吞声地接受了。

队伍壮大了固然是好事——前提是能够将全体成员牢牢掌控在手中。

元治元年（1864 年）八月，土方岁三召开了新选组全体副长助勤以上干部会议。会上，他宣布从此以后由浪士组时代开始应用的副长助勤一职作废，同时原有的等级制度也将被丢入垃圾桶，取而代之的，则是一种全新的结构。

首先，新选组最大的是局长近藤勇，其次是副长土方岁三，这个没有异议，排在第三的，是总长兼参谋山南敬助，这个也没问题。和之前唯一的差别是，原本的山南敬助是总长兼参谋，可现如今，却是参谋兼总长，也就是说，这个人的存在，主要是用来辅助而非参与决策的。说白了，从此之后的新选组，真正的最高领导人有且只有两人——近藤勇和土方岁三。

214

以上，是核心部分。

核心之下，分为十个番队，每队最大的叫组长或是队长，其中，一番队队长为冲田总司；二番队是永仓新八；三番队斋藤一；四番队松原忠司；五番队武田观柳斋；六番队井上源三郎；七番队谷三十郎；八番队藤堂平助；九番队铃木三树三郎；十番队原田左之助。

每个番队下有大约10名普通队士，并设伍长两人。

无论是队长还是伍长，都归局长和副长管辖。

九个队长，大多数都已经出过场了，便就此跳过，这里简单介绍一下几张新面孔。

五番队队长武田观柳斋，是出云（松江县）人，原名福田广，非著名甲州流军学者，文久三年（1863年）冬天加入的新选组。

所谓甲州流军学，是日本兵法中的一个流派，开创人据说是战国时代赫赫有名的军事家武田信玄，也正因为如此，那家伙才特地改姓成武田，就是为了让人看起来觉得他跟武田信玄或许应该是亲戚。

鉴于武田观柳斋是新选组中为数不多懂正规军事的人再加之还能写一手好文章，所以这家伙同时也兼任兵法老师和文学师范，闲暇中教教队士们怎么打仗，怎么写作文啥的。

不过因为他入队不久便受到如此重用，而且这人肚子里确实是有点货色，所以观柳斋在新选组内不免有些趾高气昂，走路都觉得高人一等。对此近藤勇虽说是非常无所谓，一副宽容的态度，但土方岁三看他，就自然不怎么友好了。更何况那厮还有好男色的毛病，这让幼年被吃过豆腐、有过心理创伤的土方岁三看到他更加心里发毛了。

七番队队长谷三十郎不是剑客，是练长枪的，精通宝藏院流。算起来还是原田左之助的枪术老师，原先在大阪开道场。

这个人很强悍，特别强悍，强悍到令人发指让土方岁三甘拜下风的地步——我指的是把妹方面。

他们谷家，原本是备中松山藩（冈山县内）的藩士，俸禄120石，

215

不大不小算是个中产阶级。谷三十郎他爹叫谷三治郎，死得早，嘉永六年（1853年）去的，之后作为长子的三十郎便继承了家督，并担任了藩主板仓胜静的近习，也就是贴身秘书。

结果这位老兄不学好，在天子脚下非但不洁身自好，反而利用职务之便四处勾搭，将板仓胜静周围的丫鬟什么的都勾了个遍，最后将罪恶的魔爪伸向了板仓胜静的女儿，也就是备中松山藩的公主大人。

年轻的骑士爱上公主这很正常，没什么问题，问题是这谷三十郎他不是好人，纯粹抱着一种玩玩的心态，只想着尝鲜。更要命的是那公主也不是善茬儿，也想玩，于是一来一去这两人就好上了，不过天底下没有不透风的墙。安政三年（1856年）的时候，经群众举报后东窗事发，据说是让板仓胜静捉贼捉赃地逮了个正着。

正所谓墙倒众人推，大家一看昔日里藩主跟前的当红小生谷三十郎栽坑里了，于是便纷纷赶上前去落井下石，向板仓胜静举报这家伙昔日里的放荡行为。在一番调查后板仓大人发现，这个谷三十郎涉猎极广且口味极重，除了自己的丫鬟、自己的女儿外，他居然还跟数名藩内家臣的老婆有一腿，这其中还不乏某家老。

这事儿眼瞅着就兜不下去了，板仓胜静不得不做出了一个痛苦的决定，将谷家除籍，也就是把他们全家赶出备中松山藩。

这还是看在昔日情分上的留情处理，不然这种私通行为早就拉出去引刀求一快了，不过说实在的这厮祸害了那么多妇女同胞，真要弄死他倒也算是不负少年头了。

就这样，谷三十郎被赶出了松山藩，跟着他一起倒霉的，还有两个弟弟谷万太郎和谷周平。好在哥仨手里头还有几个祖上积下来的钱，便在大阪买了一块地皮，开起了枪术道场。

顺便一说，谷家三兄弟中最小的弟弟谷周平，在入队后不久便改了名字，叫近藤周平，原因是他被近藤勇收为了养子。

之所以能有如此的好待遇，说起来还都得仰仗谷三十郎的忽悠。

216

话说他在加入新选组的当天，便告诉了近藤勇一个惊人的秘密：谷周平的亲生父亲，其实是板仓胜静，是胜静那老小子当年勾搭了自己的妈然后生下的。

近藤勇听了之后当然大吃一惊，心想新选组内真是卧虎藏龙，来了个藤堂高猷的私生子藤堂平助不够，今天居然又来了个谷周平。

同时，也因为平助的关系，再加上近藤勇觉得没人会拿自己母亲的清白开玩笑，所以也就信了。

近藤勇是个自尊心很强的人，尤其是当他涉及身份问题的时候。

如果换一个角度的话，我们也可以说，这其实是一个很自卑的人。

他是农民出身，却同时又渴望着跃出农门。他和土方岁三不一样，土方岁三想做武士，是因为他想用自己的手腕来改变天下；而近藤勇想做武士，除去崇拜武士向往忠义之类的感情因素外，很大程度上是因为他想出人头地。他更看重的是身份和编制，不想再被人乡下人、乡巴佬这么地叫。

所以，近藤勇没有拒绝才认识一天的谷三十郎将谷周平收为养子的请求。

不过谷三十郎成为七番队队长却并不全因为他弟弟，更多的是此人确实武功高强，而且作战勇猛，无论大小战役，他总是冲在最前面，不避刀枪，奋勇拼杀。

最后九番队的铃木三树三郎，这人虽说文武双全，但却素有嗜酒以及行为不端等恶名，之所以能当队长，只因为他亲哥哥是伊东甲子太郎。

话再说回会议现场。因为土方的那个新制度说实在的确实不错，至少听起来不错，队长、组长的，要比副长、助勤听起来帅多了，更何况他都已经决定了，再改似乎也很难，所以当下基本上全都举手通过，表示没有异议。然而，正当土方岁三收起纸张准备下一个话题的时候，突然一个声音响了起来："我反对！"

抬头一看，是永仓新八。

土方岁三一愣，他倒是想过会有人反对的，但没想到是他。

这家伙本来就是副长助勤，现在变成队长，那还不是跟原来差不多么？他反个啥？真要反，也该是山南敬助反啊……

满腹疑惑的土方岁三示意永仓新八继续发言，想听听他的反对理由。

"这样一来的话，局长和副长的权力太大了！"

土方岁三说，那又如何？

"这样的话，新选组岂不就成为你们两位私人的囊中之物了？！"

"哪儿有的事？你自己想多了吧！"土方岁三很不屑一顾。

"那池田屋的奖金分配，又是怎么一回事呢？！"

所谓池田屋的奖金分配，指的是在池田屋事件后，会津藩特意下发了一笔奖金用于犒劳全体新选组将士。按照近藤勇的设想，是将这笔奖金根据新选组的总人数做一个除法，每人得一个匀数，但土方岁三却坚决反对，认为不能这么干。

"既然是池田屋的奖金，那么就只能给参加战斗的人，驻留屯所的人不能得。"

换言之当时留守驻地的队员是一分拿不到了，比如山南敬助。

"冲入池田屋的，每人 10 两。"

"局长因为是局长，所以能再加 20 两。"

"打头阵的总司等人，每人各加 10 两。"

"第二批杀进去的，每人各加 7 两。"

"最后赶来收尾的，每人多 5 两。"

也就是说，奖金被大致分成四等：局长近藤勇总额 30 两，冲田总司他们是 20 两，土方岁三是 17 两；不过为了凸显副长的与众不同，那小子又给自己加了 6 两，实际到手数字为 23 两；最后赶到池田屋那批像松原忠司等人，便只能拿到 15 两了。

近藤勇琢磨着实在有些不妥："果然还是平均分配比较好吧？"

218

"你太天真了，根据每个人的表现不同来分配不同数额的奖金是理所当然的，也只有这样，大家在下一次行动中才会更加努力；不然的话，反正干不干都能拿钱，长此以往，谁干？"

近藤勇知道自己是说不过岁三的，于是只能退一步："我拿30两是不是太那个了？既然如此，我也应该和大家一样拿20两吧？"

"你是局长，自然与众不同，这点也必须让大伙明白。"

于是在发奖金的当天，全新选组屯所里几家欢喜几家愁，有为拿到20两而欢呼雀跃不已的，也有因为拿到15两而扼腕叹息的，更有倒霉孩子因为一分钱没拿到而蹲在角落里画圈圈。

永仓新八就是为了这事儿一直愤愤不已，觉得大家都是兄弟，何况会津藩的奖金是发给全体成员的，理应人人有份，你土方岁三搞这一套，很不合适。

但实际上土方岁三的那一套当然是很对的。正所谓多劳多得、少劳少得、不劳动者不得食，随着时代的发展，新选组必然将从原本的小规模原始平均分配转变为大规模且按劳分配，这就跟一个企业一样，不可能一辈子大家都在吃大锅饭，真要抱死在大锅饭上不放的话，那总有一天会彻底垮掉。

单站在新选组未来发展的角度上来看，土方岁三的所作所为没有任何错误。

兄弟归兄弟做，生意归生意管，感情和工作不能混为一谈，断然不能看在所谓感情的分上就弃工作于不顾，这样到头来不但工作会失败，就连感情，搞不好也会变得荡然无存。

不过土方岁三并不想在这时候把池田屋的事儿旧话重提，所以他只是轻描淡写地表示这都哪辈子的事儿了，别扯开话题，现在说的是新制度，就事论事，不然剥夺你辩论的资格。

永仓新八思考了片刻，便把头转向了另一边："山南先生，你觉得这样可以么？"

这招不得不说很高明。说白了，原先的副长助勤和现在的番队队长，在工作内容、职权大小方面并没有本质性的区别，而且番队队长绝对是副长助勤的改良版，因为他不但有了更为具体的工作内容——带10个人，而且还下设了辅助单位——伍长，也就是说，整个新选组里，不会有任何一个人会因为土方岁三的这场改革而受到伤害，除了山南敬助，他是唯一一个被削弱手中权力的人。当然，这也是土方岁三改革的真正目的，为的就是建立一个完全以自己和近藤勇为中心的中央集权组织。

所以永仓新八才会把皮球踢给山南敬助，因为只要他开口，则必然是反对土方，为自己争取利益。同时，近藤勇也会充分考虑到山南的意见而阻止土方岁三，只要山南把近藤给吸引过去，土方岁三纵然有孙悟空的本领也翻不了天，这场改革多半就该泡汤。

山南敬助的发言却让永仓新八大吃一惊："新选组的核心工作，我认为确实交给土方君比较有利。"

即便如此，永仓新八却依然不肯放弃："你这种做法我绝不赞同。"

而山南则比较冷静："土方君，请你想一下，今天，我们为什么会聚集在这里？"

土方岁三不明白他想说什么，于是便一言不发地静听下文。

"我们当初一起相聚在试卫馆，是因为大家被近藤局长的人格所折服，甘愿和他在一起，今天，全体新选组上百名成员聚集在一起，同样也是因为近藤局长的人格魅力，不是么？大家都是为了梦想聚集在一起的同伴，而不是那冷漠的上级和下级，君主和家臣，所以……"

说到这里山南敬助特意不再接下去了，而是用一种炽热的目光看着近藤勇。

近藤勇被打动了。当他听到山南敬助这么一顶帽子比一顶帽子高的戴高帽法，便全然被打动了，甚至在那一瞬间，他真的相信，仅凭自己的人格魅力便可支撑起整个新选组来。

220

"副长，这事儿要不你再考虑一下？"近藤勇说道。

事已至此，看着山南敬助和永仓新八两人的土方岁三再也忍不住了，当即站起来叫道："你们这帮家伙真是小男人样，难不成你们还以为现在是在玩小孩子骑马打仗过家家的游戏呢？光靠着一帮人聚集在一起就什么都能做了吗？开什么玩笑？若是没有严密的制度来加以约束，新选组将永远跟不上时代，永远都是一盘散沙的乌合之众！这事儿自我们搞死了芹泽鸭之后你们就应该明白的吧？啊？！"

永仓新八听到这里顿时一惊："你说什么？芹泽是你们杀的？"

因为芹泽鸭死后，新选组核心集团对外一致宣称是尊攘派干的，所以包括很多队士在内也深信不疑。但土方并没想到居然连永仓新八这样的骨干也都蒙在鼓里。

所以他也一惊，说："你才知道？"

"你们不是说是长州藩干的么？"

土方岁三又一惊，说："这事儿你还真信啊？"

永仓新八彻底愤怒了，站起来冲着近藤大吼："你为何要欺骗我？"

近藤勇一时无言以对，本来他以为芹泽鸭杀了也就杀了，追悼会都开完那么久了，哪还有这么个秋后算账法的？

但永仓新八却不依不饶地追问着在场的每一个人："你们为什么杀芹泽？为什么？为什么杀了他不告诉我？"

这一天，大家不欢而散。

永仓新八回去之后，便开始四处组队，打算联合大多数，一起抗议近藤勇和土方岁三的独裁统治。

然而事情却并没有他想得那么简单，串联了好几天，只有两个人加入——十番队队长原田左之助以及三番队队长斋藤一。

原田是永仓的好朋友，关系特别铁的那种，而且这人没啥心眼，向来给朋友两肋插刀，想都没想就站队了。

至于斋藤一，这人跟永仓并不熟。事实上他跟新选组的绝大多数

221

人都没啥交情，但这次却很莫名其妙地知道了永仓的计划，然后又在永仓生怕他将自己出卖的时候，莫名其妙地表示这计划真有意思，我也要加入。

本来永仓新八是拒绝的，但考虑到整个计划的所有参与者拢共只有自己和左之助两人，实在是势单力薄得有些不像话，因此琢磨再三，还是点头答应了。

就这样，新选组反独裁小组成立，成员三名。就连永仓新八自己都明白，光靠这些人，是根本不能成事儿的。

无奈之下他去找山南敬助，希望他也能加入其中，这样一定能大大提高影响力，但却被山南给拒绝了："我不能去。"

理由没有明说，永仓新八也没问，而是换了一个话题："那我现在应该怎么办？"

"在新选组内，像你们这几个人，是无论如何都翻不了天的，不如去找会津藩，告诉松平容保大人真相，让他出面处理此事。"

永仓新八显得有些迟疑，因为办法倒是好办法，可松平容保身为京都守护职每天日理万机，会有空管这档子小事儿么？

"如果你们联名上建白书的话，或许松平大人会受理也说不定。"

永仓新八一听觉得颇有道理，连忙说那先生你文笔好，你来写吧。

山南敬助说，我写了那跟我加入有什么区别么？此事我不能出面，不过你们真要干的话，我能给你们推荐一个会写文章的。

"谁？"

"葛山武八郎。"

葛山武八郎是会津人，不过并非是会津藩的藩士，在加入新选组之前，他是做虚无僧的，也就是半僧半俗的那种不剃头的出家人，颇有文化，而且能挺能打，池田屋事件中跟随土方岁三第二批杀入，原本还是土方名单中内定的伍长。

"你们找到葛山的话，就告诉他是我的意思，他便会为你们写了。"

222

果然，当永仓新八等人禀明来意之后，武八郎非常慷慨地磨墨挥笔，不过半小时一篇洋洋洒洒的"近藤五大罪状"便宣告完成。文章从五个方面着手，痛斥近藤勇在开创新选组以来实行独裁统治，将队士当做自己的家臣以及背地里搞暗杀弄死了芹泽鸭等行为，字字如刀，句句扎人。

永仓新八读完非常满意，当场便让全体反独裁小组的成员在上面签字，然后便送往了金戒光明寺。

松平容保亲自接待了他，并当着其面读完了这份罪状书，不过反应却是出人意料的平静。

"要不，我们来听听近藤本人是怎么说的吧？"

不等对方回答，松平容保了挥了挥手，从外面走进一人，正是近藤勇。

一般来讲碰到这种情况，打小报告之人的气势必然要先弱了一半，永仓新八亦是如此，因为他不明白为何松平容保能如此未卜先知地把近藤勇给请到现场，毕竟这不是感情综艺节目啊。

但接下来的剧情就和综艺节目如出一辙了。在后台已经听永仓新八说了自己种种不是的近藤勇非但没有任何责怪和推脱，反而大包大揽地将责任全都归咎在了自己身上，一副天下有罪罪在朕躬的诚恳道歉后，又回忆了一番自己和新八当年在试卫馆的快乐时光，最后真情毕露地问永仓，能否原谅自己。

此时松平容保也不失时机地屡屡插话，表示你们都是忠于幕府的好武士，千万不要为了一些琐碎的小事而起内讧，这样对德川幕府构建江户和谐社会的计划非常不利。依本侯的看法，这次的事情就这么算了吧。

事已至此，永仓新八早已没了打嘴炮的欲望，再加之想起当年在试卫馆的日子，更是险些和近藤勇一起潸然泪下，当场表示自己也有错，这状我不告了。

双方都互相被对方给感动了。松平容保见状，便宣布调解成功，

223

你们别再吵了，回去后好生过日子，努力保护京都，效忠将军。

送走了近藤勇和永仓新八，松平容保走进了一间小房间，里面正坐着一个人，似乎是等了很久了的样子。

"本侯这次处理此事，依你看，做得如何？"

"毫无挑剔之处。"

松平容保闻言，微微一笑。

说话之人，是斋藤一。

永仓新八闹出来的这事儿，走到这一步应该讲算是告一段落了。结局也不错，几乎是大团圆。

然而有人却并不这么想，那就是土方岁三。

他认为，这次捅出这么一档子事儿来，如果没有人受到什么惩罚的话，那以后大家还会这么干。这次是五条建议，下次搞不好就是十条，二十条，这次松平容保把事情压下去了，难保下次会不会再这么照顾近藤勇。所以，参与此次事件中的那几个人里面，一定得死上一个，起到杀一儆百的作用。

至于让谁去死，这不是什么问题，土方岁三不到五秒钟便做出了决定：葛山武八郎。

因为建白书就是他写的，这个属于主要责任，但却不是他得死的主要原因。

要说明白这主要原因，那就得先从参加告御状的那几个人入手，得搞明白他们都是谁。

永仓新八，试卫馆时代便加入的老人，新选组元老；原田左之助，资历同永仓新八，且两人是好朋友；山南敬助，试卫馆时代元老，新选组总长；斋藤一，虽说对其他人而言这是一个谜之男子，但土方岁三却非常清楚此人的来历，杀谁都不可能杀他；最后就只有葛山武八郎了，路人甲一个也没啥背景，最重要的，是这哥们儿跟山南敬助关系不一般，那份建白书正是山南举荐他写的。

224

就算是看在打击山南敬助，警告他以后没事儿闲着别捣乱的分上，也该让葛山武八郎引颈受戮了。

当武八郎听到让他切腹的消息之后，惊讶万分："只有我一个？！"

"对，只有你一个。"土方岁三显得很平静。

"是山南总长让我写的啊！"葛山武八郎开始为自己开脱。

"我知道啊。"

"那你为何不问他的罪过？"

"行了，不必多说，你赶紧准备一下吧，待会儿就开切。"土方岁三一边说一边就往外走。

葛山武八郎却突然奋起，一把将他抓住，歇斯底里地大喊："把山南敬助给我叫来！是他让我写的！"

"我说了我知道是他让你写的，可那又如何？"土方岁三特别平静，"对于新选组而言，山南比你可重要得多。"

"因为重要，所以就可以无视道理人伦对吗？！"

"不，对于我而言，新选组本身就是最大的道理人伦。"

"做出这种阴险行为，你不会愧疚？！"

"不会。"

这天晚上，葛山武八郎被迫切腹，直到他死，山南敬助都没有出现。

倒不是他故意不来，而是那家伙真不知道土方岁三居然还能这么秋后算账，所以这天他去泡姘处对象了，对方是一个叫明里的女孩。

近藤勇倒是知道这事儿，不过出人意料地没有做出任何干涉。

只是在那天深夜，他来到了土方的房间：

"阿岁，你现在这样子，很容易遭人忌恨啊。"

"新选组的成长，需要的可不是娘亲的母乳，而是血。"土方岁三坐在门外，望着月亮，"所以我最好变成恶鬼，不，我就应该是恶鬼。"

225

第十四章 西乡隆盛

话说，在禁门之变后，长州藩便被彻底打上了朝敌的名号。孝明天皇更是对这帮三番五次打算绑架自己的匪徒恨得牙痒痒，多次颁布圣旨，要求幕府出兵征讨长州。

而另一方面，自上一次被美国的军舰给打得落花流水之后，长州藩虽说认识到了攘夷的不可能性，不仅引进了不少西洋的先进玩意儿还派遣留学生出国留洋；但就藩政来看，整体上还是以攘夷为主流，做出来的事儿也基本上是跟攘夷搭界的，比如封锁了下关海峡。

下关海峡是当时长崎到日本其他地方的重要通路，一旦被封锁，那就得绕很大一个圈子才能到达大阪、江户之类的港口，意义非常重大。所以，列强们急了。

生意难做、运输费上升之类的倒还在其次，关键是，万一长州这么大鸣大放地攘夷影响了幕府怎么办？原本开国开得好好的幕府，一旦受长州的影响也跟着一块儿攘起了夷，那就麻烦大了。

于是他们纷纷跳出来对长州说，你们要攘夷我们不反对，可拜托睁开眼睛看看清楚啊，我们不是夷人，我们是文明人。这夷都在非洲之类的地方，你看到那头插几根羽毛、皮肤比炭还黑的那些人么？那才是夷，要攘就去攘他们，别攘我们哪。

长州人对此相当不屑一顾：少废话了，攘的就是你们，不服？不服就打过来试试看？

列强也不啰唆了，从元治元年（1864年）春天开始，在英国驻日公使阿洛克的组织下，英国、法国、美国、荷兰这四个国家就相继从本国调集舰队，进行着战略准备。

从历史上来看，长州人的勇猛程度、作战水平其实并不高，暂且不跟萨摩这种专出亡命之徒的地方比，就算比比日本的其他地方比如土佐、会津、佐贺之类，那也是不如人家的。

所以就让人觉得非常奇怪，前不久刚刚被人家一艘军舰给灭了整个海上力量，现在居然又敢冒出来开战，真的是有些不可思议。

这就是传说中的傻大胆啊。

然而，不管在什么情况下，清醒人终究还是存在的。

长州藩公派去英国留学的井上闻多和伊藤博文闻讯之后，深知单凭自己藩的那两把刷子，是绝对没可能跟四国列强过招的，若是硬要乱来，那唯一的下场就是挨打。

所以两人连夜启程，想赶在开战前头回到长州劝说大名毛利敬亲放弃这场没有胜算的战争。

因为交通极端不发达，这段回国之旅他们整整用了3个月，等到了日本领海的时候，已经是当年的6月，列强的军舰都已经整装待发，齐刷刷地陈列于日本海之上了。

两人立刻赶往横滨，见到了阿洛克公使。在他们的反复保证承诺下，阿洛克答应暂缓进军，先让他们回藩劝说毛利敬亲。

6月17日，两人回到了长州，见过了大名，但是交涉失败。毛利敬亲算是铁了心地要跟列强干一架了。

6月19日，四国联军正式集合完毕，对长州下了最后通牒令，限他们在20天内解除对下关海峡的封锁。

对此，长州藩表示无视。

7月28日，在英国中将丘帕的率领下，9艘英国军舰、3艘法国军舰、4艘荷兰军舰以及1艘美国军舰正式从横滨启航，总兵力达到了五千，

227

此外，英国又从香港调来了陆战队一千多人，赶赴横滨待命。

8月4日，联军舰队开赴下关海峡，伊藤博文坐着渔船打算再做最后的一次努力，但这一次，连鸟他的人都没有一个了。

没办法，那就只能打了。

负责防守下关的是奇兵队，总人数为两千出头，有100多门大炮，数量虽说不算少，但质量实在是让人难以恭维，其中甚至还夹杂着木质的大炮模型以便充门面用。

奇兵队的总指挥叫做赤根武人，原指挥官高杉晋作因不久之前擅自脱藩而被关在了家里反省。

5日下午，联军正式发动进攻，他们首先朝着前田浜和坛之浦两地发起了进攻。一阵猛烈的炮击之后，长州藩的炮台一个个被摧毁，士兵一群群地被轰死。在压倒性的敌人面前，大家只能选择了撤退，之后，联军在前田浜登陆，将那里的炮台破坏一空。

6日，坛之浦一支奇袭队在长州藩士山县狂介的带领下，朝着离他们最近的一艘正处于抛锚状态的军舰发动了袭击。虽说一时间联军被打得摸不到头脑，陷入了一片混乱之中，但很快就恢复了过来，开始发起了反扑。

于是，长州人悲剧性地被别人反败为胜了。不仅坛之浦的炮台被占领、破坏，联军甚至还一度冲到了下关的镇上搞起了打砸抢，最后凭借着人海战术外加联军不敢孤军深入，才好不容易没让人家占领了整个下关。

顺便一说，这个发动袭击的山县狂介，就是明治政府的第三任日本内阁总理大臣山县有朋，狂介这个名字是他的老师吉田松阴给他起的，因为这小子在读书的时候为人特别疯狂。其实他就是个疯子。

7日，联军发动了总攻。陆战队登陆进行作战之后，缴获了长州藩60门大炮。面对手持新式来复快枪的西洋人，长州士兵的武器仅仅是老式的前膛枪以及弓箭，交战还不到2小时，便宣告败退。截止到

228

8日凌晨，长州藩的炮台基本上都给联军破坏干净了。整个沿海岸七零八落地撒着零件，煞是壮观。

8日上午，被四国联军打得体无完肤的长州藩终于讨饶了。他们决定跟列强们和谈。但很快新的问题就来了：派谁去做和谈使者比较好？

毛利敬亲想来想去，想到了一个他认为比较合适的人选——高杉晋作。

此刻的晋作尚在家里蹲着反省，毛利敬亲立刻下令撤销处分，让他即刻前往联军的军舰上谈判。

于是，我们的高杉少爷就这么出发了。

估计毛利敬亲当时不是吃错了什么就是突发性神经错乱，选谁不好偏偏选了这么一个祖宗去搞和谈，真是自作孽不可活。

再说高杉晋作一出发，似乎就把自己的使命给忘了。照理来说，你长州是打了败仗的，那就应该低调一点，谦虚一点，态度诚恳一点地跑到列强那里，低声下气地讨价还价一番，搞不好原来人家要你赔10块的现在就只要8块5了。

不过你要高杉晋作充孙子，那可能性远远要低于彗星撞地球的概率。

当天，他穿着一身华丽的流纹礼服，头上戴了个乌帽子，大摇大摆地走上了英国的军舰，然后大喊一声："我乃长州藩家老宍户备前守的儿子宍户刑马，你们家谁是负责人，赶紧出来见我！"

高杉晋作的地位虽说在长州藩不算低，但也不足以代表整个藩去跟人谈判，所以这次毛利敬亲特地给了他一个家老养子的身份，好让他有点面子，以便输人不输阵。

高杉少爷在气势上倒是相当争气，看着他如同混世魔王一般威风凛凛地这么一吆喝，反倒是把英国人给弄莫名了，他们甚至开始怀疑到底谁才是赢家，谁才是输家。

229

然后我们的大少爷就立下了大功：他让原本准备好好跟日本人谈谈的阿洛克十分不爽。

战败国终究是战败国，你再耀武扬威那还是战败国，这种大爷一般的傲慢态度最终只能让对方心存反感，所以阿洛克将长州方面提出的和谈条件一一驳回，到最后甚至是听也不听。高杉晋作刚一开口他就直接否决，搞得气氛是相当地尴尬。

最终，英国方面自己开出了条件：

1. 解除下关海峡的封锁，要求能让外国船只顺利通行；

2. 在必要的时候为外国船只提供炭薪、食物和水；

3. 在天气恶劣的情况下允许船员上陆避难；

4. 将下关海峡的炮台给撤去；

5. 赔偿金 300 万美元。

并且明确告诉长州藩，没有回旋的余地，要么照办，要么接着打。

长州藩说，我照办，但是有一点我要申明，这次跟你们开战，其实不是我们的本意，是幕府下的命令。

英国人感到背后阵阵发凉：他们最担心的事情真的发生了，幕府看来真的要从开国转变成攘夷了。

于是，他们撇下了长州，迅速找到了幕府，说这事儿怎么处理你看着办吧。

被莫名其妙丢了一个烫手山芋的幕府相当奇怪：自己什么时候下令让长州藩开战了？再说了，长州藩有那么听话么？自己让打他就打？

而之所以赖在幕府的头上，那是因为长州藩压根就拿不出这 300 万美金，其实就算拿得出他们估计也是不想拿的。

事实上，这么大一笔款子你让幕府掏都有难度，更何况跟幕府真没啥关系，所以德川方面一直在跟列强解释，说自己压根没下命令，这事儿全都是长州干的，你要找去找他们，跟咱没关系。但列强却丝毫不听，似乎是吃定了幕府，一口死死咬住要他们给钱，还表示，如

230

果不给钱的话也行，那就把濑户内海沿岸的所有港口都给开放了作为交换。

当然，这一切的一切，都是建筑在战争讹诈的基础上的。

万般无奈之下，幕府只能赔钱了事，但因为的确一下子拿不出那么大一笔数目来，所以选择了分期付款，首付150万。

最终，这笔赔偿金一直到幕府被推翻了都没能还清，只能由明治政府接着还。同样性质的烂账还有一笔，那就是之前萨摩人跟英国人打仗的时候，问幕府借的2.5万英镑。值得一提的是，明治政府的主要组成成员，几乎全都是当年萨摩和长州出身的家伙。

也就是说，那口让幕府背下的黑锅，最终还是原封不动地压在了自己的身上。

出来混，总归是要还的嘛。

这口黑锅让幕府背得真叫一个窝火，再想起之前禁门之变那茬子事儿，于是便打算来个新仇旧恨一起算。

当年10月，德川家茂动员了总共36个藩共计15万大军浩浩荡荡地开赴长州，总司令由尾张德川家的德川庆胜担任，副总司令则是越后藩大名松平茂昭，此外，还设了参谋一名，是萨摩出身，名叫西乡隆盛。

他出身比较贫寒，他爹西乡九郎，是一个年薪47石的萨摩藩士，本来收入就不算高，家里孩子还挺多，有4个，西乡隆盛是老大。11岁的时候，他跟别人打架，被人一刀砍中了右手，伤到了神经，不但连着高烧了三天三夜，还落下了一个右手无力的后遗症，具体症状是握不住武士刀，也就是说，他从此以后再也没有能力去打架了。

在那个时候，武士刀是武士的第二生命，你一个武士若是连刀都握不住，那基本上就是废柴一根，被社会所抛弃的对象了。

然而被废了武功的西乡隆盛却并没有灰心，既然武的不行，那就来文。自手伤之后，他就开始日夜攻读学问，从阳明学到佛禅，几乎没有他不会的。

很快，他就受到了萨摩藩上层的关注。25 岁的时候，藩主岛津齐彬招他去做了侧近，虽说工资没怎么涨，但毕竟成了大名的身边人，学到的看到的接触到的，都跟从前两样了。

在跟了岛津齐彬之后不久，西乡隆盛便上了一封书信给自家的主公，说是萨摩的农民太苦，负担太重，应该要减轻他们的赋税，让他们好好过日子。

这并非是投机取巧，而是他的真心话。西乡隆盛从小出身贫寒，对于下层的老百姓和武士有着一种相当特殊的情感，这种情感一直伴随了他整整一生。

再说岛津齐彬看过了这封上书之后对此褒奖不已，说西乡隆盛是新一代的有为青年、当代萨摩十大杰出青年之类，但口头表扬完之后，这封东西也就丢在书桌后头，看过算数了。

倒也不是说他虚伪，是因为这时候对岛津齐彬来讲有更重要的事情等着去办。

当时恰逢十三代将军德川家定病重，还赶着列强吵吵嚷嚷着要开国，我们之前也说过，岛津齐彬作为一桥派的重要组成成员，正在跟井伊直弼做着殊死的搏斗。

当然，最后斗输了，一桥派被井伊直弼一扫而空，该关禁闭的关禁闭，该流放的流放。其中流放的名单里，就赫然出现了西乡隆盛的名字，流放地点是萨摩的奄美大岛。这地方现在是日本的超人气旅游景点，鹿儿岛县的创汇源泉，不但周围海水清澈，还是整个亚洲一等一的潜水场所，但在那时候基本上就是个无人岛，专门用于流放犯人。

好在岛津齐彬是个非常够意思的领导，西乡隆盛头上挂着那二尺八的牌子刚坐上船没多久，他就私自开了后门，把人给偷偷带了回来。这流放，自然也就不了了之了。

好景不长，回到领导身边之后的西乡隆盛，很快又跟着领导一起

232

投入了针对井伊直弼的斗争中去，但就在这斗争达到了最火热的高潮时分，岛津齐彬突然就挂了。一时间群龙无首，萨摩大乱，被井伊直弼钻了个空子，把所谓的危险分子一个个都给抓了起来做了处理。

估计是井伊直弼整的人太多，以至于他已经记不清自己曾经整过谁没整过谁。当他看到了手下送来的名单中再次出现了本该在奄美大岛看大海钓龙虾的西乡隆盛时，并没有露出什么惊讶意外之类的眼神，而是画了个圈，在边上做了一行注释：流放。

地点没变，还是奄美大岛。

每当看到这段的时候，我都隐隐约约觉得，其实井伊直弼知道西乡隆盛是谁，他故意这么干以便恶心对方。

故地重游的西乡隆盛在奄美大岛一待就是三四年，正当他以为自己就要这么一辈子做一个渔民的时候，又碰上好事儿了。

文久二年（1862年），他再一次被人解救了出来，回到了阔别已久的萨摩鹿儿岛城。

这次帮着开后门的是他的朋友，大久保一藏。

回到家之后的西乡隆盛并没有消停，他提出了"尊王倒幕"的政治口号，在藩内大肆宣传，结果引起了藩主岛津久光的注意。作为一个精明的政治家，岛津久光非常清楚，在当时的环境下唯有公武合体才能混得好。对于西乡隆盛这种愣头青，他二话不说，再一次宣布：将其流放到奄美大岛。

我们前面说过，岛津久光其实并不是一个真正的公武合体派，他只是顺应时势而已，所以，他也不是真心要流放西乡隆盛，也就是挫挫年轻人的锐气而已。

第二年，西乡隆盛就被放了出来，岛津久光还让他掌握了萨摩藩的军权，这位三度被流放的资深流刑犯就此登上了历史的舞台。

顺便一说，这哥们儿算是维新三杰中的一人，在日本的声望人气自然不用说，事实上他同时也算得上是那个时代日本在世界上最出名的人之一了，尤其在中国，崇拜者特别多。

比如谭嗣同在戊戌变法失败的那会儿，梁启超跑来邀他一同开溜，但是被他给拒绝了，并且说下了一番我们都很耳熟能详的话："各国变法无不从流血始，今日中国未闻有因变法而流血者，此国之所以不昌也，有之，请自嗣同始。"

事实上这仅仅是上半段，接下来谭嗣同还说了下半段："月照，西乡，吾与君分任之。"

意思就是说，月照和西乡就由我和你（梁启超）分别担任吧。

月照指的是日本的月照和尚，西乡就是西乡隆盛。这两人在安政大狱的时候都是井伊直弼黑名单上的成员，虽说罪不至死，但也把他们弄得焦头烂额。在痛感国家前途黑暗、自己前途渺茫之后，两人相约投海自尽。最终结果是月照被淹死了，西乡隆盛估计是因为胖（有照片为证），所以浮在水面上给漂回了岸边，总之是没死成。

谭嗣同想对梁启超说的是，我做月照，死了拉倒，而你却要做西乡隆盛，活下去继续奋斗。

此外，梁启超、黄兴、戴季陶等一大批中国当时的牛叉人物都对西乡隆盛赞誉有加。

值得一提的是，在公元 1910 年，有一个年仅 17 岁的中国少年离开了自己的家乡前往 50 里外的公学读书。在走的时候，他给家里写了一封信，内容是他手抄的西乡隆盛的一首诗："孩儿立志出乡关，学不成名誓不还。埋骨何须桑梓地，人生无处不青山。"

其实也不能算是百分百纯复制，改动还是有的，原诗中不是孩儿，是男儿，不是誓不还而是死不还。当然，不管怎么看，这种改动基本上可以忽略不计。

40 多年后，其长子战死在了朝鲜战场，悲痛之余的他写下了这样一句诗："青山处处埋忠骨，何必马革裹尸还"，从中我们依然可以看出有他当年手抄的那首诗的影子。

这位可以说被西乡隆盛影响了很久很久的人，便是我们的伟大领袖毛泽东同志。

再说这讨伐军中，德川庆胜和松平茂昭其实都并不怎么懂军略，所以在 10 月 24 日的时候，总司令庆胜特地把西乡隆盛给叫了过去，想请他这个参谋来给自己参谋参谋，这仗到底该怎么打。

西乡隆盛说，不用打，让他们投降就行了。

庆胜有些纳闷："你咋就那么确定他们会投降？靠不靠谱呀？"

隆盛相当自信地表示："没问题，包我身上了。"

当天，西乡隆盛被任命为谈判全权代表，即刻启程赶往长州，见到了毛利敬亲。

毛利敬亲相当热情，又是招呼上茶又是安排人伺候，一副孙子的派头，搞得西乡隆盛反倒有点不好意思了。不过他心里非常明白，毛利敬亲并没有当孙子的爱好，他这么做，纯粹是因为没办法。

要知道，刚刚被四个国家一拥而上打得满地找牙，连炮台都被人给砸光了，长州藩哪还有力气跟幕府的讨伐军抗衡？一听到这 15 万大军的数字，毛利敬亲连腿都软了，还没等西乡隆盛好好喝上几口茶，他就已经迫不及待地问道："西乡大人，您这次是来跟我们和谈的吧？"

西乡隆盛不做任何回答，自顾自地又喝了一口：

"这茶不错。"

"西乡大人，我是想请教您这次来长州的目的……"

"这次我是代表庆胜大人来向贵藩转达我方开出的条件的。"

长州藩这些日子来，尽接受别人的条件来了，所以也就有些习惯成自然，毛利敬亲摆出一副很无所谓的样子表示，您有什么条件尽管说。

西乡隆盛点了点头，开出了条件：

"第一，'八一八政变'的时候，曾经以三条实美为首的数名公卿被赶出了京城，这些人现在都在长州吧？我们希望长州藩也能将他们驱逐出境；第二，禁门事变中，长州藩的三个家老国司信侬、益田弹正以及福原越后守，他们都是事件的主要责任人，现在要求他们切腹，以示惩罚；第三，把山口城给我砸了。"

撵人也好，杀人也好，毛利敬亲倒都还能接受，问题是这山口城，那是他自己住的地方，一旦砸了，这都已经11月了，天气一天比一天凉。眼瞅着就要入冬，这大冷天的连个房子都被砸了，让自己上哪儿住去？

西乡隆盛表示，你爱住哪儿就住哪儿，我们管不着，可这山口城一定得砸。当然，如果您毛利大人特别热爱自己的家，舍不得砸也没事儿，那就由我们来帮您砸。反正我们这边人多，整十五万，砸你个城还是不在话下的。

毛利敬亲琢磨着这别人砸还不如自己砸，干脆认命得了。

于是他对西乡隆盛说："行，我砸，还有什么问题么？"

西乡隆盛说："好，我看着你砸，砸完了我们马上撤军。"

11月8日，三条实美那伙人被送到了长州的功山寺软禁。毛利敬亲承诺，不用多久便把他们送到九州的福冈去；12日，福原越后守等三名长州藩的家老切腹；15日，山口城被砸；12月27日，讨伐军正式启程撤退，并宣布作战胜利结束。

236

第十五章 血色的浪漫

至此，长州藩基本上算是被打怕了，原本那些叫着嚷着要倒幕、要攘夷的上层老头子们，再也不出声了，取而代之的是被称之为"保守派"的佐幕派，他们开始掌握了长州藩的政权。为首的，是一个叫做椋梨藤太的长州藩重臣。

他上台之后，首先干的事情就是搞肃清，打算把原本那些支持攘夷倒幕的家伙们赶尽杀绝。

这头一个要杀的，就是高杉晋作。毕竟人家又是奇兵队又是搞天诛，成天不得安生，若是留着，日后必定还要造次。

此时的奇兵队，已经被椋梨藤太给勒令解散了。而我们的高杉大少爷一听到风声不对，立刻逃往了乡下避难，一时半会儿的还真没被抓着。

不过一直这么躲着也不是个办法，总有一天会被搜出来然后拖出去一刀了事。反复思考之后，高杉晋作觉得：先下手为强，后下手遭殃，这是一条几千年来不曾变过的至理名言。

他决定抢在自己被干掉之前动手干掉椋梨藤太他们。说干就干的高杉晋作派人四处联络已经被遣散回家的奇兵队成员，在一个晚上，大家一起聚结到了在乡下的高杉住所里开了一个会。

会上，高杉晋作明确表示，自己准备起兵搞政变。

然后反对声一片。

237

第一个站起来反对的是山县狂介，他觉得现在突然搞兵变太仓促了，成功率一定不会高。其他人也纷纷表示，虽说这次兵变的主要目的是讨伐保守派，但是说白了还是等于跟藩主毛利敬亲拔刀相向，这样一来的话，自己岂不是成了乱臣贼子了？还有一部分人则担心就自己手下的这些人，很难跟长州藩的正规军相抗衡。

唯独表示支持的，只有一人，那就是高杉晋作在松阴塾的老同学——伊藤博文。

当时高杉晋作能够控制的队伍，总人数只有60多个；而伊藤博文所带领的力士队才20个，全部加起来也就80人出头，要想靠着这些个人去推翻执掌长州藩的椋梨藤太，那是难度系数超高的一件事儿。也难怪没人会支持，毕竟这世上愿意白白送死的人还是非常稀少的。

面对大家反对的呼声，高杉晋作缓缓站起了身子，宣布散会。

你们不愿意去的话，我一个人去，无所谓的。

"人在活着的时候，如果能够有所作为的话，那么不管怎样都要活下去；如果碰到了即便用生命作为代价也值得的事情的时候，那么不管何时，都应该坦然赴死。"

这是吉田松阴当年亲口传授给高杉晋作的话。个人觉得，这就是促使他下定决心无论如何也要起兵的原因。

与会的大伙都惊呆了，在这一刻，他们看到的已经不再是那位处处让人吐血的大少爷了，而是一个临阵待发的武士。

起兵的日子选在了当年的12月14日，这是一个对于高杉晋作来讲有着重大意义的日子：首先，这一天是日本著名的赤穗四十七浪士攻打他们的仇敌，吉良上野介的纪念日；其次，这一天同时也是他老师吉田松阴脱藩的日子。

地点则是在功山寺，如果你已经忘记那是什么地方的话，那就往前翻一翻。那里住着几位被从京都扫地出门，眼看着现在又要被赶出长州的倒霉公卿。

238

临行前，公家代表三条实美亲自端了一碗酒给大家伙饯行，并且语重心长地表示，万一失败了就赶紧回来吧，留得青山在，不怕没柴烧。

高杉晋作笑了笑："三条大人，今天就让您看看长州男儿的肝胆吧。"

喝完，一摔酒碟，下令出发。总人数为八十，外加大炮一门。

高杉军在当天下午4点，攻打了位于下关的新地会所。

那里是一个仓库，里面却储存着大量的武器，但防守的人数却并不多，而且都是一些役人。所谓役人就是类似于中国的衙役，平常一般也就是拿个板子打人屁股，干不了什么别的事情。当时一马当先冲在最前面的，是伊藤博文的力士队。

力士队总共才二十人，数量不多，但质量却是相当不错。他们的成员都是玩相扑的，当衙役们看到迎面扑来这一群高大如山健壮如牛的大块头，全都吓傻了，几乎都没怎么抵抗便一哄而散了，一仓库的武器就这么落入了高杉晋作之手。

大功告成之后，大家都特别高兴，整个阵营沉浸在一片欢乐的气氛中。但是高杉晋作似乎还不满足，他紧锁双眉反复思量一番之后表示，光是抢了这一堆武器是不够的，接下去还得继续行动。

对此没人表示反对，但是大伙比较关心的一个问题是，行动的目标是什么。

"知道三田尻么？"

大家纷纷点头说知道。因为那地方太有名了，它是长州藩建立的海军局所在，用来传授从西洋来的先进海军知识，不但如此，在附近的海面上，还停泊着三艘长州藩不久前才新买来的军舰。

"现在，我要去把那三艘军舰给夺了。"高杉晋作说道。

底下沉默了，大家是被震惊住的。再怎么说这个计划也太疯狂了，且不说这军舰上有着全副武装的长州藩正规军，即便是舰船本身，都带着好几门大炮，搞不好这八十个人还没上船，就被一阵炮轰炸得只剩下八个了。

239

面对这一片此起彼伏的反对声，高山晋作没有详细解释自己的计划也不打算说服任何人，他示意大家安静下来之后，说了一句："不怕死的就跟着我来。"

要说不怕死的的确有，还不少，连着晋作本人有十八个。

十八个人先上了第一艘军舰，船上没几个人，所有的士兵几乎都在岸上晒太阳，于是高杉晋作一声令下孩儿们动手，这船就这么被夺走了。

接下来的两艘其实不是夺来的，而是人家主动投靠过来的。

究其原因，其实还应该说是椋梨藤太的保守派太不得人心了，整天搞肃清不算，还尽想着跟幕府靠拢。要知道，长州藩跟德川幕府的仇恨在200多年前的关原会战时就已经结下了，接着又出了一批像吉田松阴、久坂玄瑞这样的倒幕派，打倒幕府这样的理念早就在整个藩中根深蒂固了。现在保守派们因为害怕战争而给幕府做小，怎能不让大家觉得恶心反感？

正好，高杉晋作率部挑头了，于是长州海军的同志们也就顺水推舟地跟了他。

三艘军舰被抢下之后，整个长州藩都被震惊了。大家在惊叹高杉晋作牛叉的同时，也纷纷站了出来开始加入到他的队伍中，其中包括了开始时反对他起兵的山县狂介等人。

元治二年（1865年）1月7日，长州藩士天宫慎太郎再一次组织起了奇兵队，袭击了位于长州绘堂的藩军兵营。因为事发突然，对手没怎么防范，一下子被打得摸不着东南西北，在丢下几具尸体之后不得已后退几十里并将大本营给移到了附近的山头上。

1月10日，因为军营遭袭，所以长州藩派了两百人前来反攻，在半道儿上跟奇兵队相遇。在持续了2个多小时的激战并且放火烧毁了数家民房之后，奇兵队一时败退。但是在当天下午，山县狂介率部袭击了这支藩政府军，当场打死打伤二十余人并且成功将其击退。

240

1月16日，高杉晋作亲临战场，与山县狂介一起在云雀山迎击藩政府军，激战3小时后获胜。

一连串的战事发生之后，1月24日，一支约两百人的长州藩士队出现在了位于山口城下的长州藩藩厅附近。他们既不是椋梨藤太的人，也不是高杉晋作的人，他们仅仅是中立的普通长州藩藩士。这些人为了要求大名毛利敬亲迅速调停内战而举行了大规模的示威游行。当天，连战连胜的高杉晋作也率部出现在了山口附近。

毛利敬亲慌了。他生怕打着推翻保守派统治旗号的高杉晋作心情一个不好，把他这个藩主也给顺道推翻了。1月25日，他在山口城召开了会议，宣布解除椋梨藤太的一切职务，并且将其送入大牢。

这事儿就这么算完了。事成之后，高杉晋作、伊藤博文他们成了长州藩的主流领导人，对此毛利敬亲也没说什么，他知道自己说什么也都没用了。接着，高杉晋作提出了长州藩的政治倾向，不再是攘夷，也不再是尊王，而是倒幕——用尽能用的办法，推翻幕府。

光有口号还不行，得有实际行动。高杉晋作在掌握政权之后没多久，就把原来已经砸了一半的山口城给重新修起来了。

德川家茂怒了，这幕府开了都200多年了，敢明目张胆地举反旗的，从来就没怎么见过。现在长州开全国之先河，要不把你们给灭了，将军家以后还怎么混哪？

他当即下令，准备再度出兵征讨长州。当然，之前还是要去一次京都，讨一个圣旨，毕竟名正言顺好办事儿。这一次，他决定亲自上京面见天皇。

要说实在是这年头不好，哪儿都乱得慌。不光是长州那边在闹腾，京都其实也不太平。

当年2月5日，铃木三树三郎找到山南敬助，说："我哥哥有事找您，能跟我一起去一趟吗？"

山南以为是工作交流，没多想就跟着去了。结果一进门，就发现有点不太对了。

当时房间里除了伊东兄弟之外，还有筱原泰之进、服部武雄、加纳鹫雄、内海二郎等一批从江户跟着甲子太郎一起来京都的自己人，俗称伊东派。

当然，他们都是尊攘的。

场面有些尴尬，但伊东甲子太郎却毫不在意。双方寒暄过后，他很开门见山地问了山南敬助一个问题："山南总长，您觉得，佐幕和尊王，哪个比较重要？"

这是一个看起来很愚蠢的问题。就好比抗战期间，有人问你，日本和中国你喜欢哪个？你敢回答说自己喜欢日本么？

同样道理，在一个明摆着是佐幕的组织里问别人尊王跟佐幕哪个更重要，谁敢回答尊王更重要？

伊东甲子太郎却一定要这么问。

因为他知道山南敬助是一个尊攘派，却不知道他尊攘到了何种程度——到底是会随波逐流回答"佐幕重要"的那种口头尊攘派呢，还是和自己一样，即便身在新选组，却依然不变心志，敢堂堂正正地说一声"尊王更重要"的真正的尊攘派？

而山南敬助的答案让他非常满意："自然是尊王。无论再怎样食幕府俸禄，日本国内也不会有胆敢将天子和将军相比高下而认为后者尊贵之徒。这个问题即便去问将军，他的回答也必然如此。"

伊东甲子太郎闻言称善："不愧是山南总长，我没有看错人。"

"所以您今天找我来，就是为了问这么一个问题？"

"不，今日请总长来，是有事想要拜托。"

"何事？"

"关于藤田小四郎，想请总长出手搭救。"

山南敬助一惊。

藤田小四郎，水户人，藤田东湖的儿子，水户天狗党首领，是当

242

年日本尊攘圈举足轻重的人物。像芹泽鸭、高杉晋作这种级别的，在他面前也只有当小弟的分儿。

小四郎属于过激派，多年来一直都试图以武力贯彻水户藩前藩主德川齐昭的攘夷大计，在幕府屡次打击之下都不改初志，并于元治元年（1864年）三月率同志60人在筑波山（茨城县内）举兵。队伍一度壮大到数百人，史称天狗党之乱。

结果被幕府几千精兵一路追杀，一群人且战且退地逃到越前（福井县），基本上是处于快要被搞死的状态了，小四郎本人也有心投降，只是幕府并没有放过他的意思。

当年伊东甲子太郎游学水户时，曾和藤田小四郎有过不浅的交往，现如今眼看着朋友就要挂在越前了，着实于心不忍，因此想请山南敬助通过近藤勇，找到松平容保，然后向幕府求个情，放过小四郎。

山南敬助愣了半天没吭声，好容易回过神来："伊东君，这根本不可能啊。"

"我也知道这有些强人所难，但还是恳请总长能够帮我。藤田小四郎并非要反抗幕府，不过是想攘夷罢了，或许行为有些过激，但拳拳爱国之心日月可鉴！"

山南敬助一脸为难。他知道伊东甲子太郎说得不错，藤田小四郎并不是吉田松阴这样的倒幕派，但关键是幕府不这么认为，德川家早已将此人定性为谋逆，这怎么说情？

但看着伊东一口一个总长，各种攀扯关系，甚至还拿出同门之谊——两人都是北辰一刀流的——来大打感情牌。无奈之下，山南只得暂且应下，表示有机会我跟局长说一下吧，不过这事儿咱得提前说好，成不成的我可说了不算，得看上面的意思。万一有啥状况，你可别赖我。

伊东甲子太郎一口答应。

就这样一晃眼十几天过去了，伊东当然不会不识趣到去追问事情进展，可山南这边却也毫无反应。其实他根本就没去跟近藤说，因为

243

压根就不知道从何说起，总不能说"我有个朋友叫藤田小四郎，造反造不下去了，想通通路子投个降……"

就在两人各怀心事地又过了几天后，近藤勇突然下令把伊东和山南一起叫去了局长办公室。

喝完一杯茶，近藤勇一脸笑容地说道："听说那个天狗党的藤田小四郎，投降在即了哟。"

"什么？"伊东甲子太郎到底没忍住，惊问道。

"是这样的，会津侯之前跟幕府打了个招呼，然后上头让一桥庆喜公作为招抚特使前往加贺（金泽县）。藤田等人一听说是一桥公，立刻就宣布投降了。"

对于一生都是德川齐昭脑残粉的藤田小四郎，幕府派出其亲儿子一桥庆喜前去劝降，显然是有要宽宏大量的意思。

伊东甲子太郎感动得差点就要落泪了，他甚至觉得自己太过卑劣无耻：有山南敬助这样的同伴，近藤勇这样的上司，松平容保这样的大老板，自己居然还想着洗脑新选组，让他们都变成尊攘党。这样的组织多好啊，就连幕府，实际上也很有希望啊。

那天晚上，伊东特地拿了一壶好酒跑到山南房间里千恩万谢。

山南敬助连连摆手："我什么都没做，我真的什么都没做。"

伊东甲子太郎只当他是在客气，觉得这人真是谦逊，颇有中国古代君子之风，新选组真美好。

其实山南敬助真的什么都没做，他想做，但一直在等一个能开口的契机，结果契机还没等到，近藤勇倒是先把这事儿给解决了。

为什么？是近藤勇能预知未来？还是事情纯属巧合？

都不是。

接下来我们要说的，或许是一个让《银魂》《薄樱鬼》等作品的爱好者很难接受的事实，但却是历史真相——新选组拥有一套非常专业的密探班子，其业务水平不次于大明王朝的锦衣卫。这些人除了探

244

察京中情报外，更主要的工作是监视同伴。

当你加入了新选组，无论你是普通队员还是贵为番队队长，你的一切行动都会处于密探的掌控之下。或许你的伍长就是密探，你中午巡逻时发的牢骚，晚上土方岁三就能知道。

能够幸免的只有极为少数的几个人，比如近藤勇、土方岁三、冲田总司。

而这套制度的制定者，你猜对了，正是鬼副长。

新选组中的著名密探有两个：一个叫山崎蒸，另一个叫斋藤一。

斋藤一其实主要是会津藩的密探，松平容保也必须要知道自己的这帮不安分手下的一举一动。

事实上当日伊东和山南的对话结束不到两个小时，近藤和土方就全知道了。两人经过商讨，觉得有必要帮伊东甲子太郎一把，送他一个人情，毕竟这位参谋对于新选组来讲还是很有利用价值的。

其实伊东甲子太郎进新选组的目的，近藤等人也早就知道了，之所以要引狼入室，主要是土方岁三对自己的智慧颇具自信，认为自己妥妥地能搞定这帮人，玩一把反洗脑。

然而就是这一份自信，后来差点毁掉了整个新选组。

之后的事情近藤勇也说了，他去找了松平容保，松平容保找了幕府，幕府派出一桥庆喜前去劝降，结局皆大欢喜。

理论上应该是这样的。

事实是，一桥庆喜受命抵达加贺的当天，便就已在越前投降的藤田小四郎一事做出了指示：杀无赦。

投降也没用，照杀。

一起陪砍的还有天狗党的另一名首领——藤田东湖的亲家武田耕云斋以及他的七个儿子、一个儿媳和两个老婆。

当年2月初，上述的这些人以及他们的另外数百名同伴，被推上刑场，斩首示众。

245

消息传到江户，伊东甲子太郎悲怆不已，数日不能进食。

在那几天里，他不吝以最恶毒的语言诅咒着德川幕府，谩骂着一桥庆喜。

同时，已经失去了理智的他做出了一个很可怕的决定：带着他的原班人马集体脱离新选组。

当时内海二郎就表示了反对，理由是擅自脱队是要切腹的。

伊东轻蔑一笑：所谓法不责众，一个人脱队要切腹，一群人脱队怎么可能切腹？更何况你也不看看到现在为止那些脱队切腹的人都是什么货色？清一票的普通队员好吗？像我这种位高权重的领导干部，就算近藤、土方想要我切腹，也必然是投鼠忌器，有着诸多顾虑吧？

然而，就在伊东甲子太郎开始紧锣密鼓地策划起集体大逃亡计划的时候，意外发生了。

3月，在一个风和日丽的早上，近藤勇正在吃着早饭喝着汤，这时候走进来一个人，报告了一个令人震惊的消息：

山南敬助走了，确切地说，是逃走。时间应该是前一天的晚上。

要说自新选组成立之后，即便是立下了死规矩规定擅自脱逃者切腹，但逃走的情况还是络绎不绝，可像他这样从试卫馆时代便一直跟着近藤勇的老前辈老干部，自行逃走，那还真是头一回。

情急之下，近藤勇下令开会。

"这是逃走。"在听完报告之后，土方岁三说道。

伊东甲子太郎惊呆了。他怎么走了？

但不管怎么说，事情既然已经定性为逃走，那下一步就该是把人给抓回来，近藤勇叫来了冲田总司，打算让他去。

"不去。"冲田拒绝得非常干脆利落。

山南敬助对于从小就跟父母分别的总司来说，更像一个兄长，他当然不愿意亲自把这么一个人给逮了送回来，看着他切腹。

近藤勇明白总司的心思，慢慢开口说道："山南那家伙，逃走的

246

目的地肯定是江户。如果要到江户，有两条路可走，一条是中山道，一条是东海道。可不管走哪条，都铁定要经过草津（今滋贺县大津市）。你只要追到那里，如果没有发现踪迹，就回来吧。"

总司会意，骑上马便慢悠悠地走了。

接着，大家开始很疑惑地思考起一个问题：山南敬助逃走的理由是什么？

这个问题至今依然争论不休，因为就当时的情况来看，实在是找不出一个合适的理由来解释这哥们儿为何突然之间就不辞而别。

就资格而言，他是元老；就地位而言，他是仅次于局长近藤勇、副长土方岁三的第三把交椅；就人际关系来看的话，他是被誉为新选组内近乎罕见的性格温柔善良之人。如此一个久经考验且群众关系良好的同志，怎么可能干出这种严重违背组织纪律的事儿呢？

一般的说法是自近藤勇坐上了新选组的最高位置之后，山南敬助和土方岁三的关系莫名地就变得很差了，不但在池田屋一事中，两人产生了巨大的分歧，山南还一改往日斯文人形象对着土方吼了一嗓子。在之后新选组的屯所搬迁等事情中，两人也数度发生了激烈的争执，可每次争执的结果都是以土方岁三得逞而告终。不仅如此，他还变本加厉、得寸进尺地处处挑衅。对此，山南敬助觉得自己再混下去也没意思了，还不如一走了之，也就是说，他等于是被土方岁三给逼走了一样。

对此我的看法是，事情确实都是真事儿，这两人的确是大吵三六九，小吵天天有，但每次吵架清一色的都是为了工作，没有一次是私怨，而且以山南敬助的器量来看，还不至于为了这种事情，搭上自己的性命也要逃走吧？

至于被土方岁三给逼走，那更是相当扯淡的说法，两个人的感情是不是真的互相讨厌，这个我们放到后面再说。

山南敬助选择脱走的真正原因其实只有一个：他累了。

247

是心累。

其实这个人在新选组里活得很痛苦，首先因为他是尊攘派，和新选组这种铁杆佐幕组织如油水般不相容，尤其是在目睹了幕府的种种恶行之后，一回头又看到近藤勇在那里各种拥护将军，那种感觉简直无法用语言来形容。

可是，山南敬助在厌恶幕府的同时，却又深爱着新选组。

无论是谁都能坦诚相对的近藤勇，拥有十足谋略、外凶内柔的土方岁三，阳光和善的冲田总司，头大无脑却又无比靠谱的原田左之助，看似放荡不羁实际却比谁都要严谨认真的永仓新八，身为队长但对每一个队员都像自家孩子一般的老好人井上源三郎。从试卫馆一路走来，这些人对于山南敬助而言，是同僚，也是朋友，更是家人。

新选组是家。

我相信无论是谁如果常年生活在这种矛盾的环境中，都会痛苦甚至发疯，山南也不例外。

他真的累了。

他选择了离开。

再说冲田总司骑了匹他特意挑选的老弱病残马慢吞吞地往东走，原本要一天的路他走了三天，终于抵达了草津。在一阵漫不经心的假装探看之后，他惊讶万分地看到了山南敬助以及明里，就是山南之前撩到的那个妹子，原先是个艺妓，后来被山南赎了身，两人成了一对。

此时小两口正在野花丛中看花，明里采了一大捧跑到山南敬助跟前："你看，这菜花开得多漂亮啊。"

"这不是菜花，这是水仙花，在这个季节，菜花是绝对不会开的。"

"总有一两朵开的吧？"

"绝对不可能的，因为不是开放的季节啊。"

冲田总司愣住了，他不知道现在应该是真的把山南敬助给带回去呢，还是装作没看见掉头就回去。正在犹豫中，山南敬助也抬头看到了他："冲田君，我在这里。"

那就没办法了，只得带回去了。

三人一起回到了京都，山南将明里安顿好之后，便跟着冲田总司回到了屯所。

近藤勇看到他的第一句话是："你为什么回来？"

山南只是笑，却并没有回答。

我相信这也是所有人想问的问题：为什么会回来？

因为他太爱新选组了。

不是说因为爱所以特地回来送死，而是山南敬助知道，伊东甲子太郎必然会在天狗党众人被问斩后有所行动。为了震慑这位有足够智谋和人望但行事谨慎的参谋，山南特意回来切腹，只为了告诉伊东：在新选组，无论是谁，只要违背局中法度，那么下场必然就是死路一条。

这是他作为总长的最后工作。

3 月 20 日晚上 8 点，山南敬助穿上了浅葱色的死装束，独自静静地正坐在一间空旷的广间里。突然，屋子角落的格子窗边有人在轻轻叫着他的名字。

山南走了过去将窗户给拉开，发现是明里。

"你怎么会在这里？不是让你待在客栈别出来么？过两天我会去找你的。"

明里气喘吁吁地满头是汗，却也顾不得擦一下，举起了手里的东西："你看，这是什么花？"

仔细看了一会儿之后，山南敬助笑了："是菜花。"

明里也笑了："我说的吧，就算是在这个季节里，还是会有一朵两朵开着的嘛。"

两人的手一直紧紧拉在一起，山南说的最多的一句话就是："过两天我就会去找你的，那个时候再带你回江户吧。"

明里只是笑着点头，一脸幸福的样子。

按常理来说，山南敬助都算是临刑前了，一般不太可能让他开个小窗跟人私聊，但这次确实是近藤勇特别许可的，时间被规定在半个小时之内。

很快，30分钟就过了，一个新选组的队士走到了明里的身边，示意她准备离开。山南敬助缓缓将格子窗给关了起来："我过两天就去找你。"

"嗯。"

格子窗被完全合拢了。

广间内，近藤勇、土方岁三等新选组高层也纷纷到场了，他们将亲眼看着山南敬助切腹，作为这次仪式的见证人。

因为切腹之后人不会马上死去，而是会很痛苦地挣扎数个小时才能因失血过多而亡。为了减少这种不必要的痛苦，所以在切腹人将刀把肚子划开的那一瞬间，安排一个人将其头颅砍下，这个人，被叫做介错。

此次的介错担当者，是冲田总司。这是山南敬助亲口对近藤勇拜托的。

晚上10点左右，切腹正式开始。

山南敬助先是低头行礼，然后正坐着将礼服缓缓褪去，露出胸膛、腹部，接着又拿起了摆放在跟前的胁差，用怀纸慢慢将其包好。因为在切开腹部的那一瞬间，鲜血将会大量喷出，吸水性良好的怀纸能将其有效地吸收，不至于让地板上留有一摊一摊难看的血迹。

最后，他又将原本用来放胁差的一个高度为30厘米的木匣子垫在了身后，这是为了在最后倒地的那一刻让身体向前倾地倒下，如果仰面摔下去的话是非常难看、有失礼仪的。

一切准备完毕，山南敬助举起了胁差，将其对准了左腹。

"当我叫你的时候，你就动手。"他对身后的冲田总司说道。

深深吸了一口气之后，刀被猛地刺入了肚子，顿时山南痛得满头

250

是汗，青筋爆出。他咬着牙将刀缓缓向右拉去，切开了一条口子，再把刀往左拉了回去。完成了这一动作之后，已经面部发青的山南艰难地将嘴巴微微张开："冲田……"

冲田总司将手里的刀高高举起，一刀下去……

新选组总长山南敬助就此切腹身亡，时年33岁。

那天夜里，队士们发现被誉为鬼副长的土方岁三，在自己房间里捶地痛哭。

在离切腹还有数个小时的时候，土方去看过一次山南，两个人互相对看，谁也不说一句话，最后还是山南先开了口：

"你不必感到有什么内疚或者不安，因为你做得对，如果放过我的话，那么新选组的纪律将会被扰乱。如果我受到了应有的处罚，那么将会更好地团结新选组，这是我作为总长最后的工作。"

土方岁三一言不发，默默走了出去。

"山之南，水之北，春之月。"

这是土方写的一句俳句。山之南，水之北，说的是白河（福岛县南部）以北仙台出身的山南敬助，春之月则是春天的月景，那是土方岁三最爱的景色。

其实，他是非常非常喜欢山南敬助的。

说起来日本的NHK电视台每年都会播放一部历史长篇电视连续剧，因"历史如同滚滚长河一般向前流淌"故而取名为大河剧。

平成十六年（2004年）的大河剧正巧放的是《新选组》，当播放到山南敬助切腹的那一集时，数以千万的观众给电视台来电来信，纷纷要求"不要杀死山南先生！""请让山南敬助再活下去吧！"这样既天真又无理的要求。

面对这种类似于播《三国演义》你写信要求别让诸葛亮死在五丈原的请求，电视台当然是拒绝了。

作为一部历史剧，大河剧从1963年开播到现在已经快半个世纪了。

251

在这将近50年的岁月里，出现在剧中的历史人物压根没法数清，可享受着被观众强烈要求"即便是违背历史也要让他活下去"这种待遇的，只有山南敬助一个。

这就叫民心所向吧。

山南敬助之死，给京都地区带来了一次不小的震撼。一时民间众说纷纭，主要是关于土方岁三的，说他杀人不眨眼，说他肃清同伴不手软，等等。之前就有广大不明真相的群众给他起了个鬼副长的荣誉称号了，现在更是传得离谱，就差说他挖人心、喝人血了。

新选组内部也太平多了，几乎没什么擅自逃跑的人了，大家都怕了，连山南敬助都杀，这杀自己还不是小菜么？

伊东甲子太郎吓得瑟瑟发抖，果不其然地取消了原先想搞的大行动。

然而，这只是暂时取消。

他确实很敬佩山南敬助的为人，同时作为新选组里为数不多的文化人又凑巧都是尊攘派，两个人的关系也的确相当不错，很谈得来。

所以在山南切腹的同时，伊东开始讨厌上了新选组。

252

第十六章

南浜之龙

庆应元年（1865 年）5 月（当年 4 月孝明天皇改年号为庆应），德川家茂再一次抵达了京都，他是来请天皇圣旨，准备再一次讨伐长州。按理说这事儿应该相当容易，毕竟长州藩又是朝敌又是不受欢迎的人；而且，按照上一次的经验，奏折上去不过三五天，朝廷就颁下了圣旨，这一次自然也不会差。

然而意外偏偏就这么发生了，德川家茂亲自去了皇宫，见了天皇，然后上下请公家们打点吃饭洗个桑拿之类的，该做的一切都做了，可圣旨就是不下来。

他有点着急，让人去皇宫里探探口风什么的，可也没弄出个所以然来。又过了几天，圣旨总算是下了，说不让去。

天皇的意思比较明确，说是幕府上次都已经教训过长州藩了，杀了人家的家老，还砸了人家的城堡，意思意思也就行了，得饶人处且饶人，这一次就以德服人算了。

德川家茂非常纳闷，怎么这天皇对长州的态度一下子就转变了？他一边纳闷，一边继续让人不断上奏请求，自己则先离京返回了江户。

这事儿确实看着有些不可思议，其实真的说起来也就那么回事儿——有人在背后给长州说好话了。干这事儿的是萨摩藩。

要说萨摩藩在八一八、禁门之变的时候把长州藩弄得那叫一个惨。上一次征讨长州的时候，也是萨摩出身的参谋西乡隆盛提出了让长州

253

砸城堡的建议，两家的关系基本可以用不共戴天来形容，怎么现在萨摩居然会帮着长州说好话了呢？

唯一的解释就是，两藩在私下进行着某种沟通，而促成这种沟通的，是一个土佐脱藩的藩士，他的名字叫坂本龙马。

说起这个人，他在日本众多历史人物中，知名度、人气等项目里，长期保持在前十名左右，跟德川家康、丰臣秀吉是属于同一级别的。

坂本龙马出生在一个土佐的乡士家庭中。所谓乡士，虽说是武士的一种，但要比一般的武士地位低，通常都是混迹于乡下农村，故此得名。他们家虽说地位比较低，但却特别有钱，是搞实业的，分别开了一个当铺、一家酒店和一间和服店。

换句话讲，他们家其实是商人，有了几个钱之后，想买一个统治阶级也就是武士的身份，所以出了点钱，变成了乡士。

他们坂本家的家徽也比较有意思，是组立桔梗花。用桔梗花来做家徽的，不管是蓝色桔梗、水色桔梗、组立桔梗，一般都出自于一个家族，那就是清河源氏的土岐分流。土岐分流中，在战国时代出过一个特有名的家伙，他叫明智光秀，就是发动本能寺叛乱把织田信长给捣鼓死的那位。

且说光秀在弄死了信长之后，被丰臣秀吉击败于天王山，兵败逃走的途中，遭到了当地农民的袭击，被竹枪给扎成了重伤，不得已切腹自尽了。

秀吉在打败了光秀之后，对明智家也进行了大清洗，但凡跟光秀沾亲带故的，基本上就是一个杀字。在这种情况下，明智光秀的女婿，明智左马介秀满的一个儿子，只身逃亡至四国岛的土佐（高知县内），并且在那里安家落户、生儿育女。当然，明智这个姓是肯定不能再取了，于是他把自己的姓改成了坂本，因为明智光秀在最开始的时候，是织田家坂本城的城主。

这就是土佐坂本家的来历，也就是说，坂本龙马的祖宗其实是明智光秀。

不过这位日本第一的大名人小时候却并没有拥有什么特别出彩的童年，虽说是个男孩子，但却非常喜欢哭，经常被邻居家的孩子一拳头打得抹着眼泪跑回家去了，而且还有一个相当不好的习惯——尿床，到了七八岁人家小孩子都能上街打酱油了他还晚上睡觉画地图。再大了一点，家里送他去上学，结果没读了几天书，就因为学习成绩实在是太烂了而被学校拒之门外。

总之，龙马小时候是集合了爱哭鬼、尿床王、差生之类于一身的倒霉孩子。

据说爱因斯坦小时候做出很拙劣的桌子的那个典故其实是胡诌的，但坂本龙马的却不是，他是实实在在的一个笨小孩，所以也说明了，不管在哪个年头，其实都不流行"三岁看到老"这句话。

笨小孩在17岁的时候，去江户学习北辰一刀流的剑法，也就是跟山南敬助做了同门，不过两人并不熟，仅限于见面的时候点个头、打个招呼的地步。学了半年之后，打架水平并不见长，连普通的小流氓都拿不下，所以便暂时退出不学了。同年，他来到了佐久间象山处学习国学，这一次也没能坚持多长时间，就回土佐老家了。

在家乡混了一年半载之后，龙马再一次回到了江户的北辰一刀流道馆，接着学习剑术。在此期间，他结识了日本著名画家川田小龙。因为小龙曾经跟美国人的翻译打过不少交道，所以借着这个机会龙马知道了不少关于西洋的事情。

又过了两年的时间，龙马在安政五年（1858年）的时候总算是拿到了北辰一刀流的资格证书。

由于家里有钱人也大方，所以在江户的这段日子里，龙马交到了不少朋友。大家伙跟着他又吃又喝又玩的，还自发成立了一个土佐乡士帮，但凡土佐的乡士都是帮派成员，然后推他做了老大。

做了大哥的龙马依旧保持着笨小孩的本性，特别讲义气，为了小弟什么都敢干，要论情义、搏感情，他绝对是土佐的第一等。

曾经发生过这么一件事儿：有个叫山本琢磨的土佐乡士，有一天喝醉了酒在路上走，走着走着就捡到了一块金灿灿的怀表。那年头怀表是舶来品，日本自己造不出来，而且多半都是纯金纯银之类的贵金属打造而成，所以特别值钱。山本琢磨本来就有点醉，然后又看着这金光闪闪的玩意儿一时间被蒙蔽了良心，把它给卖了换钱，继续喝酒去了。

估计是第一次干这事儿，销赃的时候不太利索，被人给发现了。这种行为在当时对于武士来说是绝对不能有的，算得上是偷人东西了。所以土佐藩的上头特别恼火，准备下令把山本琢磨抓起来严加处理。走投无路的他想到了老大坂本龙马，连夜赶去投靠，希望自己的老大帮帮忙，拉小弟一把。

龙马想了一会儿，表示你的事儿就是我的事儿，包我身上了。

在他的安排下，山本琢磨顺利逃出了江户，然后一直往北走，一走就走到了北海道。当年的北海道叫做虾夷，听这名字就知道不是什么好地方了。在那里居住的，除了一小部分日本的大和民族之外，更多的则是当地的原住民，也就是今天日本的少数民族阿伊努人。在那会儿阿伊努人还是过着比较原始、比较野蛮的生活的，所以唯一坐落在北海道的藩国松前藩也就仅仅在那里的最南部、最靠近本州列岛的地方造了一座城，和原住民们保持着圈较远的距离。

山本琢磨在北海道落户之后，混得尽管不怎么样但好歹也没人追杀他了，甚至连他之前犯过什么事儿都没人来过问了。在这种情况下，他结识了当地箱馆神宫的宫司，还把人家的女儿骗到了手，成了别人家的上门女婿。这座箱馆神宫就是今天北海道的山上大神宫。

龙马老大的拉风生活一过就是三四年，一开始在江户，后来又回到了土佐。正当他觉得这种大少爷兼老大的风流快活日子过一辈子都不嫌长的时候，发生了一件彻底打破他人生观、世界观的事情。

256

文久元年（1861 年）3 月 4 日的晚上，土佐的上士山田广卫和益永繁斋在酒店里喝了会儿小酒醉醺醺地就走出了门准备回家。

所谓上士，就是正儿八经的藩士，他们和乡士相对，后者是地位比较低的乡下武士，而前者则是地位较高的城里武士。虽说大家都是武士，但等级不一样，待遇地位也不一样。乡士虽说有名字还能带刀，但是不让穿鞋，平时只能赤着脚在地上走，跟农民是一样的，而且也不给穿丝绸衣服。说白了，他们就是有姓名、能挎刀的农民。

再说山田广卫他们歪歪斜斜地走在回家的半道儿上，被匆匆路过的土佐乡士中平忠次郎给撞了一下。本来这事儿压根就不是个事儿，你说我撞了你一下又能怎么地，谁也不少块肉谁也不掉一根毛的，但偏偏山田广卫一看对方光着个脚丫子还挎着个破刀，就知道是乡士了，便借着酒劲开始破口大骂。

中平忠次郎还是比较识相的，他知道是自己先撞了人家，于是默默忍受着辱骂还给对方鞠躬道歉。可山田广卫却不依不饶，不但越骂越难听，还把刀拔了出来想要砍人。

一看这架势，中平忠次郎也顾不上什么上士乡士了，也拔出了刀来准备自卫。两人就这么互相砍了起来。山田广卫武功高强，在藩内素有鬼山田之称，而且又喝了酒，人胆也壮了不少，刷刷几刀子就把中平忠次郎给砍倒在了血泊之中。

很快，忠次郎的朋友宇贺喜久马和他的哥哥池田寅之进赶到了现场，尽管两人是以最快的速度在第一时间里到达的，但依然是晚来了一步，等待他们的只有忠次郎那冰冷的尸体。

怒火万丈的两人开始四处寻找凶手的影子，没多久他们就看到了在河边漫不经心还哼着小曲儿在洗刀上血迹的山田广卫。

池田寅之进二话不说，拔出刀子冲上前去就是背后一刀，没防备的山田广卫就这么被砍死了。随后，两人又打着灯笼找到了益永繁斋，把他也给砍死了。

第二天早上，这事儿就传得整个土佐藩尽人皆知了。上士们和乡士们都自发地各自聚集起来，其中上士的集合点是山田广卫的家，乡士们则都来到了池田寅之进家的院子里集合。

双方互相都叫嚷着要去砍死对方，一场大规模的械斗群殴事件一触即发。

当时，乡士们的老大自然是我们的龙马大哥，而上士的头头，是一个叫吉田东洋的人。

吉田东洋是土佐藩的重臣，藩主山内容堂身边的大红人。他提倡改革藩政并且一直在努力跟外国人接触，还打算引进西洋的武器和军制，是当时相当有名的开国派。

他对于此事的处理意见比较简单，就是希望把两个杀掉山田广卫和益永繁斋的凶手给交出来，然后大家就散了，该干吗干吗去。

对此，龙马的态度也很明确，这两个小弟他是保定了。不仅如此，他还亲口告诉几个来听取意见的上士："如果吉田大人执意要取走他们的性命的话，那我们这些人就算是豁出命来也要跟你拼上一拼的。如果你们不怕的话，那就尽管来，我们打到土佐藩天崩地裂为止！"

一看龙哥这拼命架势，对方的上士也不吭声了，只得灰溜溜地撤了回去。

于是大家接下来又各自为营地吵嚷起来，特别是乡士阵营，气氛特别激烈，有说要找上士们去拼个命、讨个公道的，也有的已经过了刚来那会儿的冲动劲儿，开始为接下来的事情担忧起来，毕竟自己也就是个乡下武士，真要跟上面抗衡起来，自己死了倒也无所谓，老婆孩子怎么办？这一大家子还得靠自己养活呢。

就在这个时候，池田家的院子里冲进来一个人，他是乡士武市半平太，龙马的好朋友。

此人一进门就嚷开了，说是池田寅之进的做法非常不妥，十分不妥，是一种非常没大脑的行为。

面对好友的指责，龙马理直气壮地反驳道："讨杀仇人是武士的本分，这么做如何不妥了？"

"他是武士么？"武市半平太同样理直气壮地反问道。

刚想回答怎么不是的龙马突然愣住了，他一时间不知道该怎么说才好。

是啊，乡士真的是武士么？如果不是武士，为什么能跟武士一样挎刀，拥有姓氏呢？可如果是武士，为什么还要受上士们的欺负，连鞋子都不让自己穿呢？

也不用说武士了，即便是农民、商人，大家谁不是娘生爹养先生教的呢？凭什么我看到你就得鞠躬 90 度，撞了你一下就得被你砍，还不带还手不让报仇的？

这问题不出在上士身上，也不出在乡士身上，而是这个国家——日本，它本身就有问题。如果不把问题解决了，今后类似的事情还是一样会发生，不是么？

趁着龙马发愣的当儿，大家开始更加激烈地讨论起来了，不过因为武市半平太的出现，更多的人转向了指责池田寅之进的行列中。在大家的反复问候下，本来就压力特大的池田同志一下子精神崩溃了，他拔出了腰间的短刀猛地往肚子上扎去，当场就倒在了血泊之中人事不省，最终因失血过多而导致了死亡。尽管如此，上士方面仍旧不依不饶，他们要求另一个当事人宇贺喜久马也要切腹。对此，龙马的回答是，这家伙年纪还太轻，杀了可惜，更何况虽说他在场，但是从头到尾都是池田寅之进在动手杀人，他连刀柄都没怎么碰过，可以说是半点关系都没有，所以完全不必把人家往死路上逼。

就在大家再次进入了僵持阶段的时候，吉田东洋派人传话来了。内容很简练，但让龙马很震惊。吉田东洋让人对龙马说，如果你不把宇贺喜久马交出来，我今天就把你们这群人全都给解决了，你信不信？

龙马说我信，他知道吉田东洋在土佐的地位，也知道他完全有能

259

力做出这种事情。

最终结果是，宇贺喜久马被迫切腹自尽。也不知道是巧合还是吉田东洋缺德，这负责介错的居然是喜久马的亲哥哥宇贺己之助。当砍下弟弟的人头之后，哥哥因为受了太大的刺激从而得上了精神病，一辈子都在疯疯癫癫中度过。

事情发生之后，乡士们都愤怒了，其中最愤怒的还是坂本龙马。他放出狠话来要保这两人的性命，结果一个都没保住，不但让他很没面子，更重要的是，让他那强烈的自尊心深深受到了刺激。

同时感到不爽的还有那位武市半平太，尽管他很冷静地看到了问题的根源，但依然不爽。

事发半年后，他组建了尊攘性质的组织——土佐勤王党，这第一个加入的成员就是坂本龙马。他们决定用尊攘的形式来推翻现有的制度，彻底改变日本。

这第一个攘的对象，就是吉田东洋。

文久二年（1862年）4月，吉田东洋走在半道儿上的时候被一群神秘人物团团包围，连中数刀后当场死亡。

这事儿不用猜也知道是坂本龙马干的，就算他不是主刀那也多半是个主谋，所以事发之后，龙马非常识相地去了九州避风头，然后又辗转来到了江户。不过他依然不太平，仍想着去攘个夷什么的搞搞天诛活动，最好是杀几个大日奸为国除害。

挑来挑去，他选中了当时地位基本上算得上是幕府第一的大日奸，海军奉行胜海舟。

说干就干，在一个月黑风高的晚上，坂本龙马潜入了胜海舟家，打算趁着人家睡着的时候摸黑找到，接着一刀送他上路。

虽说没费多大功夫就找到了，但胜海舟并没有睡，他穿着个睡衣坐着在看书。

龙马抽出刀子一脚把纸质的拉门给踢飞："奸贼胜海舟，受死吧！

260

天诛！"

胜海舟只是微微一笑，似乎对于这场灾难并不感到意外："你不必这么着急赶着动手吧？"

龙马一愣，看这样子，对方似乎有话要说。

"如果你有遗言的话就说吧，我会仔细听的，然后帮你传达给你想传达的人。"

胜海舟依然保持着笑容："你为什么要杀我呢？"

"因为你卖国。"

"我卖国？难道说引进西洋的先进武器和技术，就是卖国么？"

"难道这不是卖国么？"龙马觉得很奇怪。

"好，姑且我这就算是卖国了，那么还有一个问题要问你，你把我杀了，难道就能保证再也没有人像我这样地卖国么？"

龙马一听就笑了，那还不简单？谁敢卖国就砍死谁呗，谁让咱干的就是尊王攘夷呢。

胜海舟还是一副笑脸："说得倒确实简单，可是你想过没有，今天你砍的是我，我不会反抗，可你明天要砍到了一个高手，人家就会也来砍你。大家这样你砍我，我砍你，整个日本到处都是日本人互砍的景象，如此一来，最得益的是谁呢？"

龙马不笑了，他想了想后做出了回答："是那些想着占领我们的夷国人。"

"日本如果要有所发展的话，不但要学习必要的西洋先进知识，而且还必须要团结。如果日本人和日本人之间互相残杀，那么这个国家是不会有前途的。"

胜海舟收起了笑容，正色说了上面那段话，就听得"哐当"一声，坂本龙马将手里的刀一丢，跪在了地上："胜先生，我错了。"

倒也不是说胜海舟多么能言善辩，而是坂本龙马这个笨小孩特别容易改变自己的想法，用中国话来讲叫做从善如流。

261

在很多年之后，有一次西乡隆盛碰上坂本龙马的时候对他说："你这家伙今天这个想法，明天那个想法，后天又不知道是什么想法了，再后天搞不好就没想法了，你让我们怎么信你啊？你作为一个武士，最起码要有坚定的信念吧？"

坂本龙马连连摇头："不对不对，话不能这么说，这子曾经日过的'君子从时'，就是说，时间在不断向前推移，天下的形势在不断发生着变化。真正的武士，就应该顺应时代的潮流，像你这样一旦决定了某些事儿之后就想着一辈子贯彻它，总有一天是要跟时代脱节的。"

西乡隆盛听得是彻底没了想法。

话再说回胜海舟那边，在他的推荐下，坂本龙马来到了神户海军塾学习，并且光荣地成为了一名塾头，也就是班长。神户海军塾是日本的第一所海军学校。接着，龙马又跟胜海舟一起搞起了神户海军操练所，那是日本第一个海军兵工厂。

在这里插一句，在造兵工厂的时候，胜海舟大肆收购了周围的地皮，并且还劝说亲朋好友一块儿买，但大家都觉得这种投资无异于往海里丢钱，因为当时的神户仅仅就是一个小渔村儿。不想这些海军学校海军兵工厂之类的玩意儿一造好，神户立刻就迅速发展成了一个港口城市，地价也是涨了再涨，胜海舟为此大发了一笔。

在海军操练所里，坂本龙马学习了军舰的建造以及如何开军舰，有空的时候也去江户京都住上几个月，指导指导土佐勤王党的日常工作，日子混得是相当的舒坦。不过很快，这种好日子就到头了。八一八事变发生后，幕府开始大力取缔尊攘组织，土佐勤王党也名列其中，受到了幕府和土佐藩的双重打击，很快就陷入了崩溃的状态。

对此，龙马很快就想出了一个好对策，他向武市半平太提议，联系各地尊攘派，大家一起来个集体迁移，换一个地方当大本营。

武市半平太觉得这话有点道理，忙问大本营的地点你想好了没有。

龙马胸有成竹地拍了拍胸，说了句："你看！"

虽说武市半平太总觉得今天的龙马看着有点别扭，但具体别扭在哪儿还真不好说，在听了龙马的话之后，他开始仔仔细细地看了看对方，发现问题出在衣服上。那小子穿了一件貌似在哪儿见过的花衣服，头上还绑了一根花花的宽头带。

半平太半晌没说话，他认真回想了好一会儿，总算是想起来了，自己多年前在一本画册上看到过这种服装，这画册的主要内容是虾夷地的风俗人情。虾夷就是北海道，我们之前说过。

莫非，龙马想把大伙给整北海道去？大家从此往后远离大都市，住在那原始森林里，和阿伊努人为邻，与狗熊做伴，整天打猎穿着这身奇装异服的搞尊王攘夷？

龙马一边点头一边笑，表示自己就是这个意思。当然，道理也很充分，北海道天高皇帝远，别说你在那里玩尊攘，就算玩得再大一点，只要不是明目张胆地造反，估计都不会有人来管。

因为这个计划太大胆了，所以武市半平太一时半会儿也不敢拍板，只得说让大家讨论讨论，如果可行的话那就即刻启程。

说是这么说，但最终也没讨论上，因为发生了池田屋事件，大家都被差不多杀光了。别说北海道了，能活着两条腿走道儿就已经不错了。这事儿自然只能不了了之了。

池田屋事件中，坂本龙马的好朋友望月龟弥太在请求长州藩增援被拒之后，切腹了。这件事情给了他相当大的打击，据说当听到朋友的死讯之后，坂本龙马倚坐窗前，默不作声地看着天上的月亮，整整一晚上都没入睡。

然而，这仅仅只是一个开始。在不久之后发生的禁门之变里，大批曾经在海军塾里学习过以及海军塾的长州藩在校生加入了自己家乡的队伍，和幕府干起了架。最终结果是他们中的大多数都战死了。

坂本龙马失去了一批朋友。不仅如此，海军塾和海军操练所也因此受到了牵连，被迫关闭，胜海舟也被撤职，所以龙马只能凭着一封他那位胜先生的推荐信，来到了萨摩驻江户的府邸，暂时寄身在那儿。

好在萨摩藩在江户的主要负责人西乡隆盛为人慷慨大方，跟龙马关系很好。在这段时间里，龙马在反复思考着一个问题——日本的未来终将变成什么样子？

照现在这个样子看，成天就是长州藩杀幕府，新选组杀长州，萨摩藩帮着会津藩一起杀尊攘派，整个日本列岛的大家伙无不沉浸在同胞间的互相残杀之中，还美名曰精忠报国，尊王攘夷。

但这种所谓的报国却并没有给国家带来任何好处；相反，列强要求开的港口一年一年地在增加，长州藩又被列强给揍了一顿。洋人利用日本银价低于国际市场的状况，大肆收购日本的金银，导致了财富大量外流，国内金银价格大肆上涨，物价也随之飙升。这一切的一切，都没能因为杀几个日奸甚至于杀几个外国人而解决。

坂本龙马想到了那天深夜，胜海舟对他说的话。他清楚地认识到，如果要想让日本摆脱现在的困境，需要解决很多事情，但是最重要、最首要的，就是让日本人团结起来，不能再发生同胞和同胞之间的流血事件了。

团结说说很简单，也就两个字，但做起来却是相当困难，因为在当时，日本人并不把日本人当同胞。

话说，在那个年头的日本，大家基本上都是以自己的藩国为单位介绍自己的，不管是对日本人还是对外国人也好，比如说西乡隆盛，当他介绍自己的时候就会说，我叫西乡隆盛，萨摩人；而桂小五郎的话自然就说自己是长州人了。现在坂本龙马出来了，原本该说土佐人的他，却改了口：我叫坂本龙马，是日本人。

他希望将所有日本人的本土观给统一起来，大家不再是萨摩人、仙台人、会津人，而是有一个共同的身份——日本人。

不过具体的实施操作办法，坂本龙马却还没有想到。此刻的他，打算先从基本的做起，比如在团结全日本人民之前，先把萨摩和长州给团结起来，让他们结盟。

因为这两藩是日本除了幕府之外最具实力的藩国，如果他们互相掐架谁也不服谁的话，那么全国都别想太平了。正所谓团结两个典型给大家做榜样，剩下的工作自然也就好做了。

但这事儿实在是不靠谱，两家人刚刚打得头破血流的，西乡隆盛还亲自去让毛利敬亲砸了山口城，能够让他们保持面子上的和平就已经算得上是上上大吉了，这结盟几乎等同于天方夜谭。

不过，在坂本龙马的不懈努力下，长州藩重臣桂小五郎表示，自己可以跟萨摩方面的负责人西乡隆盛见个面吃个饭啥的，但是，仅限于西乡隆盛，其他的阿猫阿狗恕不接待。

西乡隆盛则相当大度地表示，别说去见见桂小五郎了，就是毛利小五郎，也无所谓。

约会的地点定在长州的山口城。这一天，桂小五郎早早就等在了会议室里候着萨摩人。不多时，组织者坂本龙马也到了，打过了招呼之后便挑了个地方坐了下来。又过了大概一刻钟，手下来报说，萨摩的客人们到了。桂小五郎连忙命令请他们进来。

走进来一个操着萨摩方言，约莫二十四五岁的年轻人，桂小五郎看着他，第一个反应是，西乡隆盛减肥了？第二个反应是他反应过来了：这家伙压根就不是西乡。

"西乡殿下呢？西乡殿下为何不来？"他立刻质问起眼前的那个年轻人来。

"西乡大人他来不了了。"

"来不了？来不了是什么意思？"坂本龙马也觉得奇怪了起来。

"是这样的……我们途中还是在一起的，可他突然就接到了上头的命令，回京都去了。说是京都的形势很不稳定，将军又要上洛了之类，所以就不来了。"那位年轻人回答道。

这一看就知道是西乡隆盛不想去长州，跑半道儿上找了个借口开

265

溜了。不过要说这借口还真够蹩脚的，毕竟京都形势不好已经不是这一天两天的事儿了，你西乡隆盛弄得好像现在才知道似的急急忙忙赶回去，一副维护京都治安、大有抢新选组饭碗的势头，这也装得太假了。你要说在京都的老婆要生孩子了，那都比现在的借口强。

坂本龙马算是无语了，一手扶着额头一边开始叹息。

"桂大人，西乡大人临走之前对我说，务必请您来京都一趟，他想见您。"那位年轻的萨摩武士一看气氛有点不太对，立刻俯身行礼对桂小五郎说道。

活了半辈子，以放人鸽子和逃跑著称的跑路小五郎，这次被别人给放了鸽子，心里非常不爽，但还是强忍不快，摆出一副特别难看的笑脸说道："其实我也不是不知道西乡殿下在想些什么，他不就是想试探我们长州的态度么？可又何必要用这种方式呢？说实话，我还没受过如此的侮辱！"

这真是实话，你说一个专放别人鸽子的人被放鸽子，就好像杀猪的给猪咬了一样，能不是侮辱么？

气氛一下子变得特别凝重，连平素头大无脑的坂本龙马都能看出来，再这么下去估计要上演全武行了。

可那位年轻的萨摩藩士却好像完全没看出桂小五郎的怒火，依然不卑不亢地行了一个礼："西乡大人非常希望跟您在京都相会，他在那里等着您。"

桂小五郎再也忍不住了，他怒喝一声："为什么我得上京都去见他而不是他来见我？！"

对方笑了笑，又行了个礼："这是为了萨摩和长州。"

桂小五郎语塞。

毕竟现在的情况是对长州不利，萨摩跟着幕府混，天天吃香的喝辣的，眼瞅着两家一起出兵就要杀奔长州而来了，要是再计较谁去谁那里会谈恐怕长州藩都得灭藩了。

266

所以，小五郎恨恨地看了眼前的这个萨摩人一眼，拂袖而去。

不过临走之前，他还是问了句："你叫什么？"

"黑田了介。"

这就是日本明治政府第二任内阁总理大臣黑田清隆。

其实萨摩和长州都挺想跟对方结盟的，但有一样东西使得两家都不得不装出一副无所谓的姿态，那就是面子。

萨摩人觉得自己跟着幕府、傍着天皇呼风唤雨说啥就是啥，现在居然要千里迢迢地跑长州乡下去接受你桂小五郎的接见，而且还限定西乡隆盛，这多没面子啊？不去！

长州人觉得自己从来都是硬骨头，连向幕府都不曾低头过，这次要是向你萨摩示弱，那岂不是丢人丢大发了？让我去京都见你家西乡隆盛？扯淡！

正所谓死要面子活受罪，说的就是他们。

对此，坂本龙马的评价是非常无奈："看他们一个个傻大个的样儿，做出来的事情却像小孩子赌气一般。"

这句话当场就把他女朋友龙子笑得前俯后仰。

不过气话归气话说，这事儿也不能撒手不管。坂本龙马整天都陷入了苦思冥想之后，考虑着如何能让萨长两藩放弃所谓的面子，走到一起来谈判。

之所以那么拼命，因为龙马知道，撇开团结同胞这个冠冕堂皇的理由不说，如果萨长两家不友好不结盟的话，整个日本都会有危险。

幕府要征讨长州，只有两个结果：一个就是幕府胜，一个就是长州胜。如果幕府胜利了，那么自然长州就灭藩了，日本将回到德川时代初期由幕府重新牢牢掌握全国的年代，而他们下一个要灭的目标，不说百分百，至少百分之九十几是萨摩；反过来，如果长州胜了，那麻烦就更大了，幕府的权威将被彻底颠覆，天下必定内乱蜂起，到了那个时候也别说什么攘夷了，整个社会估计都得倒退回你打我、我打

267

你的战国时代。这种局面显然是坂本龙马不愿意看到的。

然而，他一连想了好几天都没能想出办法来，急得整天呆坐在宿屋里发愣。

宿屋就是旅馆，跟我们今天的公寓式酒店有些相似。你住在里面可以自己做饭洗衣服，房钱还能一个月一个月地交。当然你要一次给一年的份额也无所谓。

龙马住的宿屋叫做寺田屋，老板娘名字叫作登势，是个年近50的大妈。

这一天，登势大妈给龙马房间送东西的时候，又看到了愁眉不展的他，于是便问起了原因。

龙马没有明说，而是反问登势道：

"老板娘，如果你有一个仇人，特别特别深仇大恨的那种，要来住你的店，你会怎么办呢？"

登势想都不想就说："那当然是赶他走咯。"

"可如果他一定要住呢？无论如何都要住你这儿，其他的地方死活不肯去，你怎么办？"

这个问题把登势给难住了，她做了一辈子生意，讲究的是和气生财，从来也没得罪过谁，自然不会有什么仇人来住店，所以一时间很难回答龙马的这个怪问题。

想了好一会儿，登势大妈说道："那就给钱吧，多给钱，给我300两金子我就给他住一晚上。"

这话真够黑的，300两金子估计都能买她这栋楼了。

但是坂本龙马的眼睛却发亮了，他知道自己该怎么做了。

第二天，龙马来到了江户的萨摩藩邸，找到了西乡隆盛。一见面，他就露出了一副邪恶的笑容上下打量着对方。

西乡隆盛被看得有点发毛，便开口问道："坂本大人，你干吗呢？"

"嘿嘿，听说萨摩这几个月穷得都发不起工资了？"

268

西乡隆盛挺莫名的："你这都哪儿听来的谣言啊？别听见风就是雨的，我们萨摩的经济发展很迅速，萨摩人民情绪很稳定。"

龙马还是那副嘴脸："西乡大人，你就别骗我了，前几天我喝酒的时候还看到几个萨摩藩士欠着店老板好久的酒钱不肯还，说是等发了俸禄就给，怎么，事到如今你还想蒙我不成？"

西乡隆盛笑了笑："好好好，就算你说的是真的，那又如何？我们藩发不出工资那是我们藩的事儿，跟你一个土佐脱藩的浪人有什么关系？莫非，你能给我们发工资？"

"你答对了。"龙马说道。

西乡隆盛算是彻底纳闷了，虽说都知道他坂本家有钱，但也不至于有钱到能给一个藩的人补发拖欠工资吧？要知道，萨摩连着好几年都收成不太好，已经有个一年多没给足下面人的俸禄了。这么大的一个数额，他怎么给？拿什么给？

坂本龙马很明确地表示，你就别打我们家产业的主意了，我本来就不是长子，继承不了几个遗产，怎么可能再拿来分给你们？再说就算继承了，凭啥给你啊？别做梦了，发你们工资的另有其人。

西乡隆盛连忙问是谁。

"长州藩，他们已经连着好几年大丰收了，仓库里的大米吃都吃不完，你可以去找他们要。"

这个回答让西乡觉得有点冒火，明知道长州跟萨摩是仇人，却还故意当着自己的面说人家大丰收，还让自己去问人家要，这不是明摆着刺激人么？你什么意思？更何况，就算我们去要了，这长州能给么？

面对质疑，坂本龙马胸有成竹："长州马上就要和幕府开战了，而且现在也急着想发展军备，萨摩藩有的是上好的兵器，用这个跟他们换大米不就行了？两家趁这个机会，结成同盟，从此以后，萨摩出武器，长州给军粮，何愁不能共发展？"

西乡隆盛想了想，终于点了头，但他还是有个疑问："长州那里……"

"您放心，桂大人那里由我来说服他。"

出了萨摩藩邸，坂本龙马连夜赶往长州藩邸，用了差不多同样的说辞跟桂小五郎说了一通，最终取得了对方的承诺：桂小五郎将亲自前往萨摩藩邸，跟西乡隆盛面谈一次。

会谈的那一天，桂小五郎和西乡隆盛同处一室互相进行着交流，而中间人坂本龙马则待在另一间屋子里敬候佳音。

过了大概也就半小时吧，桂小五郎一脸不爽地走进了屋子。

"谈得如何了？"龙马问道。

"谈不拢，这联盟没法谈了！"桂小五郎的脸色特别难看。

坂本龙马觉得很奇怪，之前不是都说得挺好的么，怎么到了临场的时候就掉链子了呢？他连忙问桂小五郎是怎么一回事儿。

原来，西乡隆盛为了萨摩尽量避免跟长州这种朝敌坏分子沦为一谈，所以只答应大家用武器换粮食，对于结盟一事并没有太大的热情。他甚至还表示，一旦幕府要惩处长州的话，萨摩就会退出且撒手不管。

这下桂小五郎火大了，长州要武器本身就是为了跟幕府开战，你萨摩一听说幕府跟长州打仗就立刻搞禁运，这不是明摆着没诚意么？

大家都尽考虑自己且谁也不肯让步，所以第一次面谈自然就谈崩了。

听完桂小五郎的叙述，坂本龙马笑了笑："本来就是这码子事儿嘛，你着急也没用，这样吧，我去找西乡大人再谈谈。"

"不用去了，无所谓了，他三番五次地又是放我鸽子又是侮辱我，我已经受够了，就让幕府来把我们长州灭了吧。我倒是要看看，长州藩灭亡之后，萨摩的大人们是如何建设一个新日本的。"桂小五郎一副破罐子破摔的模样。

"哎呀，你就别再任性了，桂先生。"

"不是桂，是木户！"

在这一年，也就是庆应二年（1866年）的新年里，长州藩藩主毛

270

利敬亲因桂小五郎同志劳苦功高，特地赐姓木户，从此，小五郎改名木户贯治，又过了几年后，他又改名为木户孝允。

在这里插一句，可能是为了方便跑路躲避仇家，所以这家伙的名儿特多，除了桂小五郎、木户孝允这种正儿八经的名字之外，还有很多自己给自己起的假名，比如什么松菊、鬼怒之类的，还把自己的姓拆开后取了个假名叫木圭，真不知道他是不是还根据自己姓氏的日语读音起过一个叫"假发"的化名。（日语中桂读作 katura，音卡兹啦，假发则读作 tura，音兹啦）

我其实是觉得小五郎这个名字读起来比较顺口，不过为了尊重历史，我们从现在开始，也正式管小五郎同学叫木户贯治了。

坂本龙马一边劝木户贯治冷静，一边又说："木户大人，你们长州藩到底想要萨摩做些什么？"

"我们要萨摩明确承认，长州藩没有受幕府任何方面任何惩罚的理由。"

换句话讲，一旦萨摩承认了这条，那么如果幕府和长州发生战争的话，就等于说是幕府的不对了。这是一种公然把萨摩藩一起拖上贼船的招数。

西乡隆盛自然不愿意了。

"西乡大人，你好好想一下，如果萨摩在这里做出让步的话，那就是一个向长州示好的绝佳机会啊。"坂本龙马劝说道。

西乡隆盛笑笑："我们萨摩，并没有特地跟他长州一块儿成为朝敌的打算啊。"

"大人，你应该不会不明白，一旦幕府跟长州开战之后的结果吧？无论是输是赢，对于萨摩乃至于整个日本，都将是一场灾难。我正是不希望看到这场灾难，所以才希望你们两家联手。一旦萨摩和长州结盟，那么就断然不会输给幕府，而非常清楚这点的幕府，搞不好就不会开战了。"

西乡隆盛想了想："我可以答应你。但是你必须给我一个大义的名分，一个让萨摩不惜沦为跟长州一样的朝敌，和幕府抗衡的大义名分。"

所谓大义名分其实讲白了就是理由。日本人天性喜欢不管干什么事儿都要找一个冠冕堂皇看起来特漂亮的借口，其实大家都知道，那玩意儿除了骗骗自己之外连路上卖菜的大妈都蒙不了。

而萨摩这么做实际上就是为了要一条退路，万一闹到最后出现了最坏的结果，他们可以不用跟长州一起变成人人喊打的朝敌。

坂本龙马沉思片刻之后，说道："为了天皇。"

西乡隆盛不解："什么意思？"

"萨摩和长州的结盟是为了更好地竭尽全力效忠天皇，和幕府没有任何关系。如果幕府和长州开战，那么就是妨碍长州尽忠圣上，如此一来，作为盟友的萨摩，自然也就有了和幕府抗衡的大义名分了；而且，今后不管长州变得怎样，萨摩都能说得过去，因为一切的一切都是为了天皇，没有人会指责你们的。你觉得这个说法怎么样？"

西乡隆盛笑着点了点头。

盟书也早就拟好了，原本有五条，分别写的是一旦幕府跟长州开战，萨摩作为长州的盟友应尽的责任和义务以及长州需要相对应的报答。现在，又增加了第六条：两藩结盟，一切为了天皇和日本，不管用何种方法，都要对天皇尽忠。

西乡隆盛、木户贯治、坂本龙马依次挨个签上了自己的名字。

签完之后，龙马相当高兴："你们俩握个手吧。"

"握手？"

"嗯，在这种时候，美国人都是这么做的。"龙马一边拉起两个人的手放在一起一边说道。

两只不怎么温暖的手不怎么紧地握在了一起。

"请长州藩务必助我萨摩一臂之力。"

272

"彼此彼此，也劳萨摩藩费心了，请一定要帮助我们脱离现在的困境。"

龙马笑得很开心："接下来按照美国的礼节，你们就该互相把脸蹭在一起以示友好。"

他一手按着木户贯治，一手抓着西乡隆盛，把双方用力地相向一推，结果用力太大，脸是没蹭着，两颗脑袋倒是撞在一起了，发出了"砰"的一声。

这声撞击代表着萨摩和长州两藩的结盟，没过几天，两家的大名毛利敬亲和岛津久光（大名他爹）也正式认同了这场同盟。倒幕的最大势力就此结成。

在政治外交方面，没有永远的朋友，也没有永远的敌人，只有永远的利益。

萨长的结盟是在庆应二年（1866 年）的 1 月 21 日秘密举行的，但几乎就在当天，便让幕府给获悉了。好在他们还不能特别肯定，只不过是听闻坂本龙马这哥们儿好好的日子不过，天天游走于萨摩长州两藩的藩邸搞串联，所以打算把他给抓起来仔细审一审。

且说当年 1 月 23 日的晚上，在奉行的带领下，一群同心（捕快）来到了寺田屋的门口，连招呼都没打一声就冲了进去，开始寻找坂本龙马的踪迹。

寺田屋总共有两层，并且带有两个楼梯，一个叫做表楼梯，在靠近外面的地方，还有一个叫里楼梯，在比较里面的位置。而坂本龙马住在二楼的梅之间，只要走里楼梯上去就到了。

此时的龙子正在洗澡，当她听到了响动之后，连衣服都没来得及穿便冲了出去，然后就出现了非常少儿不宜的一幕：一个赤身裸体的女孩子站在了路口，对面是一群捕快。

双方僵持了大概有数秒，带头的上前一步："坂本龙马在哪儿？从这里上去就能抓到他吧？"

273

话中的"这里"指的是龙子背后的里楼梯。

"不行的，你们从这个楼梯上二楼是走不到坂本先生的房间的，只有走外面的那个才能到。"龙子迅速地抄起一件衣服遮住了自己然后给捕快们指路，"你们从这里出门，然后往左边，就能看到楼梯了。"

一般来讲女孩子被人看到洗澡肯定是惊恐万分，在这样一览无遗的状态下是很难调整好心态再撒谎的，而且谁也不知道眼前的这个女孩跟坂本龙马的关系，所以大家非常相信地掉头就走。

看着捕快们远去的背影，龙子立刻跑上了二楼，径直冲进了龙马的屋子：

"有人要抓你，快逃吧！"

坂本龙马一听起身走到了窗边，正打算一个蛤蟆跳地下楼逃走，但发现此时楼下已经站了不少捕快了。而他们一看到探头探脑的龙马，也马上来了精神，纷纷打算直接爬上去抓他。

龙马也不甘示弱，他先是一个鹞子翻身上了屋顶，然后打算手脚并用地爬行至邻家屋子的院子里逃走。但是楼下的奉行速度并不慢，他们或就着建筑本身的凹凸部分，或拿着绳索等攀爬工具，渐渐朝着龙马的方向靠近过来。

形势非常紧急，一旁看着的龙子都快要哭出来了。因为她清晰地看到，捕快们各个全副武装，要么拿着棍子，要么拿着十手（日本的一种短小武器，捕快专用），而她的龙马哥哥连刀都没佩在身上。

就在这危急时刻，龙马不慌不忙地把手伸进衣服里面掏出一个小玩意儿。龙子并没有见过这东西，也不知道此时此刻拿出来有什么意义，但见龙马把这小玩意儿高高举起，手指压在了扳机的地方一扣，就听到"砰"的一声响，一股青烟也随之冒了出来。

这是一把手枪，也是龙马的武器。

其实他已经很久没有在身上挎过刀了。

江户时代作为一个武士治世的时代，武士刀对于武士来讲意义非

274

比寻常。它不仅仅是武士们随身佩带的武器，同时也是一种身份的象征。只有代表着统治阶级的武士才有权佩带。一般老百姓谁要是敢挎着刀上街被查出来，那是直接要送局子里去的。

但是坂本龙马却并不这么看，他觉得刀就是刀，能砍人能戳人的武器而已，离开了武器这个定义，那就什么也不是了。所以，一旦他觉得有更好的武器，那么将会毫不犹豫地把原有的武士刀给抛弃。

土佐藩从很久之前开始，就有武士佩带长刀的习惯，但是每每土佐勤王党聚会的时候，大家都能看到龙马非常别致地带了个较短的刀。对此，他的解释是：现在的战斗一般都发生在室内等比较狭小的空间里，短刀要比长刀好用得多。

过了一段时间，大家又搞聚会了，这时候发现，龙马连短刀都不带了，于是便问，你的刀呢？龙马一笑，从怀里摸出了一把手枪，说道："这玩意儿要比刀好用得多，作为武器，再适合不过了。"

这把枪就是龙马现在手上拿的，据传还是高杉晋作送给他的。

这事儿还有一个后续，那就是再后来，龙马和他的几个朋友聚会的时候，大家问他，你的手枪呢？龙马回答，手枪带着是带着，不过我又得到了一件比手枪更好的武器。

大伙忙说你快拿出来让我们开开眼吧，我们还没听说过比手枪更厉害的呢，莫非是手雷不成？

龙马笑着从怀里拿出了一本书，说这就是我的新武器，刀枪只能杀人，而这玩意儿却能帮着日本振兴。大家定睛细看，发现书封面上写着"万国公法"四个字，这是那个年代在世界基本通用的国际法，是由中国传到日本来的。当年左宗棠收复伊犁跟俄国人谈判的时候，便是靠着曾国藩的长子曾纪泽根据这部国际法据理力争，才取得了最终的成果。

话再说回寺田屋。

且说当时在场的，除龙马之外其实还有一人，他是长州藩士三吉

275

慎藏，奉了木户贯治的命令来保护坂本龙马的安全的。

三吉慎藏是用枪的高手，可不是逃跑的高手。人家坂本龙马都已经在屋顶上疾爬如飞了，他却才把一只脚踏上了窗沿准备翻出去，但此时已经来不及了，一群捕快冲了进来，挥着刀就杀向了他。

好在屋子里空间很小，长长的武士刀用起来特别麻烦，这才给了三吉慎藏逃命的空隙。他一手拿枪一手翻窗，磕磕撞撞地上了屋顶，发现上面已经站着三四个捕快正和坂本龙马对峙着。

这时候的龙马样子特别帅，他右手叉着腰，左手举着枪，一脸微笑地看着捕快："怎么样？谁敢上来玩玩？"

捕快们知道这玩意儿不好玩，一时间你看我我看你的，谁也不敢跨出一步。

龙马一看三吉慎藏也上来了，连忙一边回头接着跑一边叫："快，快跟着我！"

两人在前面逃，捕快在后面追。毕竟是在屋顶，谁也没受过专门的训练，所以这半走半爬的速度都差不多，捕快追不上龙马，龙马也甩不掉捕快。

实在没辙了，坂本龙马停住了脚步："那就给你们一点颜色看看吧。"他伸出握着枪的左手，嘴角微微上扬了一下，扣动了扳机。

就听得"砰"的一声，一颗子弹打在了一名捕快的脚下。

"我……我不想……杀你们，识相的……就走……走吧。"龙马原本上扬的嘴角开始微微抽搐了起来。

要说也不能怪捕快软弱，怎么说人家各个都拖家带口的，死了一个就得饿着全家，所以一看对方玩真的，全都吓得扭头就走，一边走一边心里还闪过一丝诧异：怎么这刚才还好好的一人儿，现在突然又是结巴又是抽搐的，难不成是中风？

看着对方远去的身影，龙马一脸痛苦地蹲下了身子，捂住了手。

因为还不太会操作，所以他被手枪巨大的后坐力给弄伤了左手的大拇指。但不管怎么说，追兵随时可能再次追上来，还是先把手指放一边，赶紧逃吧。

两人翻过寺田屋的屋顶，来到了边上的一个木材仓库，从那里偷偷溜了出去，再一路狂奔到了萨摩的藩邸。然后得到了西乡隆盛的热情接待，并且就让他们住了下来，还派了专人去寺田屋把龙子小姐给接了过来。

龙马在萨摩官邸住了一个多月，在这期间，龙子对他无微不至地照料着，两人的感情也迅速升温。

看着小两口甜甜蜜蜜地团聚，西乡隆盛心里有点过意不去，要知道，人家是为了自己和长州的联盟四处奔走，才惹来了这场灾难，自己怎么着也得做些什么补偿补偿吧。

他想了想，对龙马说道："坂本大人，你要不去萨摩玩上几天？好好养养你的伤，也能顺便泡泡温泉散散心。"

萨摩是个多火山的地方，所以温泉也特别多。坂本龙马生性喜欢泡澡，所以一口答应了下来。

数日后，龙马两口子启程出发去了萨摩，历尽山河温泉，整个旅程历时 83 天，在这期间，他也和龙子正式确定了夫妻关系。而这次旅行，也是日本有史以来的第一次新婚蜜月旅行。不过也有人说日本第一次新婚旅行是木户孝允和他老婆几松，那是在龙马的前一年，两人结伴去长州泡温泉旅行。其实并不是这样的，因为那时候虽然他们该发生的都发生了，但却并不是正式的夫妻，正式结婚是在明治三年（1870年），木户孝允当上了参议，几松成为了武士的养女，门当户对的两人这才正式结成了夫妇。

6 月，在经过一年多的通路子后，朝廷终于下了圣旨，总算是批准了德川家茂的征讨长州的请求。当月，大军正式出发，家茂本人也摩拳擦掌地准备御驾亲征。

当时的长州藩在萨摩武器的帮助下，已经基本完成了军备上的更新，高杉晋作带领的奇兵队差不多人人都配上了西洋的新式步枪。不仅如此，在军制方面，长州藩也进行了一场相当彻底的改革。原本，长州的军制是"八组制度"，由长州地方八个最大家族的家督担任军队的最高指挥官，现在被统统打破，指挥官全部撤销，不分门第，换上能打的担任指挥官，他们手下的那些亲兵也全部给独立出来组成了一支新的军队，还大量招募农民和商人加入军队，增加战斗力。不光是编制，在军事训练和人事管理方面也做了相当多的改革，还把军队的军服从上到下地换了一身，比原来看着要精神多了。

而完成这一重大举措的，是一个叫做大村益次郎的人。

他爹叫村田孝益，是个乡村的医生。那年头讲究子承父业，所以大村益次郎一开始是跟着父亲学医的，并且名字也不叫大村益次郎，而叫村田良庵。在当年的日本，名字最后一个字如果是庵，那么他多半就是个医生，比如一开始给冲田总司看肺结核的那个医生，叫孝庵。

18岁的时候，他在长州家乡学习兰学和医术，学了两年之后，他又去了大阪。在那里，他找到了一个新老师，叫做绪方洪庵。

这个绪方洪庵在日本的名声也是非常响亮的，不过跟我们这本书要说的基本没啥大的交集，而且故事说到现在，都已经庆应二年（1866年）了，那家伙早在文久三年（1863年）的时候就已经见上帝去了。

关于绪方洪庵，我就说两句话：第一句，他是日本第一个在人体身上成功种植牛痘的医生，并且也是幕末日本技术最高的西医；第二句，他开了个学校叫适塾，培养了很多学生，最有名的那个叫福泽谕吉。

村田良庵在适塾里学了三四年，回到了家乡正式继承了父亲的衣钵，成为了一名乡村医生，之后，又跟邻村一个叫琴子的姑娘结了婚。

医生的生涯持续了差不多三年，在这三年里，村田良庵受到了来自各方面的差评，因为他的医术实在是太烂了；治个发烧感冒都玄，若是碰上大一点的毛病给他治，那基本就算是宣告病患提前死亡了，所以村子里的人对其纷纷摇头，说他最多的一句话就是：这家伙在大

278

阪到底学了些什么玩意儿啊?

嘉永六年(1853年),庸医良庵终于熬出了头。倒不是说他得到了李时珍、扁鹊之类的托梦然后变成了神医,而是黑船开到了日本海,打破了国门。一时间,懂得洋务的人才大为吃香,村田良庵被宇和岛藩的藩主伊达宗城聘请去担任西洋兵学和兰学的翻译指导。在随后的10年里,他辗转江户、长崎等地,代表幕府传授兰学知识,作为一个洋务人才,他受到了来自各方面的好评。

文久三年(1863年),村田良庵回到了家乡长州,担任洋学堂博习所的讲师,在那里,他认识了高杉晋作。第一次见面的时候,高杉晋作对于这位归国人才并没有表现出什么特别的尊敬,而是大少爷脾气又上来了,当场就给人家起了个外号,叫吹火达摩,意思是说,村田良庵的脸看起来很像鼓起嘴巴吹火的达摩祖师爷。这种模样的脸还有专门的面具,一般出现在日本传统的滑稽剧目里,用于搞笑。

尽管村田长得挺寒碜的,但丝毫不影响别人对他的看法。很快,在高杉晋作他们的举荐下,村田良庵成为了奇兵队的军制改革总指导,同时也被聘为长州藩军校明伦馆的总教官,负责教授炮术、步兵等学科。也就在这个时候,藩主毛利敬亲亦关注起了这个军事教官,在一番考察之后认定这是一个人才,所以赐了他一个姓,叫大村。趁着这个机会,村田良庵把整个名字都给改了,叫大村益次郎。

第十七章 四境战争

庆应二年（1866年）6月，幕府大军分成四路开到了长州的边境。

且说这长州藩，总共有 5 个险要关口，要想攻灭整个藩，必须要先过这 5 个关。

它们分别是位于安艺国（广岛县）的艺州口、位于石见国（鸟根县）的石州口、位于濑户内海这里的大岛口、九州小仓（今福冈县内）的小仓口以及长州藩本阵所在的荻口（山口县）。

原来，针对这 5 个关口，幕府打算带 5 路大军征讨，可计划里安排负责攻打荻口的萨摩藩藩主岛津久光突然说自己这两天身体不太好，估计是杀生杀太多老天爷给现世报了，所以不太想再上战场打打杀杀的，准备消停两天。这次征讨长州，就算自己病假吧。

早已风闻长州藩和萨摩藩背地里有一腿的幕府方面考虑了之后，准了。毕竟你不去最多也就是少几个人打仗，你去了万一临阵倒戈一下，那损失可真大了。所以，不去也有不去的好处。

就这样，幕府的四路大军分别朝着四个关口出发了，因此缘故，这场战争也被叫做四境战争。

战争的第一枪是在大岛口打响的。负责攻打那里的，是松山藩，也就是佐久间象山出生的那个藩。在他老人家生前的努力下，该藩的军制基本也已经洋化了，武器也换了，战斗力比较强，本来幕府还打算叫上宇和岛藩的伊达家一块儿去，但藩主伊达宗城找了个类似老婆在家坐月子的理由给拒绝了，不肯去，也就只能作罢了。

大岛口其实就是一个岛，位于周防国（山口县内）境内，面积约138平方公里。尽管这是一个很重要的关口，但奇怪的是，长州藩却并没有在这里布兵设防。当然，幕府自然是不知道这点的。

6月7日，幕府海军出动，在军舰富士山丸的带领下，三四艘军舰从东侧和南侧对岛进行了猛烈炮击，这种无差别的攻击一时间打死了不少原本住在岛上的居民，大家惊慌失措，四处逃窜。

眼瞅着轰得差不多了，8日，登陆开始，本来就没有武装力量防守，再加上昨天的大炮攻击，使得幕府军非常顺利地就占领了整个岛屿。尽管松山藩的人怎么都想不明白，为何如此重要的地方居然没人防守。

其实，这里一开始就是被放弃的地方。

尽管对于当地的居民来说确实够可怜的，可这场本身就是一场以长州藩一个藩抗击整个幕府的战争，双方的力量非常不成对比，如果要将每一处关卡每一个山头都派人守护的话，那么原本就人数稀少的长州军队将会更加分散，最终的结局只能是哪儿都守不住，直接被人全灭。所以，只能狠狠心肠，把关口连着子民一起给抛弃了。

再说这幕府军上岸，也没做什么好事，在这只有崇明岛十分之一大的一小岛上，他们是又放火又打劫，闹得鸡飞狗跳，民不聊生。好不容易逃出来的几个，那也是灰头土脸，人没一个人样，其中还有一些原本就生活在岛上的武士，他们一逃就逃到了荻口的大本营，对着毛利敬亲哭诉幕府军的恶行。

当时毛利敬亲正在开军事作战会议，手下重臣比如木户贯治、高杉晋作、伊藤博文之类的全在，当着大家伙的面，他一边好生劝慰，一边信誓旦旦地表示，我一定会给你们报仇的。当然，至于什么时候报仇，他并没有说，也说不出来。

就在这个时候，一个声音响了起来："我愿意带人夺回大岛口，给被杀害的百姓报仇。"

这声音听着耳熟，毛利敬亲抬头一看，暗叫一声不好，因为说话的是高杉晋作。

一般来讲，大少爷有两种比较特别的个性：第一是喜欢异想天开，想着哪出是哪出；第二是不管多么异想天开，他想到了肯定会去做。用我们溥仪他爷爷老醇亲王的话来讲，就是家大产大胆也大，天样大事都不怕，不丧身家不肯罢。

现在高杉晋作就是这么一个少爷，他一边表示那些被杀的老百姓太可怜，一边义愤填膺地站了出来说要给他们报仇。估计这时候他应该忘了，在之前决定放弃大岛口的会议上，他高杉晋作也是举手表示同意的。

看起来确实很胡闹，此时的他活脱脱就像一个不谙世事的傻瓜少爷，但事实上却并非如此。

兵法云，哀兵必胜。

关口被人夺了，房子给人烧了，老百姓被人杀了，大军黑压压的一片开过来了，整个日本已经不存在比长州藩士兵更称得上是"哀兵"的军队了，此时不利用这种愤怒情绪大战一场，更待何时？

看穿了这一点的高杉晋作，才会毅然站起身子，主动请缨去完成这项看似不可能完成的任务。

大少爷里，不见得人人都是傻子啊。

6月12日半夜，一艘军舰出现在了大岛口的北侧。那是隶属长州藩海军的丙寅丸。

该船全长125米，为铁甲军舰。之前在大岛登陆战中大为活跃的幕府军舰富士山丸号尽管是木造的军舰，但全长也有224米，说到底，丙寅丸是一艘小型的军舰。

但是，小并不意味着弱，在这艘船上，装备了三门当时世界最先进的阿姆斯特朗炮，在火力上，是绝对不会输给幕府海军的。

当丙寅丸行至一个叫久贺冲的地方的时候，发现了四艘靠岸停泊

282

的幕府军舰，军舰上的蒸汽机自然早已冷却，船上的人和船一起都沉浸在甜蜜的梦乡之中。

丙寅丸摸黑开到了四艘军舰的面前，高杉晋作一声令下，三门大炮一起开火，顿时海面上巨响火光连连，长州人的喊杀声也随之响了起来。丙寅丸凭借着自己小巧的身材，在四艘军舰的间隙中自由穿行，一边穿一边打，所到之处就是一排窟窿。

幕府军很快就被惊醒了，他们一边开炮还击一边启动军舰迎战，然而，在这一片漆黑的夜晚要想打中一艘快速穿梭的小军舰是非常困难的一件事儿。而蒸汽船在停航了之后，要想再次启动，就必须把水给烧开弄出蒸汽来，这需要大量的时间。所以，幕府的军舰打又打不到，动也动不了，眼看着就只有挨打的份儿了。

不过，高杉晋作考虑到自己毕竟只有一艘小船，要是对方一旦把水给烧开了，那估计丙寅丸的下场就是废铁回收站了。所以，见好就收的他下令趁着幕府海军还在烧开水的当儿，赶紧撤退走人。

虽说这场奇袭没有对幕府造成多大的损失，而且最厉害的那艘富士山丸也恰巧没跟那四艘军舰停泊在一块儿，所以一点事情都没有，但是给予广大幕府军官兵的精神打击，却是巨大的。四艘军舰在半夜里被一艘长度只有自己一半的小船给打得一身窟窿，搁谁谁也受不了；而且，不少幕府士兵因为受到了过度的惊吓而整日精神恍惚，目光呆滞，一到半夜就会突然惊醒且睡不着觉，极度影响了战斗力。

在这种情况下，长州藩发起了登陆战，率队的是大岛本地出身的武士，叫做世良修造。军队攻上岛之后，当地群众纷纷自发组织起来，拿起砖头、木棒跟着长州军一起对幕府军发动了攻击。激战了四天后，原本就已经处于精神崩溃边缘的幕府军终于支撑不下去了，17日，他们撤出了大岛口。

这战争的第一仗，算是打赢了，但接下来还有3个关口得守呢。毛利敬亲并不敢大意，因为他知道，大岛口其实是最无关轻重的地方，所以碰到的幕府军的攻劫也是整支讨伐军中攻击力量最弱的,接下来,就不会有那么轻松的好事儿了。

虽说讨伐军被平均分成了四路,从四个挨不着边儿的地方独立发起进攻,但这并不说明四支军队人人都是老大,谁也不用服谁。事实上,德川家茂还是安排了一个总指挥并且兼任先锋。他就是德川御三家之一,纪州藩藩主德川承茂。他负责攻打四个关口中地势最为险恶、位置最为重要的艺州口,跟着一块儿的,还有彦根藩井伊家和高田藩榊原家的军队。

高田藩的藩主历任了好几家,现在的那家的祖宗跟彦根藩井伊家差不多,都曾经是德川四天王之一,高田家的那个叫榊原康正。

井伊家的军队样子特别好看,全军上下穿着血红的铠甲还骑着马。这种骑兵在日本有专门的称谓,叫做赤备。

井伊家赤备骑兵,是一支具有辉煌过去、悠久历史的王牌部队。其发源能追溯到战国时代的甲斐(山梨县)武田家。当时的甲斐国大名武田信玄酷爱中国的孙子兵法,尤其喜欢里面的四字真言:风林火山。也就是疾如风,徐如林,侵略如火,不动如山的意思,他不但把这段话给刻在了自己的军旗上,据说还把武田家最为精锐的四支骑兵部队分别编成风之队、林之队、火之队和山之队,然后由他手下四名强悍的大将率领。其中,火之队的指挥官,就是武田家四天王之一的山县昌景,由于全队官兵的穿戴如同火焰一般清一色的红盔甲,所以也得到了"赤备"的称号。

也正是这支赤备军,在元龟三年(1572年)12月的时候,于三方原大败德川家康、山县昌景曾一度带着手下把家康追杀到发疯,幸好有一个叫夏目吉信的家臣舍身率领25骑跟赤备军死磕争取到了一点时间,这才让家康留了一条命逃回了自己的本城。传说在逃跑过程中,家康吓得连大便都出来了,拉在了马鞍上。

估计是这次吃亏吃大发了,所以德川家康对赤备军是念念不忘。

在武田家灭亡之后，他把武田的旧臣给召集起来编入了自己的家臣团，比如松平容保他祖宗的养父保科正光就是前武田家臣。同时，他也根据武田家练兵的经验，组建起了一支属于自己的骑兵，然后给大家穿上了红盔红甲，同样取名叫赤备，并且任命了彦根藩的开藩老祖井伊直政为总指挥。

虽然赤备军的官兵换了一代又一代，虽然彦根藩的藩主换了一个又一个，可始终没换的，是那一份战斗力。几百年来，他们一直是整个日本最强的王牌骑兵部队。

不过，仅仅是骑兵中的王牌而已。

彦根藩和高田藩作为先锋部队，一前一后地来到了位于周防国岩国城的前方。岩国城是一座位于海边的城堡，前面有一条叫做小濑川的河流入大海，现在，幕府的先锋队，正准备渡河攻城。

日本人打仗讲究一个争先恐后，第一个攻上城头的，第一个冲入敌阵的，都算一份功劳，而过河，同样也有这种讲究。就在彦根藩上下为谁先过河争执不下的时候，突然站出来一个人大喝一声："让我先过，谁也别跟我抢！"

大家抬头一看，立刻安静了下来，用眼神表示，我们都不跟您抢，您是大佬您先过。

因为说这话的是彦根藩最强最能打的藩士之一，竹原七郎平。

为了表示自己勇敢胆大，他就只带了两名随从就开始渡河，随从的主要工作是给他牵马。这河过得还算顺利，没多少功夫三人就到河的中央了。就在岸边的大伙纷纷暗叹其勇敢的时候，意外发生了。

靠着岩国城那边岸上的山林里，突然响起了数声枪响，紧接着竹原七郎平等三人应声倒在了河流之中，当场死亡。

这就是传说中的狙击。事实上，早在讨伐军还没到河边的时候，长州藩就已经安排了好几百人潜伏在了小濑川河畔的山林中。这些狙击手都身穿轻便衣装，能够灵活地在丛林中自由穿梭，手里拿的则是

285

从萨摩藩运来的当时代表世界先进潮流的小型来福枪。在经过了严格训练之后，有一部分长州士兵的射击水平甚至已经达到了极其高超的水准。他们能够迅速瞄准，然后击中吊在 200 米外的一枚硬币。

枪响和人扑街的场景仿佛是一个信号，紧接着，数以千百计的枪响声在对岸响起，此起彼伏。300 年来不曾落于人后，在关原战场上风驰电掣的王牌部队，在近代化武器和军队的面前，除了能显示出其悠久的历史和与时代的脱节之外，什么也算不了了。

井伊赤备被打得人仰马翻，大家纷纷涌向海边，准备从海路逃走。曾经让他们引以为豪几百年的那身红色盔甲，此时此刻也成了逃命的累赘，被彦根士兵们丢得满地都是。

要说高田藩还是比较灵活的，一听到前面的彦根藩战败，立刻停止了前进，在藩主榊原政敬的指挥下，大家迅速整队，将前队改后队，把后队改前队，然后逃走了。

得知了两藩战败的消息之后，主帅德川承茂并没有被动摇，他下令由纪州藩的家臣水野忠干率部为先锋，继续前行。

纪州藩的武器还是相当硬实的，和长州藩比起来不相上下，而且因为是幕府的亲戚，所以打起仗来也挺有干劲。6 月 19 日，他们在一个叫做四十八坂的地方和长州军展开了激战。尽管长州方面数次击退进犯之敌，但水野忠干就是死活不肯放弃，打退一次再攻一次，一时间，战场进入了胶着状态。

石州口和小仓口的防务总指挥，分别是大村益次郎和高杉晋作。

却说这大村益次郎自从接任了石州口之后，就没消停过。在他看来，与其死守着这个没天险没地利的关卡，还不如主动出击，将幕府军给打败拉倒。

他的目标是位于石见国的浜田藩，理由有二：其一，浜田藩的藩主松平武聪恰巧是这次幕府讨伐军中负责攻打石州口的总指挥；其二，浜田藩里有著名的石见银山，攻占了之后就发财了。不过，目标定起

286

来是非常容易，但做起来就很难了。撇开打仗时候碰到的军事方面问题不说，光是要走到浜田藩境内，就存在着一个大问题：长州藩和浜田藩并非是相邻的两个藩，当中还隔着另外两个藩国，离长州藩从近到远依次为津和野藩（岛根县内）与福山藩（广岛县内）。

福山藩很明确地表示，自己将坚定站在幕府一方，绝不允许朝敌长州人的脚踏入自己领地一步，而津和野藩却并没有明确的表态。大村益次郎考虑再三之后，决定由津和野藩经过然后进攻浜田藩，因为从那里走的话，只要不辞辛劳肯多绕一些弯路，还是可以不跟福田藩发生什么关系然后到达浜田的。

尽管大村益次郎不停地在计算着万一津和野藩突然对自己发起进攻的话怎么办，可当长州的士兵踏入津和野藩的时候，对方别说阻拦抵抗了，就差鞠躬点头派个群众欢送队出来热烈以及接近疯狂地欢迎长州人的通过了。

长州藩倒也很识相，尽管人家给了领地大开放，但他们还是尽量避开从城池、防御设施之类的军事工事附近路过，而是迂回绕行，尽可能走田间小路或者官道这种无关紧要的道路。

就这样，因看在大家老邻居一场，津和野藩很大方地让了路，使得长州军终于不费一兵一卒开到了浜田藩的边境线上。

负责防守边境的是一个叫做岸静江的人，因为谁也没想到长州藩还敢主动出击，所以准备得不太充分，他的手下只有几十个农民兵。岸静江一接到长州进攻的消息后，便立刻派人就近赶往福山藩请求支援。福山藩方面很爽快地表示了同意，但援军却始终连影子都没看到。

大村益次郎见状也派人去了他那里，劝岸静江说，你也别死撑了，手下就那么小猫两三只还不够我们包饺子的，还是珍爱生命，远离幕府，赶紧投降吧。

岸静江的回答只有一句话："就算这里只剩下我一个人，我也会死守到最后。"

287

大村益次郎相当无奈："行，那您就死守吧，可着劲儿地死守吧。"

非常不幸的是，岸静江的狠话居然成了真。当他手下的那些个农民兵一听到大村益次郎率军踏来，纷纷连夜操家伙走人了，整个边境阵地上，真的只剩下了他一个人。

第二天，长州军很准时地发起了进攻，并且顺利地踏入浜田藩境内，没有碰到一丝一毫的抵抗。就在大家准备再接再厉，继续深入的时候，前方出现了一个人影，以非常快的速度向自己靠近着。走近了再一看，原来是岸静江。

此刻的他穿戴非常整齐，腰间挎着长短两把刀，右手拿着一杆枪，杵在地上，左手插着腰，孤身一人挺立在长州人跟前，大喝一声："今天有我在这里，就再也不会让你们前进一步了！"

长州士兵很漠然地看着他，然后又纷纷抬起了手中的枪杆。

一阵响声过后，岸静江倒地阵亡。

他遵守了自己的诺言，即便只剩下一个人，也会死守在这边境线上。

大村益次郎率队继续前行，他的下一个目标是浜田藩内的重镇益田。益田最重要的要害处是一座位于山上的寺庙，叫做万福寺。

防守这里的是福田藩的士兵，他们在接到岸静江的求援后总算是姗姗来迟地赶到了。

两军相遇，也不多话，直接就干了起来。

其中，长州藩占据了压倒性的优势，因为他们的枪好。长州的枪射程为600米，而福田藩的仅仅连对手的一半都不到，更何况长州还有一批非常精锐的狙击手，一打一个准，枪枪爆头。在战斗的一开始，福田藩的大将就被人给狙死了，所以全军上下一下子就陷入了混乱之中，再被长州藩用先进武器一阵乱打，立马就崩溃了。

就这样，益田被拿下了。大村益次郎再接再厉，下令继续前进，直逼浜田藩的中心浜田城。

另一方面，位于小仓藩的小仓口也迎来了一批幕府的讨伐军，为首大将是讨伐军的总督，幕府老中小笠原长行。不过这位总督的运气实在是太坏了。他本来想凭着自己老中的地位登高一呼，聚集九州所有豪强大名一起来对长州进行征讨。结果第一个不鸟他的是萨摩，这也就罢了；其他的九州个藩比如佐贺之类的，也都纷纷表示了拒绝，最后也就凑齐了肥后藩和久留米藩以及他自己的小仓藩共两万人左右。当然，里面真的有开打意思的，只有小仓藩一家，那是因为打仗的地方就在自己家门口，打也得打，不打那就家破人亡了，而其他人也就是做个样子摆个姿态而已。

最倒霉的还不在这儿。小笠原的对手是高杉晋作，本来碰到这位大少爷就已经够头疼的了，没想到长州藩居然还有一个外援，和高杉晋作一起并肩指挥作战，那人就是坂本龙马。

其实这事儿跟他压根就没关系，本来幕府和长州两人打架，跟他一个浪人完全不可能发生什么关系，偏偏他在九州泡温泉度蜜月的时候，西乡隆盛出主意说，反正你温泉也泡够了，旅游也游得差不多了，去长州看热闹吧。幕府马上要打过去了，可热闹了，比过节还有意思。坂本龙马为人最爱凑热闹，一听到这事儿就来劲了，急匆匆地便往长州赶。到了之后受到了长州各界同胞的热烈欢迎，大家纷纷请坂本大人留下指导考察，最好和自己共同作战。

之所以会对他那么好，也不是没原因的，不光是因为坂本龙马促成了萨长联盟，更重要的是，结了盟之后，萨摩的武器，都是由他开着船给运送到长州的。当时坂本龙马干的就是这一行，他还开了个物流公司，叫龟山社。这个我们之后再说，这里就提一下。

且说高杉晋作在仔细观察了幕府的布阵，分析了讨伐军的动向之后，对坂本龙马说，不如我们学大村益次郎主动出击吧。

坂本龙马没有任何意见，他是看热闹第一，帮助作战第二。

不过对方毕竟有两万人，而且幕府的海军自从在大岛受挫之后，又全部开到小仓来了，那艘全长200多米的富士山丸也在其中。而高杉晋作手下不过几千而已，主动出击说起来容易，做起来基本没可能，所以，他想到了奇袭外加游击战。

6月16日，位于小仓靠海处的田野浦和门司里，遭到了长州藩军舰的突然炮轰；随后，长州士兵趁着幕府军混乱的当儿，驾着小船就搞起了登陆战。上岸之后，他们先是把小仓藩的炮台如数砸毁，一个不剩，然后又冲到了附近的仓库，大肆劫掠粮草和弹药。砸完抢完，他们放了一把火，迅速撤回了小船上。

这一系列的动作，仅用了半天都不到，长州人就全给完成了，正所谓快快地他们走了，正如他们快快地来，一挥手抢走了粮草和弹药。

小笠原长行很生气，但也没辙，毕竟高杉晋作搞偷袭的时候，负责防守小仓沿海岸的士兵只有一千出头，大部队都在后方，所以被人闷棍得手也不算特别意外的事儿。但是手下受到的精神打击不容忽视，特别是肥后军总司令肥后藩家老长冈监物，当场就闹腾开了，一点也不给幕府面子，说是准备随时带手下的弟兄们回家。

小笠原长行不高兴了，指着长冈监物的鼻子质问说，你是什么用心呀，我看你思想根源要好好挖一挖了，这是将军大人亲自发动的讨伐朝敌的战争，并且得到了朝廷的认证，你不打这场战争就是跟将军过不去，跟将军过不去就是跟朝廷过不去，你是不是也想弄一顶朝敌的帽子？

不料长冈监物根本就不吃这一套，他很明确地告诉小笠原总督，这场战争本身就不是什么为了正义而战，无非就是肃清不听话的人而已，不用说得那么冠冕堂皇。

见状，小笠原长行干脆也拉下了脸，威胁说如果肥后敢当逃兵，那么就是第二个长州。

吵吵闹闹了半天，长冈监物一拍地板："从现在起，我们就负责我们需要防守的那一片，其他的跟我们一概无关！"

打仗打到各扫门前雪这个分上，也真够不容易的。

290

不过，肥后藩不愿意去拼命那也是能理解的，人家跟你幕府非亲非故、关系也没怎么好到一定的程度上，犯不着这么玩命，然而，别说是外人了，就连一些幕府直属的军队，也表现出了相当强烈的厌战情绪。这支很不上路的自己人部队，叫做八王子千人同心。

八王子是地名，位置在今天东京都的八王子市。千人同心是军队的名字，因为人数在一千人左右，由于常年都驻扎在八王子，所以叫八王子千人同心。

他们的祖先，都是当年武田家的遗臣，被德川家康收编进自己的军团，负责江户周边的警戒工作。这三百年来他们过的一直是半军半农的生活，不但有自耕地，幕府每年还会给予相应的俸禄，所以很多成员都成了当地的大地主，自然，对于幕府的忠诚度也不言而明了。

事实上近藤勇、土方岁三这两位多摩出身的农民，其祖上也正是八王子千人同心的一员。

然而，恰恰就是这支具有悠久历史的老牌嫡系部队，在长州人一上岸的瞬间，部队司令长官斋藤图书率先逃走，这种失态的行径引起了周边其他藩军队的一片哗然。

此外，还有很多幕府的武士，养尊处优惯了，连草鞋都不会绑。

所以说幕府腐败，倒也是挺中肯的。

事儿还不算完。

6月17日，高杉晋作又来了。这一次，斋藤图书的表现较昨天还是有了相当的进步，他没有再丢下部队独自逃走，而是带着大家伙一块儿逃。高杉晋作的奇兵队前进100米，他就退100米；进1000米，他就退1000米，非常恪守规矩，绝不短尺缺丈，搞得高杉晋作自己都有点不好意思接着扩大战果了，再加上该打该砸该抢的昨天基本上都打砸抢得差不多了，所以也就象征性地走了几圈后再次撤回了对岸长州。

7月3日，长州军舰再次开到了小仓海岸边进行了炮击，从早上轰到傍晚，然后准备下班回家吃晚饭。就在掉头的时候，意外发现离自己不远处居然停泊着几艘幕府的军舰。大家放了一整天的炮，尽炸那些个不会动的工事了，怎么着也想逮个能动能反抗的家伙玩玩，这样才能显得长州海军够能耐，于是就朝着对方开了过去，一边开一边当场就开炮了。

幕府的军舰要说也不是吃素的，一看有人来惹，马上进行了还击，双方就这么在海面上展开了炮战，海岸上的小仓藩炮台也开火援助。一时间，长州藩有些吃不消了。

对轰了一会儿之后，长州藩主动撤退，战斗就此告终。

小仓藩的大伙们感到无限的悲哀。

连续好几天的战斗，虽说双方各有死伤，但仔细算下来，讨伐军中，除去幕府的那几艘军舰不算，真正在打的，有且只有自己的小仓藩，而受到损失的，基本上也是有且只有小仓藩：被长州打砸抢的，是小仓藩的粮仓；被长州放火烧的，是小仓藩的街道；被长州人拆毁的，是小仓藩的炮台；被长州军舰上的大炮狂轰滥炸的，还是小仓藩的工事。

对此，他们不禁悲从心来："看来，果然只有抱着我们小仓灭藩的觉悟来跟长州人抗衡了！"

这话说得实在有点悲观主义，尽管幕府打得很窝囊，长州打得很风光，可优势、劣势依然没有很大的改观，高杉晋作也就只能隔几天过海骚扰两下，趁着退潮再回家，并不敢有什么大动作，因为他明白，瘦死的骆驼比马大，再怎么说对面也是明晃晃的两万把刀，能不轻举妄动就尽量不要轻举妄动，省得发生什么意外。最好的办法就是静静地等到一个绝佳的机会，然后倾巢出动将对手一举拿下。

于是，他就这么每天死死地盯着海对岸，等待着战机。我觉得我们着实没这个必要陪着他一起耗着，所以还是把目光给转一转，等到战机来了再看回去吧。

再说大村益次郎在占了益田之后，马不停蹄地继续前行，军势直逼浜田城。讨伐军浜田分部总指挥松平武聪也不怠慢，调集了藩中所有的兵力在城里集合进行防守，而广岛大本营的讨伐军总司令德川承茂也相当够意思，让自家家老安藤直祐带着几千人过来做援军。于是，这些纪州藩的士兵们就被安排在离城外数十里地的大麻山布阵，此外松平武聪还找来了鸟取、松江两藩帮助防守，三藩在浜田城外一同设防，互成犄角之势。

大村益次郎也不多说什么，直接就率所部全体成员奔着大麻山来了。到了纪州阵前，他下令把所有的大炮都拉出来，对着对方防线就是一阵猛轰。要说也真是轰得巧，正好赶着人家在做饭准备用餐，一颗颗炮弹就这么打得纪州藩锅碎碗炸的，一时间鬼哭狼嚎声不绝于耳。

饭没吃上反而吃了一顿炮弹的纪州藩士兵丢下碗筷一哄而散，原来阵地上的粮草弹药也都不要了，全都留给了长州人；而原本互相协同防守的鸟取、松江两藩，一看到大麻山被占，二话不说立刻拔腿就跑。大村益次郎也不追赶，率领大家伙就这么杀到了浜田城下。

长州藩杀来引起了一阵巨大的恐慌，浜田藩的老百姓们纷纷怨声载道，大家觉得这幕府打长州那就应该是幕府跟长州之间的事儿，干吗把浜田给扯进来？议论之后，矛盾指向了自家的藩主松平武聪，觉得这家伙太可耻，做个藩主每年收税也就罢了，还不知道保护老百姓，这样的老大要他有什么用啊。于是大家对于从大麻山逃来的纪州士兵不但见死不救，还自发组织起来将他们赶走。倒霉的纪州人只能接着往西跑，一直跑到了幕府的直辖地大森（岛根县），躲进了当地的石见山里头。

对于这种情况，安藤直祐很无奈，他只得跑去找松平武聪说，你还是放弃浜田城吧，这打一仗逃一仗也不是个事儿，照这么下去没几天就得被人给活捉了，干脆趁早开溜吧。

说完这话，也不管对方有什么反应，他本人当天晚上就逃出了浜田城回老家去了。

此时的松平武聪已经躺在病床上好几个星期了，看着自己的军队节节败退，他感到非常痛心，可病痛的折磨使得他心有余而力不足，所以，他向广岛的司令部发出建议，说他是一个不合格的指挥官，希望主动撤职，找更合适的人来担任，也好让自己安生养病，等病好了再为幕府效劳。

广岛的德川承挺则表示，你觉得谁合适就让谁来接替吧。

松平武聪想了想，推荐了鸟取藩的藩主池田庆德。池田庆德其实跟松平武聪是兄弟，只不过被送到了鸟取池田家来做养子。这位仁兄一听到自己的兄弟要让自己做指挥官，当场就称病不出家门了。7月17日，他声称自己已经病入膏肓，生怕有个三长两短的，想回家最后看一眼家乡的风景，然后就撤退了。同日，松江藩的大伙觉得光留下自己一个实在太危险，干脆也撤了得了，于是大家伙就这么抄起家伙，各回各家了。

这一切的一切，病榻上的松平武聪都看在眼里，他终于再也忍不住了，大吼了一声：

"你们要逃也带着我一起逃呀！"

17日半夜，他带着老婆孩子坐上了一条船，逃往了鸟取藩。虽说池田庆德打仗的时候不帮忙，但好歹大家都是兄弟，来避避风头还是可以的。

18日，浜田藩家老尾关长门下令放火烧毁城堡，表示投降。浜田城就此陷落。

大村益次郎再接再厉，继续前进并占领了日本著名的银矿产区石见山，从6月13日打响的石州口战役，总算是以长州藩的大胜而告终了。

294

第十八章 德川庆喜

就这样，四境中两境已被长州摆平，剩下的两块还在耗着。就在大家互相僵持着准备过暑假的时候，一个惊天的消息传了出来：坐镇大阪负责总指挥的幕府将军德川家茂，病倒了。

根据象征着当时日本医学界最高水平的一代名医松本良顺的诊断，家茂得的是脚气病。

在这里普及一个医学常识，所谓脚气病的脚气，跟我们通常所说的香港脚完全不是一码事儿。脚气病是因缺乏维生素 B_1 所引起的一种累及神经系统以及心血管的疾病，俗称脚气冲心。

之所以会得脚气病，主要是因为家茂一日三餐顿顿白米饭，几乎没有任何粗粮摄入，于是便严重缺乏维生素 B_1，外加这孩子又特爱吃甜的，所以得这病也就不足为奇了。

说一句题外话，江户时代的日本，白米饭算是高档食品，能吃上的一般都是有钱人。这些有钱人大多都住江户，所以脚气病在江户的发病率相当之高，因此也叫江户病。

德川家茂病倒之后，大阪行宫当时就乱了。

不是宫斗，而是医斗。

日本在明治维新之前，主流医学向来是汉方医，也就是中医。在这里我们先不讨论中医是否科学，只说一个事实，那就是在随着时代推进的过程中，确实是出现了不少让中医束手无策的疾病，比如肺结核，再比如脚气病。

所以将军的那些御用中医们，显得很无奈，既不能治病，可又不好意思让年仅 21 岁的将军大人这么等死。

就在此时，兰医出场了。兰医就是西医，以松本良顺为首的西医大夫们，建议试试西医的方法来遏制这种疾病。

结果被中医嗤之以鼻，并认定他们是数典忘祖。

双方就这么吵了起来。

那一年松本良顺 34 岁，正是血气方刚的时候，一拍桌子怒吼道："如果兰医治不好脚气病，老子愿意切腹给你们看！"

但还是遭到了中医集团的抨击："你这条命才值几个钱，也敢拿来和将军一换一？"

要说这帮人也是嚣张，德川家茂正躺在边上呢，就这么打起了嘴炮。

正在昏睡中的家茂被吵醒，微微睁开了眼睛，看着松本良顺，微笑地说道："松本啊，既然你都敢以性命相搏了，我要再不敢试西医，也就太尿了不是？"

就这样，最终决定用西医疗法来给将军治病。

应该讲西医还算比较有效，一个疗程下来果然压制了病情，比起之前，家茂显得精神多了。

于是他又开始吃甜食了。自从知道将军病倒，京都大阪神户等地都送来了当地的特色甜点。

一边吃，一边还吩咐手下："这个不错，那个也不错，把它们打个包送去江户，让殿下也尝尝吧。"

家茂口中的"殿下"，指的是老婆和宫。

虽说确实是政治婚姻，但这对夫妻的感情却一直都很好。主要是因为家茂的温柔体贴，使得和宫深深地爱上了这个男孩，亦深深地感受到了幸福。

顺便一提，德川家茂是德川幕府时代唯一一个没有任何侧室的将军。

然而，在那个时代，脚气病并非是那么容易治好的，更糟糕的是，大量的甜食摄入，会导致病情的加剧。

不过数日，家茂再度病倒，病至不能起身的程度。

7月20日，十四代将军德川家茂病逝，年仅21岁。

从13岁开始，这个生性温和，喜欢吃金平糖、葡萄牙蛋糕和各式小点心还长着一口蛀牙（30颗）的孩子便坐上了日本最高统治者的宝座，经历了江户时代最为混乱、最为险恶的岁月，直到他离开这个世界，依然是个孩子。

临死之前，德川家茂静静躺在褥子上，叫过随从："切莫责问松本良顺啊。"

接着，两眼平视天花板，微微叹了一口气："我，到底干成了什么啊？"

他什么也没干成，确切地说是什么也没干，一辈子如同傀儡一般被人操纵来操纵去，却连一丝的反抗都没有，在征讨长州的时候，幕府的老中集团普遍意见是将长州藩给赶尽杀绝，但是将军的辅佐人一桥庆喜却认为剥夺其一半的领地即可；京都守护职松平容保则觉得，做人不要那么绝，切掉长州藩三分之一领地就可以了，让他们好好改造吧。结果大家各自持着不同的意见在会议桌上争执不休，然而谁也没有正眼去看一眼，或者去问一问坐在首席的总指挥德川家茂的看法。家茂没有任何不快，只是安静地坐着，面无表情地看着松平容保他们的争论，一言不发，似乎从一开始，这就不是自己的事儿，跟自己无关。

这是何等的悲哀。

对于德川家茂，胜海舟给予了相当高的评价："因为过于年轻而被这个时代所玩弄，如果能活得更久一点，或许会成为一个名留青史的英迈君主也说不定。"

我赞同这个观点。

虽然在这本书里，我其实不太提到德川家茂，原因我刚才也说了，他就是一个傀儡，我犯不着在每次叙述松平容保、松平庆永、一桥庆喜他们开完会之后，再加上一句"德川家茂点头表示同意"这种话。不过人死了，还是重要历史人物，总得给个评价。

作为将军，他的才华和能力确实没有太多的证明之处，但是，作为一个人，他是非常合格的。

在家茂刚刚成为将军的时候，因为毕竟还只有13岁，所以依旧需要学习各种文化课程，其中包括了书法。他的书法老师是当时日本有名的书法家户川安清，老人家当年已经70多岁了，有一次在教学教到一半的时候，小家茂突然用手拍打着洗笔水缸中的水使其飞溅出来洒了满地，然后笑着对户川安清说道："先生，接下来的明天再学吧。"说完便径直走了出去。

当时侍陪在一边的幕臣们纷纷觉得不可思议，因为这跟平时的将军判若两人，再看户川安清，老先生居然独自在课桌边默默地流泪。大家连忙上去递纸巾的递纸巾，安慰的安慰，说将军毕竟还小，可能一时间玩性上来了，您老人家千万别伤心，伤心坏了身子骨那就是大事儿啦。

然而户川安清只是摇了摇头，什么话也不说。

他心里最明白，家茂之所以会做出如此举动，其实是因为上了年纪的自己一时间尿失禁，小便滴在了地上。看出了这点的家茂才会把水到处洒，以便为自己的老师掩饰。

虽说是老年人的正常生理现象，但毕竟是在将军面前，是属于非常失礼的行为，即便受到什么处罚比如被开除，也是很正常的。然而家茂在临走之前说的那句"接下来的明天再学吧"，就等于是明明白白地告诉户川安清，我不在意，请您继续做我的老师吧。

一个能够体贴他人且拥有善良之心的人，是很了不起的，同时也是成为一个伟大君主的首要条件。

家茂死的当天，胜海舟的日记只有一句话："德川家，走向了灭亡。"

298

德川家茂之死，对于当时还在外作战的讨伐军来讲肯定是一个相当大的打击，所以一开始将军治丧委员会的成员们决定暂且秘不发丧，让讨伐军们好好打仗。可没想那年头虽说还没到信息化社会，但消息走漏的速度同样快得惊人，没几天，别说讨伐军，就连高杉晋作都知道了。当他听到德川家茂病故的消息之后，那叫一个兴奋，觉得时机已经到了，便当即下令全军渡海发动总攻。而对面的小仓藩等讨伐军虽说挂了个总司令，士气正处于极度低落的状态，但依然拿起武器、架起大炮，做好了迎战的准备。

7月27日，长州藩八百人登陆九州岛，然后兵分两路朝小仓藩的大本营小仓城杀来，迎接他们的，是肥后藩的阿姆斯特朗炮。同时，幕府也派了三艘军舰在海上对长州军进行了炮击。

一阵大炮轰鸣过后，长州阵内一片血肉横飞，自开战以来他们第一次尝到了败仗的滋味，不得已，高杉晋作只能下令全军撤退。

与此同一天，肥后藩也撤军了。

他们是出于愤怒才走人的。原本小笠原长行答应得他们好好的，幕府将从海陆两方进行援助，结果真打的时候，海上的确是开来了几艘军舰放了两炮没错，可陆地上连个人影都没见着，阿姆斯特朗炮也不是机关连发炮，总有空下来的时候。这一空下来，长州军就冲杀上来砍死砍伤了不少肥后藩的士兵，虽说长州是一时撤退，但其实这仗肥后人自己心里明白，算是两败俱伤。

伤也就伤了，正所谓两军对阵岂能不死人，可还没等他们坐下来包扎一下伤口清理一下血迹，从小仓藩大本营就来了命令，要他们迅速组织反攻，争取两天内把长州人给赶下海。

长冈监物愤怒了，你太不仗义了，不给援军放我鸽子不说，还不把我当人使唤。这么一仗接着一仗打，那还不把我们肥后人全都给拼光了？就算不拼光也全累死光了。娘的，老子不干了！兄弟们，操家伙，回家！

肥后藩一走，其他的什么久留米藩啊也跟着一块儿趁势撤退了。

小仓藩其实也想走，但他们走不掉，因为战场就是他们家，所以他们感到特别绝望。

7月30日，藩家老田中孙兵卫来到了总指挥小笠原长行的门前求见，希望他能够再向幕府讨要一点救兵，好不让小仓藩被长州给打灭了。

但是，田中家老在入门口等了很久很久，都没见总指挥出来，实在忍耐不住的他推了警卫一把拉开房门，但是里面空空荡荡原本带来的行李也已经不见了踪影。

此时的小笠原长行正坐在开往大阪的军舰富士山丸上。

小仓藩傻眼了，这次幕府涮他们涮得太厉害了。当天小仓藩上下连夜召开了紧急军事会议，讨论来讨论去，觉得出路有且只有一条。

第二天一早，曾经发生在浜田城上的一幕再一次在小仓城上上演了。众小仓藩士放下武器，挥动榔头，把城墙城堡砸了个千疮百孔，完了还在上面放了一把火，又竖起了一面白旗，表示投降。

虽说艺州口此时依然还在耗着，但这仗幕府已经打不下去了。

接替德川家茂总令一职的是一桥庆喜，他上任之后做的第一件事儿就是派人去找朝廷，让天皇下一道调停战争的圣旨来，也就是让天皇出面做个娘舅，劝说双方停战，其实也就是自己给自己找个台阶下。

要说孝明天皇还是比较够意思的，没几天圣旨就传到了长州，于是大家纷纷放下了武器，艺州口也不打了，都收拾收拾回家了。

这场战争，最终以长州的胜利而告终。当喜讯传来之时，高杉晋作兴奋异常，他满脸涨得通红，紧紧地捏紧了拳头振臂一呼："我们胜利了！"

然后，一口鲜血从他嘴巴里喷射了出来，跟当年的冲田总司一样。

不过这位真的是得了肺结核，从两年前就感染上了，这次因为指挥作战劳累过度，所以导致病情一下子恶化并且发作。

高杉晋作病倒的消息一传出来，整个长州藩都震惊了。毛利敬亲

300

亲自命令自己手下的御用医生跑去治病，并且广发英雄帖，说是能治好高杉大少爷的病赏钱大大的有。就连大村益次郎这个庸医一听说高杉晋作得病了，立刻脱下军装换上西洋白大褂，说是亲自上阵来治病，吓得高杉晋作连连摆手拒绝，说爷您的好意我心领了，但我还想再多活两天，您老人家就高抬贵手放过我吧。

事实上肺结核在当时的日本就是绝症，没有特效药，唯一的治疗方法就是静养，以期延续生命，所以，高杉晋作就被安排去疗养度假了。

幕府那边已经乱作一团了。

因为德川家茂走得实在是太早了，虽说跟和宫夫妻感情不错，但并没有留下儿子，所以，谁来当将军就成了个问题。一般来讲按照老规矩办，从尾张藩、纪州藩、一桥家、清水家和田安家里挑一个出来，但实际上并不能那么处理，因为家茂同学在死之前留了遗嘱了，说是自己的继承人由田安家的田安龟之助担任。田安龟之助跟德川家茂是从兄弟，是当时跟将军家血缘最近的人，也因为这个原因，家茂才选了他做继承人。

按理说这事儿就很简单了，遗嘱都下来了那就啥也不用说，直接照办就行了，但实际上根本就不是那么回事儿，因为田安龟之助小朋友当年才3岁，连路都走不稳，你让他来当将军？

当然有人会说，年龄不是问题，身高不是距离，当年四代将军德川家纲做将军的时候才10岁。即便是上一代将军德川家茂本人，也不过13岁做的将军。要知道，在处理国家大事上，13岁跟3岁其实是一个水平，都属于文盲类，所以田安龟之助有什么不可以做将军的？

我承认，这话说得是一点都没错，分析得也相当客观，但是唯独忽略了一点，那就是德川家纲也好，德川家茂也罢，他们的背后都有一个非常厉害、非常尽心负责的辅佐人。

德川家纲的辅佐人是松平容保他祖宗保科正之，老人家的忠心表现我们之前已经说过，这里就不重复了；德川家茂的辅佐人井伊直弼，安政大狱那会儿是神挡杀神，佛挡杀佛，一时间弄得满城风雨人送外号鬼见愁。有这样的辅佐人帮着处理政务，别说将军是十来岁的小屁孩儿，就是一条狗，那也能稳坐钓鱼台。可现如今，田安龟之助小朋友并没有一个足以承担且愿意为他承担起一切的辅佐人，因为大家都明白，在这年头给将军打工根本就是件苦差事，干得好没事儿，干得不好，井伊直弼那血淋淋的事实就摆在眼前。

不是每个人都跟井伊直弼一样不怕死的，这世界上绝大多数人还是希望能够安居乐业、寿终正寝的，所以，就注定了德川家茂的遗嘱形同作废，田安龟之助还得继续在家歇着。

那么，究竟由谁来做将军呢？大家想来想去，一拍脑袋想起来了，一桥庆喜呀，就这哥们儿了。当年要不是井伊直弼太霸道，岛津齐彬死得急，他早就是十四代将军了，现在让他做十五代，那真是再合适也不过了。

于是大家伙心急火燎地跑到了一桥家，敲开门，说明了来意。一桥庆喜很有礼貌地表示，自己没这个能耐，你们还是去找田安龟之助吧。

众人一听就急了，事情都到了这分儿上了你还敢推三阻四？你身为德川家的人，对德川家如此不尽心，就不怕出门被老天爷哐当一个雷给劈死？

一桥庆喜很委婉地表示，如果当了这个将军，那么没等老天爷把自己劈死，就得先被累死了。

他这话并非是危言耸听，当时的日本，用一句内忧外患来形容是绝对属于客气话的。

我们先说内忧。

首先，这仗打完了，打的时候大家很爽，操起家伙见人就砍，平时你走路上打人一棍子都得送警察局，在战争的时候你把人大卸八块都不要紧。可砍完了之后事儿就来了，刀枪不长眼，肯定有被打死的、被砍伤的，那就需要抚恤金，抚恤金得从政府的财政收支中划拨，这

302

不是一笔小数目。接着，打仗的时候，人人都得吃饭，三军未动粮草先行，这又不是一个小数目。而在长州讨伐的时候，各藩谁也不知道这仗要打多久才会结束，也不知道是不是哪天幕府就要自己出兵打仗了，所以纷纷拿出钱财，大肆抢购市场上的大米，而商人见状则又开始拼了命地囤积大米。于是，问题就这么来了。

日本就巴掌大的几个岛，总共粮食也就这么点，都给你大名买得，商人藏得差不多了，老百姓吃饭上哪儿去找大米？农民还好，自己种了多少能留点，可城里人就不同了，人家不靠种地过活，都是拿钱买饭吃的。就这样，日本的米价一下子就飙升了，原来一斤米卖70文，现在一下子就要卖200文，还得抢购，去晚了就没了。

这样一来老百姓当然就不爽了，看着你大商家藏着那么多米，诸侯们一船一船的米往家里拉，自己老婆孩子在家饿得嗷嗷叫，锅都快要吊起来当锣敲了，这日子还怎么过？

过不下去自然就要找出路了，整个日本就如同一锅快要煮开的沸水，只要再加一点点温度，就会沸腾。

家里面的事儿主要就是这些，还有其他的比如对于长州藩的处理，幕府的威信降低，虽说都不算小事儿，但并非主要的：这长州藩根本没法处理，你仗打得这副德行要不是天皇出来给个台阶，搞不好幕府就得被长州给反攻倒算了，这种情况下还有脸跟人谈条件？至于幕府的威信那就更不是什么了不起的事儿了，这幕府没威信已经不是一天两天的事情了，而是长久以来全国人尽皆知的秘密，老油条，无所谓了。

而家外的事情就更棘手了，英美俄法等列强天天叫唤着要幕府这个港开那个港，仿佛开的不是通商口岸而是他们家的窗户一般，弄得几个负责外交的幕府老中整天吃不好睡不香的，压力特别大，各个都是亚健康状态。

在这种情况下一桥庆喜要是出任将军的话，那就是纯给自己找不痛快了。所以，他很痛快地拒绝了请求。

大家自然不可能放他过门，一群幕府的高官和各地大名的使者干脆天天上门拜访，说是跪求您当将军。但不管大家怎么跪怎么求，一桥庆喜的答案始终只有一个——不行。

老中们有点怒了，也有点急了。眼瞅着时间一天天过去，将军迟迟不上任，这要再拖下去，指不定又要传出什么流言蜚语了。这人一急，往往就能想出狠招了。

当年12月5日，一桥庆喜正在家吃早饭，突然听到一阵叫门声，打开一看，是敕使。敕使就是钦差，朝廷派来传达天皇最高指示的人。

一桥庆喜不敢怠慢，恭恭敬敬地把碗筷放在一边，跪下接旨。

"奉天承运天子，诏曰，着一桥庆喜任正一位幕府征夷大将军，即日上任，钦此。"

念完，行了个礼，走人。

一桥庆喜跪了半天没能站起身来，他傻了很久愣是没回过神来：这究竟是咋回事儿？我自己都还没有答应，怎么就突然宣下了呢？

因为按照常规，做将军是有严格程序的，首先要幕府自己选中继承人，然后拟成奏折，再由被选中的那个人自己写一份类似于申请书的东西，上奏朝廷。天皇看了之后，走形式一般地盖个戳，算是大功告成了。江户开幕两百几十年来，除了极个别上任的时候连字都写不来的娃娃将军不得不由人代写申请，其他的基本都是按照这个程序走的。

现如今一桥庆喜是还没申请，这天皇的戳就盖在前头了，也难怪他会想不明白。其实这就是老中们想出来的狠招——以前是申请之后天皇盖戳，现在既然你不肯申请，那就逆向思维一下，让天皇主动任命你做将军，来个先入为主，这你总不敢推辞了吧？

反应过来的一桥庆喜连忙爬起来追过去一把拉住了敕使，问这到底是要闹哪样。

敕使很淡定地说，这还能怎么回事？中央已经决定了，由你来当将军。

304

只不过庆喜仍是不以为然，面对煌煌圣谕，他的回答只有一句话："你们还是另请高明吧。"

敕使有点不开心了，说一桥大人啊，国家如此，也只有你能担此大任，你这般推辞，可就有点不像话了。虽说现在形势糟糕，但我作为一个长者，想送两句诗给你，叫"苟利国家生死以，岂因福祸避趋之？"

一桥庆喜不说话了。

沉默良久，他笑了：

"行吧，我就做这个将军吧。"

敕使一听这话，顿时松了口气，半庆祝半安慰地对庆喜说："庆喜公，这都是命啊，毕竟大家都已经研究决定了嘛……"

"行了，你不用说了。"庆喜挥了挥手，打断了对方的话。

武家传奏一看任务完成，便很识趣地站起了身子，准备离去。

"等等。"

"一桥公还有何事？"

"你刚刚说'苟利国家生死以'是吧，你觉得，这国家是幕府的呢，还是朝廷的呢？"

"这……"敕使顿时就愣在了那里，一时间想不出回答的话。

当天晚饭，一桥庆喜默默地静坐用餐，边上陪着夫人美贺。

美贺是一条家的千金，她爹一条忠香还有个女儿后来嫁给了明治天皇，即昭宪皇太后。从这层关系来看，一桥庆喜和明治天皇还算是连襟。

"大人终于也要做将军了么？"美贺淡淡地问道。

"是啊。圣旨都下了嘛。"庆喜满不在乎地继续扒拉着碗里的米饭，可吃了几口后，又把碗给放下了，望着跟前的小案子，看得出神。

"大人，您在想什么？"美贺伸过手，在庆喜的眼前晃了晃。

"我在想那一年的事情。"

所谓的"那一年"，指的是庆喜从安政六年（1859 年）到安政七

305

年（1860年）这一年间因受亲爹德川齐昭连累而度过的蛰居岁月。

美贺不说话了。

但庆喜似乎并不打算停下："整整一年，关在一间小屋子里，不能外出，不能看书，没有人跟我说话，一日三餐只是通过一个小窗口送进来。说是在自家蛰居，其实跟坐牢也没差别。大热天的别说洗澡，连擦身都做不到，真不是人过的日子啊。"

"这是命。"

庆喜知道美贺说的其实是安政五年（1858年）他们的第一个孩子刚生下来便夭折的事情。

他默默地长叹道："你知道我在那一年都在想些什么么？"

不等美贺说话，庆喜便自顾自地回答道："那一年间，我每天早上起来，换一身全麻的衣服，然后端坐在房间正中央，不断地问自己，我到底做错了什么？为何上天要如此待我？为何我明明是在为整个德川家着想，却会落得如此下场？"

美贺不说话。

庆喜端起了酒碟，一饮而尽："不过后来也想明白了，其实井伊直弼肯定应该比我更憋屈吧，呵呵。"

他一脸苦笑。

"我想，这就是武士之道吧。"不知何时，美贺默默地走到了庆喜的身后，轻轻地抱住了自己的丈夫。

但庆喜挣脱了："什么武士道，全是扯淡。那无非是德川家自己为了约束武士，让他们忠于自己的统治而编造制定出来的一套规矩罢了。"

"可是，人总得有个主君，有个主心骨吧。"

"真是女人的见识啊。"庆喜摇了摇头，"那你说，我是不是也该有个主君？依你看，我的主君该是谁啊？"

美贺浅浅一笑，并不作答。

庆应二年（1866年），一桥庆喜接任德川家宗家家督，改名德川

306

庆喜。12月，正式出任幕府大将军。

当上将军之后庆喜做的第一件事就是去找法国人借了一笔钱，240万美金。要知道幕府这几年来折腾来折腾去的，偌大的家产已经被败得差不多了，不得已，只能找外国人先借点钱花。这里插一句，当时虽然日本国内看似一片混乱，大家都在攘夷，但其实每个有实力的雄藩背后都有相对应的外国在支持，比如萨摩的背后是英国，纪州的背后是普鲁士，而幕府的背后则是法国。看起来是日本人之间的内战，实则列强各国也在看不到的地方推波助澜，当然，目的显然是为了自己国家和自己的利益。

钱拿到之后，就该讨论怎么花了。

照例，开了个会。

会上，一个幕臣发言说，将军大人，之前我们曾经决定过，要在横须贺造个船厂的，只不过当时没钱，计划也就搁置了，现在有钱了，是不是应该开始动工了？

这话刚一说完，底下几乎所有的与会者都噌地站起来了，大家情绪激动，纷纷反对："这都什么时候了，长州藩、萨摩藩都快造反了，幕府都要完了，你居然还琢磨着造船厂？你怎么那么闲啊！"

因为反对声太强大，所以那位幕臣虽说看得出想跟大家打嘴炮，舌战八方，但德川庆喜还是出面示意兹事体大，先不讨论，我们先说别的。

这次会议的结果，是决定再搞一次改革：首先，是军事方面，幕府找到了以法国陆军炮兵大尉布鲁内特为首的一批法国军人，让他们担任幕府的军事顾问，将幕府的陆军改为法兰西的军制；其次，设立了陆军、海军、会计、国内事务和国外事务这5个部门，每个部门的老大叫总裁，分别由幕府的老中担任；最后，幕府决定，送了一批留学生出国考察，目的地是巴黎的世博会。这批年轻人中，有德川庆喜本人的亲弟弟、清水家的家督清水昭武，也就是水户藩最后的藩主德川昭武。德川庆喜还出台了规定，但凡有幕府高官子弟愿意出国留学的，幕府将予以一定的奖励。

这是幕府最后一次的改革。在当时，谁也不知道这么做是不是真的有用，是不是真的能够挽救已经快垮掉的幕府，即便是德川庆喜本人也不知道，但他唯独知道一点，既然做了将军，那就得负责到底。

会后，德川庆喜让人把刚才那个要造船厂的兄台叫到家里独对。

他很开门见山地问道："就目前来看，造船厂并非第一要紧的吧？"

"不，就目前来看，造船厂造军舰，让我们拥有和西洋列强不相上下的海洋实力，才是第一要紧的。"

"那什么，我作为将军虽然不太方便问，可还是想问你一句，你觉得现在这种形势之下，等我们把船厂造好，那至少得好多年之后，那时，德川幕府会怎样？"

"不知。"

"这么重要的事情你怎可不知？"

"因为无关紧要。"

"什么？！"

"将军大人。"那位幕臣正色道，"德川幕府终有一天是要灭亡的，可有了这个能和世界列强相搏胜负的船厂，能使日本国万年长存！"

德川庆喜愣住了。

"依你看，我的主君该是谁啊？"

果然，将军的主君，应该是这个国家，应该是这个国家的每个子民吧。

当年，在原先就已经落建的横须贺造铁厂的基础上，又开始动工了造船厂。该厂一造就是四五年，一直到明治四年（1871年）才竣工。

这便是后来为日本出产了数艘航空母舰的横须贺海军工厂。

虽然，此时幕府也确实已经不在了。

那个坚持要造船厂的幕臣，叫小栗忠顺。

308

第十九章 《船中八策》

12月25日，孝明天皇突然驾崩了，享年36岁。

根据病历记载，从12月11日开始，天皇就高烧不退，卧病在床，经过多方会诊之后，总算是稳定了病情。本来以为再休息休息就没大碍了，不想24日病情突然又一下子恶化了，天皇不断呕吐，吃什么吐什么，实在没得吐了就吐胆汁。就这样一吐就是一天，吐到25日，终于不再吐了，却是彻底地不再吐了。

朝廷是当月29日对外发布这个沉痛的消息的，但很快，民间就传出天皇不是病死而是被毒死的谣言，而且还传得有鼻子有眼的，什么有人在天皇的毛笔上下毒，在砚台上下毒，传得最邪乎的是有人潜入天皇的厕所，把里面的熏香换成传说中的九九断魂香，于是天皇就驾崩在了马桶边上。但不管故事的情节怎么变，大家嘴里的凶手似乎很统一，只有一个答案，那就是我们的老熟人岩仓具视。

要说这哥们儿也挺倒霉，自从在和宫下嫁的事儿上坑了幕府一把之后是落了个两头不是人：幕府觉得这小子贼坏，尽干丧尽天良的事儿；尊攘派觉得这家伙太不忠，前后张罗着要把皇家公主卖给幕府。就这样，在幕府的操纵下，朝廷判了他滚出京都，在乡下找个小宅子反省自己，同时，尊攘派也给他送去了恐吓信，说是要把他砍死，曝尸街头。

从此之后岩仓具视的日子就难过了，他整天就得跟乌龟一样躲在家里大门不出，二门不迈，连深更半夜都不敢出去吸口气，上街买菜的自由也没了。这种乌龟缩头功一练就是好几年，搞得尊攘派想暗杀他也没了方向，他们甚至都不知道岩仓具视究竟躲在哪儿。幸而过了一段时间之后，孝明天皇觉得其实这人也没什么，当时为了平息幕府的不爽才不得已赶走了他，现在既然已经顺利平息了，那就让他回来吧。

岩仓具视表面上没说什么，很听话地回到了朝廷，继续做了个官，但仅仅是表面上。这也是理所当然的，我把你赶到乡下去，一连好几年断了你的娱乐断了你的网，连出门都不让你出，你能不恨我？这岩仓具视回归朝廷之后，恨上了两样东西，一样是孝明天皇，还有一样是幕府，后者是比较主要的。

事实上，在岩仓具视躲在乡下的时候，尽管不出门，但也不是没人来拜访，比如萨摩藩的同志们就很关心这位前朝廷高级干部的生活，时不时地派人送点礼物来，主要是萨摩产的红薯，在这个过程中，岩仓具视跟萨摩越走越近，关系也越来越好。

综上所述，孝明天皇一死，坏处最大的是幕府，因为他是支持公武合体且积极跟幕府合作的，现在人没了，今后朝廷跟幕府的关系怎么走也就成了个未知数。在这种风雨飘摇的时节，幕府若是没有朝廷的支持，那真是很难接着往下混了。而得益最大的，就是倒幕派了。长期以来倒幕派一直盼着幕府迅速消失，可无奈他们打的旗号是尊王倒幕，偏偏尊的那个王跟幕府走得特别近乎，所以也就只能搞搞天诛，弄点恐怖袭击，除了被逼上梁山的长州藩之外，谁也不敢真刀真枪地倒。现在可好了，孝明天皇死了，说难听点倒幕道路上最大的那块拦路石被挖走了，今后的前途搞不好就是一片光明了。

而集痛恨孝明痛恨幕府且又经常能接触到天皇于一身的岩仓具视，自然而然地成为了天皇之死的最大嫌疑人，这是没办法的事儿；而且更加令人瞩目的是，他的妹妹和外甥女都在宫里做女官服侍天皇，实在是具备了得天独厚的条件外加无与伦比的动机。尽管几乎没有任何实质性的证据表明孝明天皇之死跟岩仓具视有关，但鉴于那么多客观

310

事实存在，所以一百多年来他都不得不背上了这口黑锅。说心里话，蛮可怜的。

孝明天皇死后，由其子睦仁亲王继位，也就是后来的明治天皇。当时小天皇不过 15 岁，政务自然得由身边人帮着处理。

再说德川庆喜一听到孝明的死讯，不由得松了一口气。虽说他很清楚这位老大的死对幕府意味着什么，但眼下已经顾不上这种什么"对幕府今后的发展有着非常不利影响"之类的长远意义了，因为远近全是事儿，一堆事儿，只能先顾着近的。

最近的事情有：法国公使列昂罗丘上书幕府，说是请开兵库港，兵库港在今天兵库县神户市那块儿。德川庆喜这会儿正忙得团团转，本想说过段日子再议，但终究没好意思说出口，因为兵库开港这事儿已经来来去去拖了快 10 年了。

事儿还得从安政五年（1858 年）幕府跟英、美、俄、法、荷签订的《安政五国条约》说起。条约里规定得很明白，说是 5 年之后开放兵库港，也就是文久三年（1863 年）开放，但孝明天皇知道了之后是勃然大怒，表示其他的港口开放了也就开放了，唯独这兵库港死也不许开，因为那儿离自己住的京都太近，万一洋鬼子使什么坏心眼坑自己一下，那不全完了？就算不使坏，一想到要跟洋人挨得挺近，孝明也觉得浑身不自在，所以坚决驳回了这一条。

幕府没辙，到了文久三年（1863 年）的时候，只得跑去跟洋人商量，说是要不再推后 5 年？列强有点光火，你这拖一拖就 5 年的，还开不开了？在英国公使帕克斯的策划下，大家伙开着舰队浩浩荡荡地冲进了濑户内海，停在了兵库港门口，把条约上还没执行的内容变成了既定事实。幕府一见这架势当场就怕了，慌忙派使者去保证说，我们 5 年之后一定开，绝对开，不开你们再来也不迟的。

列强答应了，把条约给修改了，根据上面所说，规定的开港日期变成了公元 1868 年的 1 月 1 日，按照和历来算的话，就是庆应三年（1867

年）的12月。眼瞅着日子一天天就要到了，列强生怕幕府再放自己鸽子，便公推法国公使为代表上门提醒：眼看只剩下一年了，你们幕府是不是该准备准备？

德川庆喜答应得很爽快：我明天就给皇上递折子，您瞧好了吧。

按照他的设想，大愤青孝明天皇已经挂了，新天皇才15岁，哪知道什么是开国什么是攘夷啊，折子上去再通通路子，那港口不就开了？

不想奏折交了才两三天，就被退了回来。天皇明确表示，不能开港。德川庆喜很郁闷：这尊王攘夷还带子承父业的？

其实他一开始的盘算并没错，睦仁天皇的确是年幼无知，啥玩意儿都不懂，可偏偏他身边有一个基本上啥都懂的人在，那人就是有栖川炽仁亲王。

如果你已经忘记这哥们儿是谁了，那就往前翻，一直翻到和宫下嫁的那段，没错，这倒霉的家伙就是当年被德川家茂给抢了老婆的那位亲王。自打老婆没了之后，他开始跟长州藩走得很近，还和久坂玄瑞他们一伙人搭上了。等孝明天皇死了之后，他作为睦仁天皇的叔叔，把持了睦仁身边的一切事务。这次德川庆喜呈上来的开港折子，也是在他的鼓动下被拒的。

正所谓打人不打脸，夺人不夺妻，你要不是真的深仇大恨或者是真的爱得死去活来，千万别去动人家的老婆，真的一点好处也没有。

知道了事情原委后的德川庆喜也不慌，他一边召见了各国公使信誓旦旦地告诉他们说，到了时间绝对开港，都上下打点好了，绝对没问题，然后一边又找来了诸大名，说是开会。

他的意思也很明确，在会议上说服大名们，再用群众的意见来给炽仁亲王压力，这么一来，就算是天皇的叔叔也是顶不住的，最终只能乖乖地从了幕府搞开港。

与会代表除了庆喜之外还有5个，分别是松平容保、松平庆永、伊达宗城、山内容堂和岛津久光，其中松平容保请病假说来不了，所

312

以只来了 4 个。大家伙在当年的 5 月聚集在了一起，主要讨论的议题有两个，一个是开港，还有一个就是对长州的处理。

其实对长州根本没法处理，我们之前就已经说过理由了，可偏偏幕府好面子，一定要以老大的身份再来压长州一下，那也只能随他自己高兴了，反正怎么看都是自己安慰自己。

开会之前，幕府收到了一个不错的消息，那位把他们折腾得焦头烂额的大少爷高杉晋作，在当年的 4 月 14 日因肺结核医治无效病逝，年 28。

这位折腾了差不多一辈子的大少爷终于消停了。不过，凭良心说上一句，他虽然爱折腾，虽然想着一出是一出，但是他并不是在瞎折腾，这家伙其实非常有脑子，清醒得很。

比如在禁门事变的那会儿，松阴门下的几个主要的毕业生几乎各个都站在了久坂玄瑞这边，说要搞军事政变绑架天皇，唯独他跟木户贯治（桂小五郎）持的是反对意见。他们认为一旦擅动刀枪，必定会引来灭藩之祸，结果没人听，后果么我们也看到了，不多说了。

这家伙看起来如同一只没有任何目的性，在四处随性活动的野兽一般，但其实却是一个该出手时就出手的好男儿。

总而言之一句话，少爷的身子豪杰的命。

高杉晋作的死，是长州藩的一大损失，藩主毛利敬亲自然也非常悲伤。他亲自给晋作主持了葬礼，并且随行安排送葬，下葬。丧礼当天长州的各界人士都纷纷自发赶来送高杉晋作最后一程，大家身穿丧服，气氛非常隆重。在这一片沉痛的哀思中，突然人群里一阵乱动，一群来历不明的黑衣人蜂拥而来，朝着棺木奔过去。开始毛利敬亲还以为来了抢尸体的，正待一声令下捉拿可疑分子，定睛一看，这些人无一例外地居然全都是美女。确切地说，她们都是妓女。

毛利敬亲有些想不明白了，这些人都是打哪儿来的？她们来葬礼干吗？难不成打算在棺材前表演歌舞？这也太那个了吧……

313

还没等他念叨明白，为首的女孩双手供上了一把三味线，也就是日本的传统三弦乐器，接下来率领群芳高声痛哭，哭诉老天不公，过早地夺去了她们的高郎。

毛利敬亲终于明白了，这来的全都是高杉晋作的老相好。这位大少爷平时就是一不折不扣的风流浪子，到处闲逛，四处留情，加上人长得帅又有钱，自然备受花界女性的欢迎。

参加葬礼的众人看了之后也只得摇头叹息了：难怪死那么早，还是吐血死的……

顺便一说，类似的事情在中国也有。故事的主角是宋朝伟大词人，婉约派的柳永柳七郎，不过柳爷要比高杉晋作厉害得多。他是死的时候连办葬礼的钱都没有，众妓女不但为他送葬，还纷纷自掏腰包给他办了一个风风光光的葬礼。一时间，"众名妓春风吊柳七"也成了传唱全国的一段佳话。

高杉晋作一死，幕府挺高兴的，毕竟少了一个添堵的人怎么说都是好事儿。当然，高兴过后还是接着开会吧。

会议上，德川庆喜先是阐述了当前的国际形势，又诉说了日本面临的巨大压力以及迫切需要更快更广更彻底地打开国门的现状，最后提出，要开兵库港。

一口气说了一大堆，庆喜将军连茶都没喝一口，他用非常期待的眼神看着下面，希望大家能被他的说辞给打动，然后支持他的看法。

第一个发言的是岛津久光："将军大人，兵库港的事情我们暂且放一放，先讨论一下长州吧？这仗打完也有大半年了，至今还没能给天下一个说法，似乎有点不应该吧？"

德川庆喜连忙表示这事儿不急，等咱们敲定了开港之后马上就来讨论长州。

岛津久光连连摆手："别呀，事儿得一样一样地办哪，您还是先说长州的事儿吧，要不然，咱就不跟您说开港了。"

314

会议从5月4日开始开的，开到21日，两个多星期，整个会场上就听到这哥俩在争是先开港还是先处理长州，其中松平庆永是帮着将军的，伊达宗城则站在了岛津久光的一边，至于山内容堂，看他们两边互相这么争执不下，备感无聊，所以干脆就请了病假天天躲宾馆里头了。

德川庆喜一看山内容堂请了假，连忙找来了幕府的老中稻叶正邦和板仓胜静一起协同参加会议，反正他们也是诸侯，论资格论地位绝对没问题，最重要的是，幕府的老中自然是帮幕府的将军，德川庆喜为的就是给自己壮声势。不过相当不幸的是，包括松平庆永在内的其他三人，对于这二老的加入皆表示不欢迎，不接纳。而岛津久光见状，也使了绝招，他派手下前去游说松平庆永，成功地将他拉拢到自己这边，然后决定先下手为强。23日，包括山内容堂在内的四位大名打算联名上奏朝廷，要求解决长州相关事宜，奏折中对于兵库开港之事只字未提。如此一来，岛津久光觉得自己稳操胜券了，这折子一旦交上去了你德川庆喜再怎么能耐也请跟天皇说去吧，别来烦老子了。

不过他万万没有想到的是，就在23日当天夜里，德川庆喜居然亲自访问了松平庆永和伊达宗城，一番游说之后，又把这两位给说到幕府的阵营里去了。这还不算，庆喜还拿到了尚未上奏的奏折，把它给改了，改成四大诸侯联名要求开港。

等到岛津久光和被排除在外的山内容堂知道了这事儿，已经是睦仁天皇的圣旨下来的时候了，天皇当然不可能知道这帮家伙在搞什么鬼，眼瞅着将军加诸侯联名要求开港，自己又不是跟爹一样的极端愤青，所以大笔一挥：准了。炽仁亲王在一旁也不好说什么，因为他也不知道事情的原委，还以为真的是诸侯的联名奏折呢。

岛津久光很生气，后果很严重。

这哥们儿从一开始搞攘夷秀，搞投机政治起家，始终想混进幕府的中央核心队伍，现在好容易让他削尖了脑袋凑了进去，结果还被德

315

川庆喜大大地调戏了一把。于是他决定，不再挤进中央里了，他要把这中央给推翻了，自己再造一个新中央。

萨摩藩也就是从这个时候开始，正式决定武装倒幕了。事实上，从孝明天皇死的那一刻开始，岛津久光就知道，自己想要的东西很快就能去争取了。

而另外一哥们儿山内容堂也气得不轻。他大小也是个大名，千里迢迢地请他去参加会议，临了就因为请了几天病假便把自己给一脚踢了出去，这也太过分了吧？

山内容堂其实不是土佐的大名，而是大名山内丰范的堂兄。山内丰范他爹丰资是山内容堂的二大爷。这位二大爷估计是命不好，天生克子。他曾经搞过一场轰轰烈烈的藩政改革，结果大失败，不得已引咎退位不问政事，藩主的位子先后传给了自己的两个儿子山内丰熙和山内丰惇，不想是传一个死一个，特别是那个山内丰惇，当了12天的诸侯就荣登极乐去了。丰熙、丰惇两兄弟走得早，没留下儿子。而山内丰资虽说还剩下最后一根独苗山内丰范，但此时小朋友不过3岁，穿个衣服都不利索，别说做藩主了，更何况瞅着前面的俩大哥，要再让他铤而走险做大佬，闹不好山内丰资他们一系就该灭绝了。想来想去，还是让自己的弟弟山内丰信来顶一阵子吧，好歹也等丰范长大了再说。

山内丰信就是后来的山内容堂，他做了藩主之后，活干得还是不错的，当时和伊达宗城、松平庆永、岛津齐彬并称天下四贤侯。获得了荣誉称号之后的丰信并不满足，他打算积极进取，打入中央内部，于是，四贤侯聚集在了一起，傍上了水户藩的德川齐昭，成立了一桥派，主张立一桥庆喜为十三代将军的继承人。这事儿的结果我们也说过了，他们被井伊直弼给整顿了，都受到了处罚，山内丰信被幕府要求在家反省。气愤不已的他在安政六年（1859年）2月宣布辞职，撒手不干了，把藩主的位子让了出来，给了自己的堂弟，也就是之前说过的山内丰范，然后自己隐退并且自号忍堂，意思就是你们幕府这么坑害我，我都忍了。

316

虽说是不当大名了，但该抓的权，该管的事儿，可是一点都没放下，山内忍堂自退位之后，生活基本跟没退位一样，反倒是藩主山内丰范，活脱脱的就是一个傀儡，什么都是自己的堂兄说了算，自己除了点头就是画圈，再也没其他的用处了。

过了不久，山内忍堂觉得忍堂这个号不太好，听起来总有一点忍气吞声的小媳妇的味道，所以想了想，就把忍字改成了容字，就是说，咱不用忍，咱天生度量大，什么都能容得下。

关于这个号，很多人都说是山内容堂的朋友、有着水户藩双璧之称的藤田东湖出的主意。不过在我反复查阅之后发现，忍堂这个号，是他在安政六年（1859 年）隐退之后自称的，这个确切无疑，容堂是在忍堂之后改的，自然也在这个时间之后，可藤田东湖却是在安政元年（1854 年）的安政大地震中，为了救自己的母亲，用整个身子挡住了塌下来的房梁，受了重伤而亡的。尽管这种孝行我个人觉得是绝对感天动地的，但人死了就是死了，本着历史唯物主义的精神，我是断然不会相信上天又给了他一次生命让他穿越到 5 年后给山内容堂改名字的。

当上了太上皇之后的山内容堂先是启用了吉田东洋搞改革，引进列强的先进武器和新奇玩意儿，不过没多久吉田就被暗杀了。他死后，山内容堂一度很苦恼，因为以武市半平太为首的土佐勤王党冒了出来，尽管他们有重大作案嫌疑而且主谋抑或是主犯坂本龙马还跑路去了九州，可武市半平太实在是挺有能耐的，他会拉关系，没过几天，土佐藩的几个大家豪族和高官就被他搞得服服帖帖，跟半平太称兄道弟。就这样，勤王党的成员开始介入了藩内部，并且顺利把持了藩政。一时间，原本提倡公武合体的土佐藩成了尊王攘夷的模范藩，这跟老公本身的思想就不符，但人家一时势大，也不好怎么公开翻脸，只能静静等着机会。

八一八之后，全日本开始了清算尊攘派的风潮。山内容堂一看机会来了，连忙一挥手，说是要追查吉田东洋案的真相。这一查，首当其冲的是土佐勤王党，土佐勤王党里自然首先找的是党魁武市半平太。找到之后，也没多废话，直接就给抓进去关了起来。

山内容堂派人对半平太说，你就招了吧，这样好过一点。

武市半平太："招什么？招蜂引蝶？"

山内容堂："招你是怎么杀吉田东洋的。"

武市半平太："东洋？东洋是什么东西？好吃么？"

这一来一去的好几个回合，山内容堂终于失去了耐心，下令文明的不行就来粗鲁的，打到半平太说为止。

一顿鞭子下去，手下来报说，还没招。山内容堂下令："再打！"又是一顿鞭子，还是不招，山内容堂怒了，拍了桌子："杀！"

就这样，武市半平太被迫切腹，他的同伴们基本上不是被杀就是被关，土佐勤王党就此玩完。

勤王党垮台之后，山内容堂又起用了新人，他便是吉田东洋的外甥，叫后藤象二郎。

象二郎擅长兰学、会航海术同时也会英语，最重要的是他还支持公武合体，所以非常得重用。山内容堂一上来就让他做了大监察，负责藩内的政务，小伙子干倒是干得挺不错，可就是时运忒背运了点。

武市半平太在的那会儿，土佐是搞尊攘的，八一八之后，山内容堂立刻把风向转成了公武合体，可没过多久长州跟幕府开战了，幕府居然还没打赢，这下他有点急眼了：眼瞅着长州离自己挺近的，也就隔了一个海峡吧，会不会趁着打败幕府的风杀到土佐来？

越想越担心的山内容堂找来了后藤象二郎商量对策，商量来商量去也没能有个可行的方案，就在这个时候，象二郎突然问自己的主公说："大人，您知道坂本龙马么？"

山内容堂想了想，表示自己知道。当年跟吉田东洋闹得不可开交，那他现在在干吗呢？

318

后藤象二郎告诉自己的主公，坂本龙马最近干成了一件大事儿，在他的牵线搭桥下，长州和萨摩结盟了。而龙马本人，也一下子成了两藩的大红人，长州藩喜欢他，萨摩人看好他，日子是越过越舒坦。如果能够找到坂本龙马，让他帮着土佐在长州面前说说好话，别说长州可能不打土佐了，很有可能就跟土佐做好朋友了。

山内容堂一想这个主意不错，连忙命令后藤象二郎当天启程去拜访坂本龙马，但转念一想又觉得有些心虚，你象二郎跟龙马是啥关系？怎么就这么有自信说服他来跟土佐藩合作呢？后藤象二郎连忙表示，自己跟坂本龙马打过一次交道，主公大人您就尽管放心吧。小伙子当天晚上就去街上买了各种土特产大包小包地拎着上路了。

然而他却并没有见到坂本龙马，只碰到了龙马的老婆坂本龙子。龙子告诉他说，自己的老公最近没空见他，所以对不住了，还是过一段时间再来吧，说完便示意后藤象二郎可以回家了。象二郎没辙，只好站起身子，然后又想想这东西拿都拿来了，再拿回去也不合适，估计山内容堂也不吃这些玩意儿，所以就给留在了坂本家。

这时候的坂本龙马的确很忙，具体说来是在忙着开公司赚钱。公司的名字叫海援队，是一家主要负责买卖武器、运输物资以及航海训练的综合性公司，同时也是日本历史上第一家有限责任公司。说起来，这家公司其实还是挂名在土佐藩名下的产业。

海援队的创建始于庆应元年（1865 年），那会儿坂本龙马原先在读的神户海军操练所被幕府勒令解散了，一大群海军学校的学员没了去处。就在这时候，龙马再次发扬了大哥精神，他对同学们说："如果你们没有去处的话，就来我这里吧！"

大家感谢了龙哥的好意，但并没有几个肯动身的，毕竟有几个人就有几张嘴，你龙马能供得起那么多人的伙食？

龙马表示自己供不起也不愿意供，你们来我这不是为了吃穷我的，而是跟我一起赚钱。

大家连忙问怎么赚，龙马一笑："做生意。"

这看起来是一个相当无谋的打算，如果这世界上一旦去做生意就能赚钱，那大家都是生意人了。所以海军学校的同学们面对坂本龙马的建议，依然显得相当迟疑。

"你们不要忘了，我们具有其他人不具备的东西。"龙马说道。

"是什么？"大伙问。

"我们会开船，能出海。我们能够和外国人打交道。我们如果把外国的东西拿到日本来卖，再把日本的东西销售到外国去，何愁赚不了钱？"

这话说得相当靠谱。虽说日本是个岛国，被大海环绕，但其实当时日本的航海业并不发达，这全都是托了德川幕府搞了几百年的闭关锁国的福，挖遍全国，会开大船的比大名还稀少。也别说搞国际贸易了，就是国内贸易，一般走的也是陆路，尽管走陆地成本高，时间久，还会碰上山贼，但也是没办法。

所以，龙马正是看到了自己和同学们身上的这点优势，才敢大胆地提出做生意这个打算。

最终，他带了一批人在长崎的龟山（今长崎市）组建了贸易商社，取名为龟山社中。这批人中，有着后来的日本外交大臣陆奥宗光、被誉为东洋卢梭的中江兆明以及至今三菱财团的创始人岩崎弥太郎。

话说龟山社中刚成立的那会儿，主要依靠他们的航海技术干一些运输的工作，比如帮各藩送点枪支武器什么的，虽说多少也赚钱，但因为刚刚起步所以业务不多，赚的钱也自然不多。真正的大商机，是在坂本龙马忙着给萨摩和长州两藩的联盟当中间人时发现的。

前面我们说过，当时他搞萨长联盟，是打算让萨摩和长州搞武器换粮食活动。就在这时龙马突发奇想，觉得如果自己将武器和粮食的运输业务给承包下来，那不是能赚到笑不动？于是，在联盟顺利完成之后，他分别向西乡隆盛和木户贯治提出了这个要求，两人倒也大方，

320

觉得反正给谁运都一样，还不如让你龙马承包了。

打那会儿起，坂本龙马才算是开始发达了，成为有钱人了。不过他并不满足于仅仅给萨长两藩送个武器运个米之类，他想扩大经营范围拓展业务。这是相当困难的，因为坂本龙马再怎么说也就是个个体户，没什么很大的诚信基础和后台，谁敢轻易把生意交给你？万一哪天你开了个船装了我的货跑菲律宾去了呢？

认识到这点之后的龙马很快就想出了一个好主意。他托关系找到了在土佐藩里能说了算的人，把龟山社中的隶属关系变成了土佐藩下属的贸易公司，名字也改成了海援队。这样一来，有后台了，赚钱就更方便了。而这位土佐藩里能说了算的，就是后藤象二郎。

再说山内容堂看着后藤象二郎大包小包地去，两手空空地回，以为事儿办成了，非常高兴，说象二郎你就是靠得住啊，辛苦你了。

后藤象二郎很沮丧："殿下，在下并没有见到坂本大人。他最近特忙。"

山内容堂当场脸色就有点变了，很担心地问："龙马该不会不想帮我们，故意给你吃闭门羹吧？"

后藤象二郎连忙摇摇头说："那倒不会，坂本龙马最爱和平而且讲义气，以前我帮过他，这次他绝对会帮我，我们去找他一定没错的。不过这两天他确实可能有点忙，过了这阵子我再去找他就行了。"

过了一段时间，后藤象二郎又去了，很快又回来了，他告诉山内容堂，坂本龙马还在忙，不过这次在忙着打官司，他是原告，被告是纪州藩。

事情是这样的，庆应三年（1867年）4月23日，坂本龙马乘坐的运输船五郎八丸在位于今天广岛县福山市沼隈半岛的港湾里，跟纪州藩的军舰明光丸相撞。商船自然是撞不过军舰的，结果就是挨了重创，在拖回去修理的过程中沉入了海底。事后，坂本龙马向幕府告状，说责任全在纪州藩，并且要求赔偿，赔偿数额相当巨大，分别是武器损

321

失费 35630 两，金块共计 47896 两 1988 文，共计 83526 两 1988 文，折合成人民币的话应该在 5.1 亿左右。纪州藩当然不肯赔了，说两船相撞各有责任，凭什么只罚我一个？再说了，也没准是海援队的船自己主动撞上门来呢？

坂本龙马一看对方这副模样，立刻准备了两套方案：第一，他拿出了那本《万国公法》，也就是之前我们提过他说可以让日本发达的那本书，找到了幕府，据理力争，说自己是有理的，并且说这是国际公认的法律，你幕府要不遵守就是跟国际脱轨，是野蛮人；第二，他亲笔将事情的原委写成了一首儿歌，大致内容是纪州坏，纪州赖，纪州撞人不赔钱，纪州人民都无赖，大家看到纪州人，赶紧快闪躲躲开之类，反正都不是什么好词儿，全都是用来攻击纪州藩的。写完之后，他让人四处散播，传唱全国，抹黑纪州。

纪州藩一看这位大爷来了这么两下子，终于撑不住了，说龙哥我认了，我赔你钱还不行么？

事故发生 1 个月之后，纪州藩把 83526 两连带着零头 1988 文一分不少地给了坂本龙马，这才算是摆平了事端。

于是，我们的龙哥又创造了一项日本史上的第一：他是第一个运用国际法打赢经济纠纷官司的日本人。

这部他自称能让日本发达的法律，反倒是先让他个人给发达了一把。

这事儿还不算完。平成十八年（2006 年），经多方专家考证以及多年来在沉船处的实地打捞，最终发现，船里压根就没枪，除了锅碗瓢盆之类的日用品外，就是一些进口的舶来小商品，估计是用来倒卖赚差价的，至于所谓的金块，更是连个影子都没发现。

这是诈骗啊！

不过怎么说官司打完也算是告一段落了，龙马老板终于在 6 月下旬，于百忙之中抽出空闲接见了后藤象二郎，地点是在土佐藩的一艘船上。

322

后藤象二郎的意思比较明确，说现在天下形势很黑很混乱，黑得看不清前面的道路，混乱得不知道方向，所以想来问问龙马先生，土佐藩接下来的路，该怎么走。

坂本龙马很仔细地想了想，说道："你们跟着长州藩一起倒幕吧。"

这话一出，后藤象二郎吃了一惊。要知道，他之所以能被山内容堂重用，除了本身的能力之外，还因为他的政治思想跟山内容堂相似，都是提倡公武合体的。现在坂本龙马公然在他面前建议土佐藩倒幕，实在有点大逆不道的意思。

不过他城府不错，并没有当场发作，只是反问道："我家容堂大人向来坚持公武合体，坂本大人您不会不知道吧？"

"知道，那又如何？别说醉侯了，当年萨摩的岛津久光不也是公武合体派的？现在呢？"龙马笑笑。

这里的醉侯指的是山内容堂，因为这家伙特别能喝酒，所以自称鲸吞醉侯，意思就是中国话里的千杯不倒。

"难道，推翻幕府是土佐发展的唯一道路么？"后藤象二郎觉得，如果还有其他的办法比如公武合体还有那么一点点的希望，那就尽量别去跟幕府较劲的好。

坂本龙马依然笑笑："推翻幕府不仅仅是土佐的出路，同时也是整个日本的出路，难道你不这么认为么？你想，现在的局势，内忧外患，幕府作为原本的中央集权机构，已经完全起不到中央的作用了，他下的命令还有几个人听？各藩还不是凭着自己的实力实行自己的政策？在这个时候你若还要扶植都已经快烂了的德川幕府，那真有点跟时代抗衡的嫌疑了。"

后藤象二郎想想对方说得确实有道理，这年头虽然还有个将军，可各藩只要有点实力的，都在埋头干自己的事儿，谁也不把幕府当盘菜。照这个样子下去，如果还是坚持支持幕府、支持公武合体，那就估计只能是死路一条了。

323

但是，他心中依然非常困惑："那么，依先生之见，这幕府该如何推翻呢？"

因为在象二郎看来，你要推翻幕府，走和平路线是绝对不可能的。就这几个诸侯，萨摩也好长州也好，他们即便有凌驾于幕府之上的实力，那幕府也不会听他们的。道理很简单，做了你几百年的小弟了，转眼间就对你指手画脚说这说那的，是你你干么？这面子以后还要不要了？德川家的人出去以后还做不做人了？而不听的话，那么最直接的结果，就是双方开战，因为若是被打败了逼着下台，那也有的一说，毕竟人可以被打死，但不能被熊死。可一旦开战，那必定是血流成河、生灵涂炭，日本恐怕就要歇菜了。

面对对方心中的困惑，坂本龙马依然胸有成竹："萨摩叫不动，长州也叫不动，这个我当然知道，可有人叫得动啊。"

后藤象二郎忙问是谁。

"当然是朝廷了。"龙马一笑，"如果我们换一个说法，不是推翻幕府，而是要求幕府把政权归还给朝廷，再把皇上抬出来压制他们，那么就算是德川家也不得不低头称臣；况且，幕府最近在长州新败，威信基本就是不存在了，正好趁着这个机会，逼迫他们交出政权。"

在坂本龙马看来，如果要想不流血，不死人，通过和平的手段推翻幕府，那么以上就是最好的办法了。其实不仅仅是后藤象二郎不愿意看到流血，他坂本龙马同样不愿意，不过，不愿意并不代表害怕流血，在说完这段话之后，龙马又紧接着说了一句："如果这样幕府还不愿意把大政奉还给朝廷的话，那就只有把他给彻底消灭了。"

后藤象二郎表示同意。

既然达成了共识，那就代表能交个朋友。哥俩一高兴，叫人端上来几盘小菜一杯小酒一边喝着一边又聊上了，越聊兴致越高，最后居然谈起幕府推翻之后日本的建设问题了。

喝着喝着估计是喝高了，坂本龙马醉醺醺地说道："要不我们来制订一份以后日本的基本国策吧?"

后藤象二郎喝得也不少,当即一拍桌子说:"好,就这么干,笔墨伺候!"

这真是女朋友都没有就想着抱儿子了。手下看着这两位爷也没什么好说的,只能把笔墨给拿了上来。

坂本龙马先是龙飞凤舞了一阵,然后把自己写好的给后藤象二郎看。象二郎一边看一边不住地点头说不错,接着自己也提笔修改了一两处,最终定了稿。

全文字数不多,总共分为8条:

1.天下大政奉还朝廷,从今往后,一切国政命令皆由朝廷发布。

2.设上下议院并且设置议员,万事决于公议。

3.将有才的公卿、诸侯以及天下之士备为顾问,赏以官爵,并且除去以往那些有名无实之官。

4.和外国的交往应该广泛地听取公议,并且制订新的条约,废除原有的不平等条约。

5.根据古往今来的各种律令,加以整编之后撰写一部永恒的大典。

6.努力扩展海军力量。

7.设立御林军,保护帝都。

8.金银货物交易应设立与外国均等之法。

这就是日本历史上著名的《船中八策》,主要说的就是把政权还给天皇,日本要搞西方民主,要不拘一格降人才,要废除不平等条约跟列强平起平坐,要朝廷指挥枪。

后藤象二郎回家后就把这份东西呈了上去,山内容堂一看,大喜。

虽说他也认可了幕府一定要推翻这样一个现实,但毕竟内心思想还是主张公武合体的,所以不太希望看到德川家死得太难看。现在这《船中八策》里除了让德川家上交政权之外,只字未提怎么处罚,看着实在是赏心悦目。山内容堂一边高度赞扬了坂本龙马的才华,一边还把

325

稿子给手下重臣传阅，并且表示，自己会尽快把这份东西上呈给德川庆喜，供他参考。

众家臣一看自家老大如此欣赏，自然不敢唱反调，更何况人家坂本龙马说得确实有道理，于是底下赞扬高歌声一片，甚至还有人把山内容堂比作毛利元就，就是战国时代日本第一智将。

就在这美好的气氛下，一个反对声蹦了出来："这玩意儿写得真够扯淡的。"

大家抬头望去，这个刺儿头原来是土佐藩的陆军总裁，叫板桓退助。

"你倒是说说，这怎么个扯淡法？"后藤象二郎反问道。

"这上面说得倒是花好稻好，可你不觉得全都是空话么？德川家是从马上得来的天下，你能指望他乖乖拱手让出？唯独只有从马上把他的天下夺走，那才是正道！"

后藤象二郎一听顿时语塞，正在搜肠刮肚地找词儿反驳，就听上头一阵怒喝："你这是暴论！"

刚才还在接受大家真挚的赞扬，脸上笑得跟一朵牡丹花似的山内容堂，此时早已晴转暴雨了，他怒视着板桓退助。板桓退助倒也不怕，两眼平视着对方。

"滚！"山内容堂又一声喝，"你的陆军总裁也别干了！"

板桓退助毫不畏惧，行了个礼，一声不吭地走了出去。

大政奉还

第二十章

其实，坂本龙马也不是没想到这个问题，他之前也表示了，要随时做好打仗，打大仗的觉悟。之所以提出这《船中八策》，纯粹是因为不想看到战争，想尽可能地避免而已。所以，他又想出了一个办法，叫做"雄藩联合"。

简单说来，就是把各大藩联合起来，用团结的力量给幕府制造压力，逼迫它将政权奉还。

当年6月末，在坂本龙马的串联下，土佐和萨摩结成了同盟，几天后，萨摩、长州、土佐结成了三藩同盟，表示在今后的日子里，一定同甘苦，共进退。与此同时，山内容堂也把《船中八策》给呈了上去。

与此同时，德川庆喜的日子应该说是过得糟透了，因为最近在日本各地发生了一系列大规模的奇异事件。

具体表现为，一群群农民从村子里跑了出来，蜂拥挤向城市。本来么这也没什么，江户时代农民的孩子跑到城市里打工的比比皆是，这农民工进城压根就不新鲜。可新鲜的是，他们身穿奇装异服，其中，男人穿的是女人的花衣服，老太太穿的是小姑娘的花裙子还抹了个浓妆，然后一股脑儿地冲到人家商店门前，拿起手里的家伙就是一通猛砸，一边砸一边抢，一边抢一边嘴里还念念有词，说什么："这有啥，这有啥？"

意思就是抢了你的东西这点事儿算啥，抢了就抢了呗。这种行为

327

简直堪比当年的芹泽鸭。

最要命的是，这种现象居然以迅猛的速度在全国蔓延，从庆应三年（1867年）7月开始，不过一两个月就从关东发展到关西，再从关西发展到九州，挡都挡不住。

德川庆喜干脆就不挡了，他打算放弃，其实他已经有点绝望了，自打他当上这个将军后，起得比牛早，睡得比狗晚，干得比驴多，可就是没碰上一件好事儿，净是坏事坏消息，前途一片漆黑。

就在他快要崩溃的节骨眼儿上，山内容堂的《船中八策》总算是送到了，封面上写的是"建白书"，也就是意见书，作者被改成了他自己的名字。

对于山内容堂，德川庆喜还是相当了解的，知道以他这种说得好听叫温和、说得难听叫软弱怕事的性格，是断然不会提什么有用的意见的，最多也就是说一下什么将军大人要注意身体啊，不要太拼命工作啊这种东西，为的是增加在庆喜心里的好感罢了。

既然看穿了，自然不可能有好感了。不过看还是要看的，看完之后还得回复他，说一个什么知道了之类。于是，德川庆喜漫不经心地拆开了信封，打开了信纸，心不在焉地读了起来。

然后，他原本懒洋洋半卧在榻榻米上的身子一下子如同触电一般坐直在了小案前，接着将信工工整整地平铺在案子上，一个字一个字地读出声来。

全部读完，他又拿起来默看了一遍，笑了。

这下有救了，幕府终于有救了！不过这山内容堂怎么一下子就变得那么睿智了？吃了什么药了？

在德川庆喜看来，眼下萨长对自己步步紧逼，国内阶级斗争矛盾又异常尖锐，如果硬着头皮死磕的话，那么唯一的下场估计就是从反抗到灭亡——幕府灭亡。而现在这《船中八策》对于自己来说，无疑是一个极好的缓兵之计，要是遵从的话，就能堵上萨长的嘴：我都把

328

政权还给朝廷了，你们还有什么理由来逼我攻击我？我们一直说，那年头日本人做事儿特讲究名分大义，现在幕府把政权还给了朝廷，那就是普通的大名了，跟萨摩也好、长州也好名义上都是平起平坐了，那么他们倒幕的大义名分自然也就没有了，而名不正则言不顺，言不顺自然就事不成。

对于幕府的好处还不仅仅这些。既然大家都是普通的大名平起平坐了，那么就得看实力了。《船中八策》上面不也写着么，开上下两院，设置议员共商国是。议院很好开，运几船砖头、几吨水泥、几根木柱子、招几个民工可着劲儿地干几个星期就能完工，然后上面挂一个招牌写上"日本国议院重地，擅闯者死"之类的就齐活了，可议员不兴这么个造的啊！他得选，按照西洋人的民主制度，那得把日本划分成一个个的选区，在这选区里选出老百姓自己喜欢的人，老百姓喜欢谁？老百姓谁都不喜欢，因为他们谁都不认识，只能是住在 3 号门里的二狗太郎选 4 号门里的麻子卫门，所以，谁被人认识的最多，谁就能当选当地的议员，那么谁的地方知名度最高呢？当然是地方的大名了。说到底，这所谓的议院议员，其实就是让全国的大名来参政议政，至少在最开始的那十几年里是这样的，说白了，是不得不这样。

而众大名参政议政，谁说了能算呢？那就得看实力了，要论实力的话，自然就是他德川家了。要知道，所谓"大政"这个玩意儿，交上去不交上去都没啥区别，除了对天下说一声，给天皇上个折子表示自己以后不再管国事了之外，什么都不用付出，领地还是这点，家臣还是这些，仓库里的粮食、黄金是一丝一毫地都不减，换言之，实力没变。

当时全日本中，大名的数量为 300 人，领地超过 10 万石的，只有十二三家，其中萨摩和长州的领地分别是 77 万石和 30 万石，而幕府的领地有 800 万石，占了整个日本的四分之一。在那会儿，领地的石高就是实力的代表，1 万石能够维持 250 个士兵，那么算下来，萨摩的总兵力可以动员到大概两万人，长州的话是七千五百人，加起来也就三万不到，而幕府却可以很自然地拉出一支人数为二十万的大军。你长州和萨摩能够号称浓缩就是精华，打仗不在人多，可其他藩能么？你能保证其他藩也跟你萨长两家一样横不怕死？也别说其他藩了，就是跟萨长结成三藩同盟的土佐，都不是这德行。

所以，一旦大政奉还建立了议院制度，那么在议院里，最有实力的十有八九依然是德川家，至于什么给天皇设立御林军，让天皇拥有自己的军队，那更是纸上谈兵。德川庆喜是同意没错，但他只同意给天皇军队，至于招兵买马的钱，他就不管了。我们之前说过，天皇的领地也就3万石，在大名中纯属小资产阶级并无限接近无产阶级。即便他不吃不喝真的成仙了，他的老婆们也不吃不喝跟着一起做仙女，这些个领地也就够招募七百多人，挖挖河沟造造城墙都嫌少，其他的还能干啥？

说白了，大政奉还，看着是缓兵之计，事实上这根本就等于什么也没做。德川家还是那个德川家，朝廷还是那个朝廷，日本还是那个日本，也就是做个样子给天下人看，我幕府决定不再管事儿了，决定加入到普通大名的队伍里来，所以你们也就别老针对我不放了，大家从此往后就都是自己人了，一个议院里开会的同事了，好好相处吧。

10月13日，德川庆喜邀请了40多位大名齐聚二条城，跟他们商讨了有关大政奉还的事儿，对此，大家表示，您爱咋做就咋做，我们都支持的。

庆喜说，好，既然你们都支持，那我就去做了。

14日，他向朝廷正式递交了折子。经过多方商讨后，天皇也下了圣旨，接受了从幕府那里交过来的政权，尽管他依然两手空空。

就在德川庆喜将大政奉还给朝廷的当天，在正亲町三条实爱的家里，萨摩藩家臣大久保利通（原名一藏，1865年改的名）、长州藩家臣广泽真臣应邀来访，主客三人在屋子里先泡上了一杯茶，再上了一些点心。大家吃着喝着聊聊最近京都街头的奇闻异事之类，气氛还是相当不错的。

然而，就在两位客人以为这仅仅是一次普通的茶话会的时候，三条实爱的脸色突然就变了，他站起身子，打开屋门，仔细看了看外面，又将门给关了个严严实实，然后走到大久保和广泽两人的面前，压低了声音说道："有东西要给两位过目。"

广泽真臣觉得挺奇怪的，有东西你就拿出来给我们看呗，干啥遮遮掩掩的，难不成是什么见不得人的东西？

而大久保利通似乎知道了什么，也压低了声音问道："何物？"

"密诏。"

两人一惊，半天没说出话来。

三条实爱在怀里摸着摸着摸出了一卷圣旨，打开之后放到了他们的面前，上面写着：着萨摩的小松带刀、西乡隆盛、大久保利通三卿以及长州的广泽真臣、品川弥二郎、福田侠平同心协力，除掉国家的奸贼德川庆喜。钦此。

接下来是署名，头一个是三条实爱，因为他是三朝元老，德高望重；接下来依次是中山忠能等几位比较混得开、官位高且和天皇血缘近的公家，还有一位亲王，久迩宫鸠彦亲王。

广泽真臣一看，立刻伏低身子，口称接旨，然而，大久保利通却迟迟不动弹。

三条实爱转眼看了看他，意思是你什么意思，见了圣旨都不接？

大久保利通轻轻一笑："这玩意儿是真的还是假的？"

三条实爱脸色微微一变。

这张圣旨是真的是假的我们暂且不给它定性，单从其本身来看，就能发现，它是一个三无产品。之所以这么说，那是因为我们都知道，所谓圣旨，是天皇亲自下的命令的书面形式，至于如何让人知道这是天皇下的而不是隔壁老王写的，一般看的是三样证据：第一叫做亲笔，

331

就是天皇亲笔写的，那这就没问题了；第二叫做签名盖章，如果有天皇的亲笔签名外加拿玉玺那么一戳，也能证明这就是圣旨；第三叫做画押，用中文来讲就是个性签名，地位等同于亲笔签名。可现在大久保利通面前的这张圣旨，第一它不是天皇亲笔写的也不是亲自起草的，因为在开头就写明白了，起草人兼誊写人是一个叫玉松操的家伙，同时也没有天皇的署名，只有那几个公家的；至于画押，那更是没找到。总而言之，这份号称圣旨的玩意儿上，没能看到一丝一毫关于天皇的东西。

这能说是圣旨么？这要是圣旨，那我小时候偷挖人地瓜被罚写的检讨书也能叫圣旨了。

大久保利通估计是想这么对三条实爱说，不过最终他还是忍住了，静静地等着对方的解释。

三条实爱倒也非常镇定地表示，这就是圣旨，不解释。

此时已经反应过来的广泽真臣脸色也很难看，因为这假传圣旨不管在哪个国家都是大罪，他实在不敢相信一个公家能有这么大的胆子。

眼看着气氛一度陷入了尴尬的状态，三条实爱笑了起来："是不是真的，还是去问两家的大人吧。"

两人先是一惊，然后立刻会意，拜谢而去。

顺便一说，这位三条实爱，后来也叫嵯峨实爱，生了一个儿子，叫嵯峨实胜。嵯峨实胜有个孙女，叫做嵯峨浩。嵯峨浩有个老公，叫做爱新觉罗·溥杰，是清朝末代皇帝溥仪的弟弟。

三条实爱之所以这么说，是因为这张所谓的密诏，本身的确就是假的，其实并不真的想让萨摩和长州看天皇的旨意，关键是让他们看在下面署名的那几个公家，为的是告诉他们，我们有实力操纵整个朝廷的动向，我们有能力代表整个朝廷，现在就让我们跟你们联合吧。

事实上，关于德川庆喜决定搞大政奉还的真实意图，萨摩和长州方面也早就看穿了。他们知道德川庆喜葫芦里卖的是什么药，心里也

332

明白，这幕府，不靠武力是绝对没可能推翻的，要打仗，自然要讲究软硬两种实力：硬实力他们不缺，刚刚硬碰硬地打过一场；至于软实力，比如操纵高层，拿个天皇出来唬人之类，那都归朝廷管。

所以，萨长和众公家私底下秘密达成了协议，公武合体，共同讨幕。

这场联合结盟的背后主导者，便是起草这张伪圣旨的作者、玉松操的主公——岩仓具视。

一场涉及全日本的大决战，终于拉开了序幕。

不过，朝廷也好，大名武士也好，再怎么说这都是上头也就是统治阶级的事情，对于底层的劳动人民和地位比较低的浪人来讲，日子该怎么过还得怎么过。比如海援队老板坂本龙马，虽说现如今的政治格局基本算是他一手策划造成的，但对他的生活并没有带来多大的影响。他还是吃了喝，喝了睡，闲着没事儿去逛个街。本来山内容堂是想请他住到土佐藩的驻京都藩邸里去，这样一来方便找他商量事儿，二来也为了安全着想，但龙马天生自由散漫惯了，而且也属于那种就是不相信有人会来砍自己的超自信类型，所以拒绝了，依然住在了近江屋。

11月3日，他搬家了，搬到了近江屋，那里主要卖酱油，但也有空的屋子让他住。

11月13日，一位不速之客突然造访，他是伊东甲子太郎。

时为庆应三年（1867年），日本列岛正发生着一场史无前例的变革，而同样的变革，亦降临在了新选组的身上。

主要是两件事。第一件，新选组分裂了。

确切地来讲，是伊东甲子太郎带着他的小团体脱队了。

其实自天狗党藤田小四郎等人被砍头之后，伊东就有脱队的想法了，只不过山南敬助之死也彻底震慑了他，使其不敢轻举妄动，一直在那里潜伏着等机会，一等就是两三年。

一直到孝明天皇驾崩。

333

虽说那年代孝明雄起了那么几回但依然摆脱不了傀儡本色，可毕竟人家大小是个天皇，葬礼一定得上规格，不但要有气派的皇陵，还得有给他守陵的卫队。

伊东甲子太郎一听到这个消息，便知道机会来了。他四处托关系通路子，甚至还找到了天皇治丧委员会以及负责给天皇提供下葬场所的那座寺庙的住持，说是自己从小就仰慕天皇，现在老人家死了，他是发自内心地感到十分悲痛，在悲痛之余，他作出了一个重要的决定，那就是挑选一批人出来，以新选组的名义为天皇守护陵墓。这样做有两个好处：第一，伊东甲子太郎能够顺利脱离新选组，尽管可能一时半会儿还不能完全脱离组织关系，但至少能够远离近藤勇他们，在其视线之外，想干啥都行；第二，给天皇看坟那可是不折不扣的尊王行径，绝对能够接触到不少尊攘派，那对伊东甲子太郎来说，可真是找到组织了。

虽然新选组并不搞尊王，但并不意味着他们敢明着反王，所以对于伊东甲子太郎的要求，近藤勇很难找出理由来阻止——我是为了圣上看坟哪，你凭什么反对？你反对我就是反对给圣上看坟，反对给圣上看坟就是反对圣上，反对圣上就是……

多年以来，土方岁三一直对自己压制伊东甲子太郎一事充满了自信，结果事到临头他才发现，自己自信过头了。

新选组已经在崩溃边缘了。

原因很简单，伊东甲子太郎要挑出一批人去给天皇守陵。

挑多少人才算合适？

没人知道。事实上就算伊东把新选组 200 来人全带走，也没人敢说"不合适"，毕竟给天皇守陵，规格当然越高越好。

自打成为副长以来，土方岁三第一次感到了害怕。

不得已之下，他找到了伊东，先认了怂，表示过去多有得罪，伊东先生您别介意。接着，他进入正题，说你可以走，我保证日后不加以为难，也不会干涉你们的任何行动，但唯有一个条件，就是你带走的人不能超过 20 个。

伊东先生想了想，答应了。其实本身他也没想怎么着新选组，只打算自己脱离这个让自己痛苦万分、浑身不自在的佐幕组织就行了。

3 月 20 日，伊东甲子太郎从新选组里带走了 15 名队员，组成了御陵卫士组，前往高台寺孝明天皇的陵地看坟。这 15 个成员里，基本上都是他当年从伊东道场里带出来的人，其中包括了已经成为新选组八番队队长的藤堂平助。但唯独有一个人既不是北辰一刀流的，跟伊东的关系也不是特别熟，而是临时想起来对他说，伊东老师，我平时挺崇拜你的，让我跟你走吧。因为当时正值开辟新山头、人手缺得厉害的时候，所以伊东甲子太郎也没多想，便同意让他加入了。那哥们儿叫斋藤一。

卧底啊，妥妥的卧底啊。

然后在当年的 6 月 10 日，又发生了第二件大事。

这一天，幕府宣布，正式收编新选组为德川家直属家臣，其中局长近藤勇领俸禄 300 俵，享旗本待遇，其余成员从副长土方岁三到普通队员，也都成为了德川幕府的一员。

300 俵就是一年发你 300 石大米作为收入，和 300 石俸禄的区别在于，300 石是一年出产大约 300 石粮食的领地，而 300 俵则是纯大米收入，无领地。

干了那么多年，总算有了编制，近藤勇和土方岁三的激动之情可想而知。

再说伊东甲子太郎正式脱离了新选组之后，每天过着表面上看坟墓实际上四处跟各地的尊攘倒幕派联络感情的事儿，其中，有西乡隆盛、大久保利通，还有坂本龙马。

要说起来，尽管这两人都曾经是北辰一刀流的弟子，但其实互相并不认识，原因很简单，他们一个是伊东道场的，在东京都的江东区，一个是千叶道场的，在东京都的千代田区，根本不是一地儿。之所以现在有了交集，纯粹是因为伊东甲子太郎退出了新选组，组织了尊攘性质的小团体高台寺党。

尽管当年大家在江户学剑的时候谁也不认识谁，可好歹也是同门，在这京都相见，所以分外亲热，特别是这坂本龙马本身就是一个容易跟人混到一块儿的主儿，所以几来几回之后，两人的关系变得非常不错。

这次伊东甲子太郎跑到近江屋，为的是通知坂本龙马，刚刚收的风，有人要暗杀他。至于是谁要搞暗杀，目前还不能确定，但嫌疑最大的，一个是新选组，一个是见回组。

见回组的性质跟新选组差不多，都是幕府下属的警察组织，不过新选组的成员基本上不是低级武士就是浪人，三教九流五花八门，而见回组则都是由幕府的中级以上武士子弟组成，老大是佐佐木只三郎，就是暗杀清河八郎的那位。

伊东甲子太郎说得很诚恳，样子也很认真，因为这的确不是没影儿的事儿。

对此，坂本龙马的表情也很诚恳认真，他郑重地对伊东说道："知道了，谢谢。"

伊东说，没事儿，咱俩谁跟谁啊。说着说着，他突然发现对方依然还是谈笑风生，似乎根本没把自己刚才的话当回事儿，于是他又很严肃地说道："坂本大人，真的有人要来暗杀你，你还是早些做准备吧。"

"嗯，我知道了，谢谢。"

"那你怎么还坐在这儿？"

"我不坐在这里我坐在哪里？"坂本龙马非常奇怪地看着伊东甲子太郎。

"你……你不换个地方？"

"不换，用不着。"坂本龙马很自信地摸出了他的那把小手枪挥了挥，"有这玩意儿在，那可比你们的刀快多了。"

336

伊东甲子太郎无奈地摇了摇头，又随便唠了几句嗑，起身告辞了。

坂本龙马继续自己的生活。

11月15日，中冈慎太郎来访，两人在一起很高兴地唠了大半宿。中冈慎太郎是坂本龙马的朋友，也是土佐出身，两人从小就认识。龙马一生中办的主要事情，这哥们儿基本上都有共同参与，什么土佐勤王党、萨长联盟乃至最近的萨佐联盟，都有他活跃的身影。这人干的最大的一件事就是他看坂本龙马搞了一个海援队，便学着高杉晋作的奇兵队的编制，也搞了一个军事组织，取名叫陆援队，主要是搞讨幕。大本营设在京都，招收各地抱有讨幕心志的浪人，并且从萨摩请来了专门的教官进行西洋化军事训练，目前这支队伍还处于训练阶段。与此同时，中冈慎太郎还写了一本叫做《时势论》的书，用于尊王讨幕的理论宣传。一时间影响很广，直接导致了幕府对他的通缉。为了躲避追捕，中冈慎太郎整天东躲西藏，连名字都改了，叫石川清之助。

当时，屋子里除了坂本龙马和中冈慎太郎之外，还有一个人山田藤吉。他原来是玩相扑的，力大无穷，相当能打，被坂本龙马看中之后，成了他的保镖。做相扑的时候，他还有个很帅的名字，叫云井龙。

这天，正当坂本龙马和中冈慎太郎聊得很欢的时候，突然近江屋的下人跑了上来，说有人来访，然后呈上了名帖，上面写着十津川乡士。

所谓十津川乡士，就是居住在南大和国（今奈良县内）的乡士集团的统称。说起这伙人，那只能用一个词来形容——牛叉。

这群人的历史十分悠久，早在天武天皇元年（672年）的时候，他们就因出兵帮助中央政府平定了日本古代最大规模的叛乱壬申之乱而立下了战功。在平安时代，他们也数次出兵，帮忙平乱，每次平乱基本上都能立下功劳。每次立功，都能得到中央的赏赐，具体内容就是免租免息，一免就是好几百年。到了丰臣秀吉的时代，也给予了他们同样的待遇。而在德川家统治的江户时代，不仅让他们免去租税，还给了当地居民集体乡士的头衔，所以，在那里，反对幕府的人是非常非常少，而且他们还和会津、萨摩等藩一起，担当着皇宫的护卫。

最值得称道的，其实并不是十津川乡士的历史，而是他们的战斗力。曾经发生过这么一件事儿：一个十津川乡士和他的朋友喝醉了在路上走，走着走着就被新选组给拦住了，说是例行身份检查。那位朋友是土佐脱藩的藩士，本来就不怎么待见新选组，一看自己啥事儿没犯居然就被当众拦路检查，借着酒劲，就把刀给拔了出来。新选组一看要打架，那真是来得正好，纷纷亮出了家伙，而那位十津川的一看这架势，知道为朋友两肋插刀的时候到了，也拔出了自己的刀。当时的人数是2对3，数量上他们占劣势，而质量上，似乎他们更没啥优势了，因为新选组那三个人，分别是冲田总司、永仓新八和斋藤一。他们代表着当时新选组里的剑术最高水准，其实也代表着当时日本剑术的最高水准。

然而，就是在这场最高水准的对决中，十津川乡士没让对手占到半点便宜，尽管他和朋友都被砍成了重伤，但是在最后关头，十津川的哥们儿忍着伤痛，背起朋友就逃，居然还真的给他逃脱了。这种战斗力、胆力以及体力，都是非常惊人的。

话再说回来，尽管十津川乡士不倒幕，但他们尊王。他们是当时鲜有的纯粹尊王派，所以跟一些不怎么激进的尊攘派走得很近，比如坂本龙马。

龙马看了名帖之后，便让山田藤吉下楼把客人给领上来。

山田藤吉晃荡着身子走到楼下，还真看见了三四个人，穿戴整齐，毕恭毕敬，于是便说："请随我来。"说完，就独自走在了前面带路。

没走了几步，来访者中的一位突然拔出了腰间的刀，高高举起，对着山田藤吉就是一刀。山田当场被砍倒在地，然而，就在倒下的那一瞬间，他用尽了力气大喊一声"呀！"为的是能够引起楼上那两人的警觉。但是，坂本龙马却压根就没想到死神已经站在了他的面前挥舞着手里的巨镰，反而还吼了一嗓子："阿吉，你不要那么吵啊！"

338

就是这一嗓子，让刺客们知道了他所在的位置。不过此时的龙马依然没有察觉，还拿出了一幅梅花画挂在了墙上，一边挂一边问中冈慎太郎好不好看。

"你傻不傻啊，大半夜的在家里挂个画。"中冈慎太郎笑着说道。

"哈哈，你不知道么？我这辈子其实就是在做着这样的傻事中度过的。"

"才谷先生，好久不见了。"门外响起了这样一个声音。

"嗯嗯，来了来了，您是……"坂本龙马一边应声一边起来打算开门迎客。

才谷先生指的是才谷梅太郎，那是龙马惯用的化名。

门被拉开之后，一道闪光直逼坂本龙马。他在毫无防备的情况下，额头上挨了一刀。幸而是在室内，所以刺客的刀没办法举得太高，幅度也不是特别大，所以砍的力度也不大，故而本该是致命的一击并没有夺走龙马的性命。对方一看他没死，连忙又是一刀戳来，原本已经被砍倒在地的龙马趁势往屋里一滚，躲开了这一击。等他站起身子的时候，已经从怀里摸出了那把小手枪，直指刺客。

然而，就在坂本龙马扣动扳机的那一瞬间，刺客的第三刀又到了。这一刀准确无误地砍在了龙马拿枪的右手上，手枪也随之落地。龙马打算再往后滚一个，以便躲开接下来的攻击，但他遗憾地发现，自己已经没地方滚了，因为背后就是墙，墙上还挂着他刚才挂上去的那幅梅花图。

刺客一步一步逼向龙马，此时中冈慎太郎也早已被其他的几名刺客同伙给砍倒在地，身体下面一摊鲜血。看着离自己越来越近的刀刃，坂本龙马的脸上突然浮现出了一股莫名的笑容：

"到此为止了么？"

一道寒光，一声刀砍声，一抹血红飞溅在了那幅梅花图上，给那株梅树增添了数朵鲜红的梅花。

339

顺便一说，这幅带血的图，现在还在高知县的博物馆里展出。

看着倒在血泊里的两人，刺客迅速撤离了现场。不过，包括趴在楼下的那位山田藤吉在内，三个人都没有当场死亡。

坂本龙马的致命伤有两处，一处在身上，一处在额头。此时的他血流满面，眼睛都睁不开了，所以没有办法确认刺客到底走了没有，于是，他用极其微弱的声音喊道："石川……石川……你带太刀了没有？"

太刀就是长度比较长、弯度比较大的日本刀，石川就是石川清之助，中冈慎太郎的化名，前面说过。

在生命的最后关头，坂本龙马想起中冈慎太郎是幕府的通缉犯。为了不暴露同伴的身份，从而刻意叫了对方的化名。

"石川，石川你还在吧？没事儿吧？"

小小的屋子里，只有躺着的那两个人，周围一点声音也没有，唯独龙马那轻微的喊叫声在那里不断响起。

"啊……我没事儿，还在喘气呢……你怎么样？"从另一边也传来了一个轻微的声音。

"哈哈，我倒是还好啦，就是头上挨了一下，我们快死了吧？"

"啊……大概吧，真的好想吃烧烤饭团啊……"

"这东西有啥好吃的，还不如吃火锅呢……喂，石川，我头好晕，先睡一会儿……"

"喂，不能睡啊，再陪我说会儿话，很快就有人来救我们了……喂……龙马……"

那边已经完全没有了声音。坂本龙马睡了过去，再也没有醒来，那一年，他32岁。中冈慎太郎被赶来的土佐藩人员救走，但因伤势过重医治无效，于二日后身亡，楼下的山田藤吉也在第二天死去。

龙马之死，对于当时的日本，造成的影响是……基本上没啥影响，因为他不出名。除了促成了萨长联盟、写过《船中八策》之外，他再

340

也没有干过什么意义重大的事情了。而萨长联盟，在当时并不算是一个光明正大的联盟，毕竟根据那部《武家诸法度》的规定，大名私下结盟那是要掉脑袋的，所以根本就没敢怎么宣传，一直到后来彻底跟幕府翻脸了，那时候才大鸣大放地穿起了一条裤子；至于《船中八策》，更是属于内部参考文件，外面人压根不知道。直到幕府快被灭了，明治天皇那伙人提出了 5 条基本国策，跟坂本龙马的那 8 条基本吻合。再靠一些土佐出身的武士们一炒作一宣传，这才让龙马出了名，这是后话。

总之，在坂本龙马活着的时候，他的知名度也就一般，类似普通尊攘派而已。

所以，接下来我们要说的，就是究竟是谁杀了坂本龙马，为何要杀他。

说之前我先声明，以下纯属本人的个人分析推断，不代表权威历史。事实上权威历史至今也无法判明龙马到底是谁杀的，为什么要杀他，能给出的，仅仅是一个范围：暗杀龙马嫌疑最大的，分别是新选组、见回组和萨摩的人。

根据当时还存活着的中冈慎太郎回忆，刺客中有人用四国方言说了句类似于今天"我靠"这样的话，而且现场还留下了一把刀鞘，看样子非常类似于四国出身的新选组十番队队长原田左之助的东西。

但就此推断是原田左之助干的那肯定是不靠谱的：首先，当年的京都汇集了来自全日本各地的武士，自然包括一大票四国的，不见得说个四国话就肯定是某某某。其次，原田左之助作为新选组老牌成员，干过暗杀、群架、抓捕等活动不下几十次，可以说是老行家了，对于这样的老手兼高手，会在干完公干之后，把自己的作案工具留在现场么？第三，留在现场的是刀鞘，原田左之助在通常情况下用的是枪。

说是见回组干的，是因为据说有人在那天近江屋附近看到了佐佐木只三郎，这跟说是萨摩人下手的差不多，也是在附近看到了谁谁谁。

341

所以，要从这几条仅有的线索来推断到底谁才是凶手实在是不太可能，只能从动机方面来分析了。

我们知道，新选组也好，见回组也好，他们都是幕府的下属单位，他们要干什么，肯定是以幕府的利益为出发点，并且是要得到幕府的认可才能行动的。换句话说，如果是他们杀了坂本龙马，那就等于是幕府下令除掉坂本龙马。那么，幕府有除掉坂本龙马的理由么？

答案是没有。

幕府为啥要杀坂本龙马？萨长联盟当时还是一个隐隐约约的事情，谁都不能确定。《船中八策》（也不见得知道是他写的）那是给幕府开辟了一条后路，德川庆喜本人都很高兴，就算知道了，那赏他还来不及干吗杀他？所以不管从哪方面来看，幕府都没有理由杀掉一个没什么名气也没什么实质性危害的普通尊攘浪人的。

既然幕府不可能杀他，那么也不会指派手下的组织去杀，新选组跟见回组都是有着严明纪律的组织，基本是不太会擅自行动的。

最后剩下的就是萨摩了，看起来萨摩跟龙马的关系是同志加兄弟般的友谊。当年在促成萨长联盟之后，龙马还去萨摩搞了一次新婚旅行，似乎没什么可能是他们干的。

但仔细想一下的话，就会发现有点不太对。

萨摩跟长州那是铁了心地要用武力推翻幕府，而且，他们心里一百个明白，一旦幕府和平交出政权，成为全日本最大的大名，那么今后的日子，那是跟以前一样，换汤不换药罢了，所以，无论如何都要发动一场战争，以武力推翻幕府；更何况，朝廷方面也有人自己手写了一道圣旨嘛，说明在公家方面，武力倒幕也是很有市场的。

若从这个角度来看，那张《船中八策》一下子就变成了绊脚石，而死命维护和平的坂本龙马，也就成了他们前进道路上的障碍了。

这就是萨摩人动手的理由。

再次重申一遍，这是我个人的观点，我对此表示负责到底，但我并不能百分百地保证这是正确无误的。

对于龙马的评价，我个人还是坚持原来的看法：这是一个笨小孩，笨到家的小孩子。他明明可以过得很好，却偏偏要迎着时代的风浪去干一些看似完全没可能成功的事儿，最终葬身于这滚滚的浪潮之中。

然而，也正是因为有这样的笨小孩，日本才会发展，才会进步吧。

第二十一章

决战伏见鸟羽

　　龙马死后，他的朋友都很伤心，伊东甲子太郎也很伤心。但是他没有多余的空闲去过度伤心了，因为他最近要干一件大事儿，那就是暗杀近藤勇和土方岁三。

　　伊东甲子太郎其实很明白，就算自己是以合理合法的姿态退出了新选组，但睚眦必报的土方岁三未必会放过他，与其整天惶惶不可终日地防着对方杀上门来，还不如主动出击弄他个措手不及。于是，他决定，刺杀近藤勇，让新选组群龙无首，然后再把这事儿栽赃嫁祸给尊攘派，那么自己便能顺理成章地回去，以给近藤勇报仇的名义执掌新选组大权——他断定有恶鬼之称的土方岁三人气一定不如自己，到时候群众支持的一定会是他伊东。

　　暗杀的方法比较老套，总共分三步：第一步，请近藤出来喝酒；第二步，喝酒喝到一半掷杯为号；第三步，处理尸体，栽赃嫁祸。

　　就在他的暗杀计划还处于酝酿萌芽阶段的时候，近藤勇那里突然来了口信，说伊东老师您给先皇看坟辛苦了，我请你吃个便饭喝个小酒再聊个天吧？地点在我小老婆家那里。

　　伊东甲子太郎有点纳闷：我还刚想用这招把你骗过来砍死你呢，怎么你反而倒请上我来吃饭了？这还真够凑巧的啊。莫非……你跟我用的招儿撞衫了？但转念一想不太可能啊，先不说近藤勇为人正派，向来不爱搞这种歪门邪道，哪次肃清不都是土方岁三干的好事儿？更

344

何况他平白无故的凭什么肃清自己？他又不知道自己要暗杀他的计划。

经过种种思考，伊东甲子太郎最终还是决定去一次，因为根据他的判断，近藤勇绝对没可能知道自己要暗杀他，所以也不会主动动手。既然如此，要是不去反而容易引起别人的怀疑。

不过他有一点没想到，那就是近藤勇不是他们伊东家的亲戚，都脱离组织了干吗平白无故地请你吃饭？

事实上，近藤勇已经知道了伊东的计划，因为在御陵卫士的队伍里，有他安插的间谍。

肯定是斋藤一啊。

当斋藤一在第一时间内把伊东的暗杀计划传回来之后，土方岁三当机立断地做出了决定：先把伊东甲子太郎引到近藤勇小老婆家里喝酒，喝到一半将其砍死，然后再把新选组的大炮给拉出来，轰击御陵卫士的驻地，将他们杀个干干净净。

那几门炮就是当年芹泽鸭用来轰大和屋的。

近藤勇当即表示反对，说大炮轰影响太坏，容易扰民，还是换个招儿吧。土方岁三说那也好，那就把伊东给杀了之后尸体丢大马路上，等着御陵卫士们来背尸体，然后趁机杀他们个不备。近藤勇说好，就这么办吧，我现在就去请他来喝酒。

其实到了这个时候，近藤勇仍是没有起杀心。他是打算以德服人，靠打嘴炮说服伊东甲子太郎，放弃自己那愚蠢的念头。

巧了，其实伊东也是这么想的。人非草木，一颗心都是肉长的，作为一名智商能和土方岁三一较高下的人，伊东甲子太郎非常明白近藤勇的爱国之心并不输给自己，也能感受到近藤勇对明明不是一路人的自己的那一份尊重。他也很清楚自己恨的是幕府，不是新选组更不是近藤勇——当然可以的话还是让土方去死一下吧。

总之，既然有这么一个能坐下来聊聊天的机会，伊东并不愿意放弃最后的努力。

所以他去了，又喝酒又吃菜又看歌舞表演。近藤勇的小老婆是风月场出身，色艺双绝。

顺便一说，小老婆叫深雪，原本是游廊的太夫。太夫就是花魁，是级别最高的游女，干那行能做到太夫的，特别特别少。以江户著名红灯区吉原为例，根据某一年的统计，整个吉原共有2000多名游女，其中获得太夫地位的，仅3人。

给游女赎身的钱根据每个店规矩不同，价格也不统一，但唯一能够确定的是绝对不是一笔小数目。而近藤勇给深雪太夫赎身，那更是一笔巨款，事实上根据新选组的账目记载，近藤勇曾经去找深雪太夫泡了一晚上的花费是20两，折合人民币12万多。

然后这20两是公款，就是会津藩拨下来的预算。

其实在很长一段时间内新选组里的财务状况一片混乱，隔三差五发生账对不上的情况，曾经有一次出现过亏空达50两之巨的情况，然后几个大佬谁也不肯承认是自己乱用钱而造成的，最终把管账的河合耆三郎给抓出来背锅。河合耆三郎，本是播磨国（兵库县）某富商的公子，却也怀着一颗救国救民之心赶来投靠新选组，因能打算盘，从而被任命为会计。

结果是领导腐败却让他背黑锅。庆应二年（1866年），会计河合耆三郎以贪污罪名被迫切腹。

再说伊东甲子太郎到了深雪家之后，近藤勇早已在那里等候多时了。互相打过招呼之后，两人也不再客套了，坐下来就喝酒吃菜，然后一边侃侃而谈天下大事。宴会气氛十分热烈。

眼看着一桌子菜基本都消灭光了，酒瓶子也空掉了好几个，伊东甲子太郎表示自己不能再喝了，要回家去了。近藤勇连忙一阵挽留，说先生您可别走啊，再喝两口吧，你这一走，也不知道什么时候才能见面了。伊东表示你不用惦记着我，这些日子我正好有空，过两天我做东，请你喝一杯。近藤勇非常高兴，连忙扶着伊东甲子太郎起身，

346

亲自送他到门口。两人相约不久之后再碰一次头喝一次酒，便分手了。

酒足饭饱之后他踉踉跄跄地走出了近藤家的大门，也不知道在想些什么，反正脸上的表情是挺高兴的。

就在他这么走着想着，想着走着地来到了一个叫做油小路的地方时，突然背后一枪刺了过来，正中他的左肩。

"你……你个奸贼！"伊东回过头去，发现是新选组的人斩大石揪次郎，于是愤恨地说出了他留在人世间的最后一句话。接着，被早已埋伏在周围其他的新选组队员一拥而上，你一刀我一枪地给弄死了。

人斩就是专门砍人的人。虽说新选组里基本各个都是砍人者，但在砍人者中，技艺高超、素质一流的，会被予以重用，专门派去完成一些暗杀大人物或者武林高手的工作，称之为人斩。

自然，新选组内头号人斩是冲田总司。

搞死了伊东之后，大家把他的尸体四仰八叉地放在了十字路口，然后派一个人回去通报，其余人接着埋伏。

再说这新选组方面，土方岁三一接报，立刻下令增援，派永仓新八、原田左之助等高手前往埋伏地点一起埋伏，然后再让人去御陵卫士的驻地，告诉他们伊东先生被土佐藩的浪人袭击了，正身负重伤倒在油小路街头，让他们赶紧去把先生拉回来看医去。

安排妥当之后，大家便准备出发了。这时候，土方岁三突然叫住了永仓新八和原田左之助。

"把所有人都给杀了，但唯独平助，放过他。"

两人心领神会而去。

且说高台寺内，御陵卫士们接到消息称，伊东先生被土佐脱藩的袭击了。大家一片群情激昂，纷纷要求先把先生给救回来，然后找土佐佬报仇。但也有人心生怀疑地表示，会不会是新选组搞的陷阱，伊东先生其实早已经遇害了？

因为这种事情发生的可能性很大，所以很多原本已经开始撸袖子准备出发的人又缩了回去，毕竟生命只有一次，明知道是陷阱还往里冲，实在是对不起自己这条命。

但还是有人坚定地表示，不管前方是陷阱还是熊瞎子洞，为了敬爱的伊东老师，自己绝对不能尿，去，一定要去。

这么想的人总共有7个，分别是藤堂平助、筱原泰之进、铃木三树三郎、服部武雄、毛内有之助、加纳鹫雄、富山弥兵卫。

这7个人都是当年伊东道场的骨干分子，其中铃木三树三郎还是伊东甲子太郎的亲弟弟。

当大家赶到油小路的时候，一眼就看到了横躺在地上的伊东甲子太郎，上去一摸，早已没气儿了。与此同时，早已埋伏在周围的新选组成员总计20余人现了身，将这7人团团包围了起来。

知道已经无路可退的御陵卫士们开始拼命了，挥舞着手里的武士刀高声嘶叫着向对方冲杀过去，其中，藤堂平助冲杀的对象是原田左之助。

两个人从试卫馆时代就认识了，关系处得相当不错，但眼下这个节骨眼上，关系再好也白搭，不管再怎么说，保命要紧。而客观来讲，其实藤堂平助的水平并不厉害，他是打不过同为番队队长的原田左之助的，更别说永仓新八了。不过几个回合，就被对方手里的那杆枪死死压制住了。但是平助并不打算放弃，他一次次举起手里的刀一次次冲向左之助，然后被左之助或用枪挡住或者直接侧身闪过。他觉得很奇怪，为何眼前的这个人仅仅是在招架却一点也不反击呢？

再又一次冲杀失败后，左之助看了看周围，发现大家都在专心打架，谁也没注意到这边，于是对着藤堂平助挥了挥手："快逃吧。"

平助愣住了，他仿佛没听明白。

左之助急了，走上前去推了平助一把："傻瓜，站在这里干吗？快走！"说完之后，撇下藤堂平助一个人，自己冲入了其他人的厮杀阵中。

348

虽说御陵卫士连吃奶的拼命劲儿都用上了，但毕竟人数处于绝对的劣势，而且对方还有原田左之助、永仓新八、大石揪次郎这样的高手，所以很快就抵挡不住了。为了不让这7个人全灭在这里，服部武雄大喊一声："留3个下来断后，其他的人赶紧走！"

一般情况下说这话的人肯定得自己留下来，不然就太不要脸了，紧接着，毛内有之助也大声地表示自己愿意留下来。

现在就等第三个人出来表态了，只要他一站出来，那么其他的四个，不对，是三个人就能马上由战斗模式转换为逃脱模式了。

当然，谁都知道，7个打人家20多个都打不过，留下来的这3个，那是必死无疑的。所以，继这两位的表态之后，大家陷入了一片沉默之中。

时间一秒一秒地过去了，每个人心里都不断被两个问题所撞击着：怎么那第三个留下来的哥们儿还不出来吱声啊？要不……我留下来？

"你们快走吧，我留下来！"一个黑影杀入了新选组的包围圈，然后跟御陵卫士们站在了一起。来者正是藤堂平助。

此时，在新选组的屯所里，冲田总司急匆匆地找到了近藤勇："你们要肃清御陵卫士？"

近藤勇点了点头。

"那平助呢？平助怎么办？"冲田总司跟藤堂平助很久之前就在试卫馆认识了，而且因为两人年龄相仿，所以特别谈得来。

"放心吧，我已经叮嘱过左之助和新八了，让他们放平助一马。"土方岁三说道。

"你觉得平助会逃走么？他是一个会随便接受别人怜悯然后逃走的人么？！"冲田总司急了。

大家默然了。确实，虽然藤堂平助平时是个像孩子一样的家伙，而且品行、人格方面还有一点小小的问题，比如喜欢闹事儿、性格暴躁之类的，但在关键时刻，他从来不掉链子，也从来不会缩头。

349

当原田左之助和永仓新八看到藤堂平助再一次杀了回来的时候，也明白这哥们儿到底想干啥了。不过毕竟是长久以来的好伙伴，实在是没必要真把人往死里捅，所以他们把主要的攻击放在了其他的两个人身上。对于平助，基本上是尽量不往他那里打。

但是，其他的新选组队员并不知道这事儿，一个不知名的队员从后面猛地刺了藤堂平助一刀，他当场倒地，再也没有爬起来。

服部武雄是用双刀流的，也就是操两把刀左右开弓，结果打得两把刀双双折断，被原田左之助一枪扎死。

最后剩下的那位毛内有之助被乱刀砍死在了血泊之中，据说在验尸的时候，发现他的四肢都已经被砍得脱离了躯干，也就还连着那么点儿筋罢了。

在高台寺里等着听信儿的其他御陵卫士们一听到这个消息，纷纷四处逃窜，很多人都逃到了萨摩藩的藩邸躲了起来，组织基本上就算是灭了。

因为这场互砍发生在油小路，所以史称油小路事件。

伊东甲子太郎就这么死了，这同时也是新选组历史上最后一次内部肃清。

他为什么会在最后说一句"奸贼"？长期以来我一直很纳闷这个问题，因为如果是我的话怎么着也该叫一声"近土方我今天晚上就来咬死你"之类的话吧，都已经这时候了还文绉绉地来个奸人贼子的哎。

后来在他的遗体上，众人找到了好几本他写的书，主要说的是日本今后该走的道路，其中包括了开国、强国、发展等一系列理论，一本写得比一本好。

我先是感到很奇怪，出去喝酒作乐带这玩意儿干吗？你看到过谁泡夜店的时候带着一本伟人的故事么？

后来我想明白了，其实伊东真的是去打嘴炮的。他给近藤看了那几本书，好让对方明白自己的心——幕府会灭亡，可幕府灭亡后日本

350

还在，作为武士，即便没了幕府，也应该为这个国家做点什么。

我想近藤应该是看过了这几本书，然后了解了伊东的心意，最后两人达成了某种协议也说不定。因为埋伏伊东的人确实说过，他的脸色看起来不错。

只不过近藤答应了却没来得及通知土方他们，以至于暗杀小队没有收到取消指令的通知，或许是土方压根就没想过要放过伊东，这才酿成了最终的悲剧。

那声"奸贼"，指的应该是动刀子的那位哥们儿，要么说的就是土方，因为他们用手里的刀毁灭了这个国家的某一丝希望。至于近藤，在生命终结的最后一刻，想必伊东对他应该没有什么怨念的吧！

话说，伊东在退出新选组之后还自学起了英语，这点相当了不起。

不是说他学英语了不起，而是在当时的国际环境下，主流语言是法语，然而就是这个日本男子，非常明确地表示，尽管现在一时流行法语，但在不久的将来，英语才是这个世界的主导语言。

还真被他说中了。

庆应三年（1867年）11月8日，新选组参谋伊东甲子太郎，这个被誉为温柔、和善、美貌、有眼光、文武两道的男人，被肃清于京都油小路，年仅32岁。

12月9日，明治天皇在岩仓具视的帮助下，亲笔起草了一份王政复古大令并且下发到各单位进行贯彻落实。

这事儿得往前面一点说起。

话说在德川庆喜很大方地把大政归还给了天皇之后，萨长两藩就知道事儿不对了，这么下去，自己以后还是得在姓德川的那手下当小弟，不行，绝对不行。看来，要想出头，那真是有幕府没咱，有咱没幕府。于是，在11月13日，萨摩藩藩主岛津茂久（原名岛津忠义）率部三千人上洛，要求德川庆喜立即开会，具体讨论研究王政复古的事儿。

351

所谓王政复古，就是由天皇亲自独立地、自主地掌握政权，而不是之前把大权还给朝廷那么笼统，那么简单。话说在很久很久以前，具体大概是1000多年前的那会儿，日本的天皇是真的自己亲自掌握着政权，做的是实实在在的皇上，可后来因为手下家族势力的膨胀以及天皇本人能力素质的关系，原本属于皇权的治国大权旁落，长期被一些大家族给把持着，比如一开始的藤原家、稍后一点的平家，再到现在的德川家。现在岛津忠义提出王政复古，就是要回复到1000年之前，什么藤原家、源家之类的全部闪边儿去，一切听且只听天皇的，不允许有第二个能说了算的存在。

当然，萨摩藩并不打算搞什么逆时代潮流而动或者是开历史倒车之类的意思。他们的目的相当明确，借着王政复古的大义名分，让一切强权势力靠边站，这第一个得去墙角的，就是幕府。

可以这么说，王政复古是一种手段，为了达到彻底倒幕的这个目的。

在这种情况下，王政复古大令新鲜出炉了。内容总共有5条：

1. 恩准德川庆喜之前提交的辞去幕府将军的请求书。

2. 废除京都所司代、京都守护职这两个幕府直接任命的职务。

3. 废除江户德川幕府。

4. 废除摄政关白。

5. 重新设立总裁、议定、参与这三个职位的人选。

其中这最后一条，也就是说要临时组建一个新政府的意思。很快，人选就商定出来了，新政府的总裁是号称倒幕第一王爷的有栖川宫炽仁亲王，议定加参与总共有十好几个人，这里就不一一列出了。不过，岩仓具视、西乡隆盛、大久保利通之类的全都名列其中。

从名单上我们能够很清楚地看出，这个新政府说白了是为倒幕而存在的。

人员既定，那么就该开会了。王政复古令出台的当天晚上6点左右，新政府的各成员在皇宫召开了第一次国政会议，会上主要讨论两件事儿：第一是关于长州的处理，这个已经没有任何异议了，大家一致通过取消长州朝敌的称号然后原谅长州藩过去所犯下的一切错误，让他重新加入到大家的怀抱里来。第二件事儿就比较难弄了，要讨论的是关于德川家的处理。

按说人家都已经很听话地辞去了将军的官位，然后也打算把幕府给关了做一介普通的大名，应该已经没什么地方好再让你抓小辫了啊。

但是岩仓具视则自信满满地表示，这年头，只要他在，没小辫那就是给你梳个小辫都要揪着你不放。

"诸位，庆喜公辞去了将军的职位，还政于朝廷，这本是他忠心不贰的表现，可你们觉得，这样做就够了吗？"岩仓具视发言询问大家道。

大家有的说够有的说不够，更多的人则反问岩仓具视本人你说做得够不够。

岩仓具视笑笑："这当然是不够的了。"

于是下面又有人问你觉得如何才算够。

"应该让将军家把自己所有的领地也交出来，那才算得上是真正的大政奉还。"

这招比较狠，如果把领地一交，那么德川家的收入那就是 0 了，手下的家臣、军队都养不起，都得遣散，这样一来，那别说幕府了，德川家都得灭了。

由于杀伤力太大，所以当场就有人表示反对，并且怒斥岩仓具视是在搞阴谋搞政变，属于极其无耻的行为，并且他还补充说："将军大政归还，已经充分表现了他的忠心了。你们非但不奖励，还要剥夺他的领地，你们这群公家，不要以为天子年幼就能肆意妄为了！"

说这话的是山内容堂。虽说他长期以来一直是以温和的佐幕形象出现在大家面前，可现如今看到岩仓具视如此欺人太甚，激愤之下站出来吼了一嗓子。

按说公家胆子比较小，千百年来一听到武士的粗喉咙就会吓得直哆嗦。可岩仓具视作为一名新时代的公卿，胆子比起他的祖先们来那是大了不止一点两点，看着山内容堂，他也扯开了嗓子："当今天子年龄虽小，可文才武略样样精通，乃是不世出的英主！我今个儿告你，其实这一项项一条条的，全都是圣上亲自审议核定批准的，你说天子年幼我们妄为，那才是你肆意妄言！"

这话一说完，反倒是把山内容堂给吓了一跳，然后大家都转过头去望向首席，年仅 16 岁的睦仁天皇正稳稳当当地坐着一言不发地看着大家，宛如当年的德川家茂。

山内容堂知道自己失言了，如果再就天子是否年幼无知这个话题讨论下去，万一这个 16 岁的孩子冒出来一句"这就是我自己亲自裁决的"之类，那岂不是有藐视圣上之嫌？还是赶紧刹车吧。

于是，山内容堂赶紧道歉说，自己说快了嘴没走脑子，请求圣上原谅。但这并不意味着他就同意把德川庆喜给一撸到底了。会场上的其他几位挺德川的参与者比如松平庆永、德川庆胜之类的依然在顽强抗争着。

于是会场陷入了一片争论之中，对于如何处置德川家，大家意见相左，谁也说服不了谁，渐渐地会场气氛开始向小菜场发展了起来。岩仓具视一看情形不对，连忙下令说大家都累了，中场休息一下，喝口水、吃点东西，出去走走，呼吸下新鲜空气，然后我们继续。

这个时候已经快 12 点了，从 6 点开始这会开了整 6 个小时还没个结果。

要说这会场的安全工作做得还是很到位的，原本是与会代表的西乡隆盛为了大家伙的人身安全，放弃了这次具有历史性意义的会议，亲自带了三千萨摩士兵负责警卫工作。当然，会场里的一举一动他自然也能随时得到通报。

当他得知山内容堂拼死拼活不肯处罚德川家的时候，当即一拍大

354

腿表示道："现在看来只有把那家伙给宰了，这会才能继续开下去！"

而岩仓具视也没闲着，他找到了艺州藩的世子浅野茂勳，悄悄说道："我看这山内容堂如此胡搅蛮缠，那就只能用非常的手段来对付他了。"一边说一边还拿着手指头在脖子这里来回比画。他这么一说不打紧，浅野家有个家臣叫辻将曹，也是跑来开会的，他跟后藤象二郎关系特好，而象二郎这天也正巧来到了会场，于是辻将曹赶忙跑到后藤象二郎跟他通了个气，并且让他劝劝山内容堂不要这么死挺着了，要不然怎么死的都不知道。

后藤象二郎想了想，觉得自己君臣两个千里迢迢地跑来开个破会，什么好处都没捞到结果还要横尸会场，那就太不值当了，所以，他找到了山内容堂。

"主公，待会儿开会的时候，您别再帮庆喜公说好话了。"

"你……你什么意思？难道你要我眼睁睁地看着他们肆意妄为么？"

"主公，留得青山在不怕没柴烧，这外面把守的全都是萨摩的亲兵，冲进来也就一眨眼的工夫，我们二人都得上西天。我倒是无所谓，做家臣的本来就有这个觉悟，可您要是有个万一，那土佐怎么办？"

其实后藤象二郎知道山内容堂百分百是个怕死的主儿，可又拉不下这层面子来，所以拿土佐藩之类的说事儿，算是给他一个台阶下。

"嗯……好吧，既然你都这么说了，那看在土佐父老乡亲的分儿上……我……我就委屈自己一次了！"

"主公圣明。"

大概半个小时之后，岩仓具视宣布，休息结束，会议再开。这回山内容堂基本就不说话了，除了嗯嗯啊啊就是点头摇头，刚才的那股子劲儿完全消失了，剩下的那个松平庆永也算是孤掌难鸣，不得不就此妥协。就这样，会议最终确定了对德川庆喜的具体处罚方案：辞官纳地。辞官就是辞了将军一职，纳地就是把领地给上交了，并且决定，

355

因为德川庆喜不在会场，所以由松平庆永负责向他传达会议精神和处罚决定。

收到消息之后，德川庆喜本人倒是没什么过激反应，毕竟也算是意料之中了，可手下的那群家臣可不干了，再怎么说，你这一纳地，那可就算是把大家每年的工资奖金福利给纳了去了，家里的老婆孩子怎么办呀？于是，整个幕府顿时群情激昂，众德川家臣纷纷上奏将军，要求他坚决不能接受这种丧权辱幕府的协议。不光是幕府的家臣，连其他的幕府亲戚大名也纷纷要求庆喜拒绝这个处罚，特别是会津藩和桑名藩，那更是激动得满腔热血就差喷涌而出，咬牙切齿地表示自己愿意跟萨摩、长州这两藩的奸贼决一死战。

看着大家这副样子，德川庆喜很淡然地出了两招：第一，找来松平庆永，让他告诉岩仓具视，这不是小事儿，得容自己考虑考虑；第二，叫来了几个心腹，让他们去散播谣言，说德川庆喜打算亲自点起将兵，征讨萨长的奸贼。

干完了这两手，德川庆喜当天就离开了京都，进驻了大阪城，并且还调来了会津、桑名两藩的军队前来一起搞警卫工作。

新政府的诸位一看好像这事儿要反复，得，那就再开会讨论讨论吧。

23、24 日连续两天的时间，第二次议政会议召开。在上一次会议中大显身手的岩仓具视莫名其妙地缺了席。于是，山内容堂和松平庆永这哥俩又活泛了起来，很快就主导了会议。但再怎么主导，之前已经敲定的事情实在是不太好改变了，只能在一些不被注意的细节上下手脚。比如这个纳地，松平庆永就提议说，这是为了新政府的需要，所以德川家才把领地给贡献出来的，应该给予嘉奖。至于嘉奖的内容，那就给个好名声吧。将军是不能叫了，以后我们大家就叫庆喜公前大纳言大人如何？

众人也没多想就说好，反正大家看中的是你那能产米、能种菜、能搞房地产的领地，至于你叫什么，只要不自称皇上，基本上都不太

356

会来鸟你的。

于是，松平庆永的第一步算是达成了。要知道，这纳地本来是对德川家惩罚的一种手段，现在却被他偷梁换柱地搞了一下，居然变成了是为新政府出钱出力的壮举，还得受嘉奖，这算个什么事儿啊？

接下来，松平庆永又出招儿了："我们一直在说纳地，纳地，可究竟该纳多少呢？"

大家愣住了。

这纳地，难道不应该是把所有的领地都交出来么？这还带纳一半自己留一半的？再看松平庆永那副样子，似乎连一半都不想纳出来。非常遗憾的是，当初大家讨论纳地的时候，由于潜意识里都觉得是把所有领地给交出来，事实上岩仓具视的本意也是如此，所以就没有怎么很实质性地讨论过这个问题，现在算是让松平庆永给钻了空子。

最终会议决定，这个纳地纳多少的事情，留着再议。再议再议，搞到最后基本上就是不议了。就这样，这场在皇宫里召开的史称小御所会议的诸侯大会结束了。萨长的计划算是彻底黄了。

不过西乡隆盛他们也不着急，反正大家对于这种结果已经有了心理准备，并且也明白，这幕府，不靠武力是绝对没办法推翻的。

既然如此，那就好好打上一仗吧。当然，得想办法让幕府先动手，然后以此为借口展开全面战争。

一般情况下，要找借口打架的话，最好的办法就是先上别人的地盘上去闹事，让一群来历不明的家伙大闹一通，把对方给惹毛了，那就能开战了。千百年来，这招类似流氓地痞的招数在中外各界被广泛使用，现在，用户名单上将增加一个新的名字，那就是西乡隆盛。事实上，他很久之前就已经开始准备起来了。

早在当年 12 月中旬的时候，江户的各处都出现了一群群手执各式武器火种的家伙，他们四处进行打砸抢，主要是针对跟幕府有密切联系的商人或者是有钱的商人，要么就直接袭击幕府公务员的家，带头的那个叫做相乐总三,是下总(茨城县内)的乡士。他们的根据地,就是萨摩驻江户藩邸,每天早上9点准时从那里出发,四处打砸抢8个小时之后,下午5点半准时下班回去吃饭,风雨无阻,年中无休。在这么折腾了几天之后,幕府终于忍不住了,更忍不住的,是庄内藩。

庄内藩位于今天日本的山形县内,那里是日本鱼拓的起源地,也是世界鱼拓的起源地。所谓鱼拓就是你钓上来鱼之后为了留作纪念,把墨汁颜料洒在鱼身上然后拓在纸上或者白绸缎上形成一个印。他们的藩祖,是被誉为德川四天王之一的酒井忠次的儿子酒井忠胜。这一回相乐总三他们玩大发了,带着一百五十多人就袭击了庄内藩的驻江户藩邸,还在门口放了一把火。烧完杀完,那群人又齐齐地逃入了萨摩藩邸。结果把庄内藩的藩主酒井忠笃给惹火了。

他找到了江户的勘定奉行小栗忠顺,说这帮孙子实在太过分了,一定要给他们一点颜色看看,我先来你这里打个招呼,别到时候你说你不知道。

这招民间俗称打预防针。小栗忠顺表示,你要报仇也好报复也好都请便,不过我们幕府最近人手不太够,所以呢,要干什么都得用你们庄内藩自己的人。

酒井忠笃说好,就这么定了,人我们有的是。他说的人,指的是新征组,就是当年跟着清河八郎从京都回来然后被幕府收编的那个的浪士组。后来幕府觉得发这群人的工资太累,所以就把他们丢给了庄内藩,反正职责不变,都是维护江户治安,只是发工资的老板变一下而已。庄内藩也是有苦说不出,幕府的话又不敢不听,只得养着这一两百人的队伍,好在现如今总算是有了用武之地,也不枉大家伙吃了自己那么多饭。

具体的报复计划是一拳来一脚去:你萨摩不是烧我藩邸么?我也烧你的!

12月25日天蒙蒙亮,新征组全体出动,配合庄内藩原有的驻江

358

户军事力量，将整个萨摩藩邸团团围住，先是派了个代表，叫阿部藤藏的，跑进去交涉，内容是让萨摩藩把那些躲在藩邸里的闹事者如数送出，引渡给庄内藩。谈判持续了小半天，萨摩人表示，我明天就给您全送出来。阿部藤藏表示多谢支持工作，那我就回去等信儿了。萨摩人说好，我派个人送您出门吧。送的那位叫篠崎彦十郎，他带着阿部藤藏刚走出大门，一群新征组队员蜂拥而上，一声不吭、二话不说将其乱刀切死。随即，发动了总攻。

这其实是庄内藩事先说好的，要是见领了人（闹事分子）出来，也就作罢；若是空手出来，那就动手。

萨摩人自然也不认尿，操起武器就进行了还击。双方互相拿着铁炮对射了三个多小时之后，因为房屋都是纯木质结构，挨了那么多下火器，又被人放了火，所以，萨摩藩邸着火了。火势还有越烧越大的苗头。这帮子人再怎么能打那也耐不住火烤，见了此状只能准备跑路。逃跑倒还挺有计划，以20人为单位一组四散逃走。不过最终还是没能逃脱庄内藩的围追堵截。除了相乐总三在内的28人逃上了萨摩的运输船翔凤丸由水路撤离了江户之外，其余的不是被抓就是被杀，最后总清算的时候发现，萨摩藩那边死64人被捕112人，而庄内藩新征组以及跑来帮忙的上山藩加起来阵亡的不过11人。

这是一场大胜。大胜往往容易激励人心并且让人变得大胆然后想取得更大的大胜。听闻萨摩藩邸被一把火烧成白地的消息之后，幕府上下一片沸腾，大家摩拳擦掌地表示要进一步扩大胜利成果，希望将军发兵攻打京都，彻底消灭萨摩、长州，再把天皇给抢到手，挟天子以令诸侯。在这样一种气氛下，德川庆喜也激情了一把，庆应四年（1868年）1月2日，他发表了宣战檄文《讨萨表》，正式宣布对盘踞在京都的萨摩、长州等藩开战。

当时的京都，基本上已经没有幕府的武装势力了，会津藩和桑名藩去了大阪，原有的幕府兵力也跟着庆喜去了大阪搞警卫。比较惨的

359

是新选组，只有局长近藤勇留在了大阪，其他人都在二条城待命。二条城是位于京都的城堡，也是幕府将军的象征，离御所非常近，打个车基本上只要起步费就能到了。

而近藤勇之所以会在大阪，那是因为他走半道上被人狙了，丧失了一部分的行动能力，不得不上大阪疗养去。

这事儿得从第一次小御所会议结束，庆喜刚去大阪的那会儿说起。且说在那时候，新选组被任命留守二条城以备不测，而跟他们一起参与城防的，还有水户藩。既然大家都成了一条壕沟里的战友，那自然得去打个招呼。近藤勇跑到水户藩留守负责人藩家老大场一真斋面前毕恭毕敬地说道："这次作战在下实在有幸和贵藩成为战友，让我们共同努力保卫将军吧，也请您多多关照了。"

结果大场一真斋发出了"哼"的一声之后，当场离席撇下近藤勇走出了房间。

个中缘由，不外乎是他觉得近藤勇本来也就是个多摩耕地的土农，现在居然能混到跟他这个高级武士平起平坐共同奋战的地步，实在是世风日下人心不古，看他现在这副得志的样儿，要不好好治治，那以后还不骑到我头上来了？

望着大场一真斋离开的背影，近藤勇也当场发作。他脸色一下子铁青，猛地站起身子飞起一脚把原本坐屁股下面的坐垫踢飞到远处，然后也愤愤地出了门。之后，新选组便出了二条城，改为防御伏见了，并且把伏见奉行所作为大本营。

一连好几天都心情郁闷的近藤勇在 12 月 18 日的时候拜访了幕府重臣大目付永井尚志。大目付是幕府官职的一种，隶属老中，一般职责是监视各地群藩看看他们是否有不轨的动向，属于重要职位。跟水户藩不同的是，永井尚志对于这位农民出身的新选组局长非常器重也非常尊重，不断鼓励他要积极向上，努力效忠幕府之类的，把近藤勇心头的乌云一扫而空，立刻就阴转晴了。

360

出了永井尚志家,近藤勇心情大好,骑着一匹高头大马哼着小曲儿慢悠悠地往二条城走,在经过伏见街道的时候,突然响起了一记枪声,近藤勇被击中了。

具体的部位是肩膀和胸部之间,幸而打中的是右边而不是左边,不然的话很有可能子弹离心脏太近而使得他当场交代了。令人称奇的是,挨了一颗花生米的近藤勇居然没掉下马来,而是凭借着高超的骑术坐着马跑回了伏见奉行所。门口的新选组队员一看,这不是刚刚出门的近藤局长么?怎么一个人跑回来了?速度还那么快,虽说是老大但也不能超速超那么离谱啊。走近了再一看,近藤勇一手捂着胸,鲜血从指缝里不断往外流,大家才知道情况不好了。连忙七手八脚地把他从马上抬下来送到干净安全的地方,再找来医生取子弹,忙里忙外老半天,他总算是没了生命危险,但必须得静养疗伤,于是大家一商量,决定把近藤勇单独送到大阪城去好好休养,新选组的指挥大权暂时归土方岁三所有。

而那位打黑枪的哥们儿叫做阿部十郎,是御陵卫士的残党。

不管怎么说,至少京都这块地方,除了二条城以外,基本上就算是萨长的解放区了。但是这解放区的根基不怎么稳当,算上尽管是同盟却依然摇晃不定且更多倾向于幕府的土佐藩,总共也就五六千人。其中,土佐的军队也就千把人,而且还是原土佐陆军总裁板桓退助自行带出来的,山内容堂即便到了这会儿仍旧不同意跟幕府开战。而幕府方面却集结了一万五千人,在正月2日发布《讨萨表》后,便正式从大阪启程向京都进发。当时,如果要从大阪开到京都,有两个关口可供选择:一个叫做伏见口,也就是今天的京都市伏见区,位于京都南边10公里处;还有一个叫做鸟羽口,在今天京都市市南区这里。想要攻入京都,要么走伏见,要么走鸟羽,要么就飞过去。幕府军没长翅膀也没装备飞机,所以先排除了第三条。他们把军队分成了两路:一路五千人攻伏见,由幕府的步兵、会津藩兵外加新选组组成,司令

361

官是幕府的大身旗本洼田镇章，大身的意思就是指地位高、收入多，也就是旗本中的贵族，武士中的战斗机。另一路一万人取鸟羽，总司令也是这一次的战场总指挥，叫竹中重固。他是幕府的陆军奉行，虽说本人没什么名气，但却有一个特别有名的祖宗，叫竹中半兵卫。

但凡玩过少许光荣公司出品的日本战国游戏的，比如太阁立志传、信长的野望或者战国无双之类的，应该都知道竹中半兵卫这个人吧。

他是日本战国时代非常鲜有、智商非常高的军师，隶属于丰臣秀吉，人送外号日本诸葛亮，具体事迹很多，一样一样列举的话那估计能写个好几万字了。比较广为人知的是，他曾经仅带了16个人就攻取了一座织田信长攻了好几年都没攻下来的城——稻叶山城，后称岐阜城，位于今天日本的岐阜县。不过竹中重固跟他祖宗比起来，那真的是验证了一句老话，黄鼠狼生豆鼠子——一代不如一代。

正月3日，新政府召开了紧急军事会议，主要是商讨如何应对幕府的大军。大家都很着急，特别是一些公家，比如天皇的外公中山忠能，比如前几天下密诏的三条实爱，毕竟人家是公家，杀只鸡都有困难，更何况打仗；而且现在敌强我弱，京都又无险可守，眼看着人家轻而易举地就能攻进皇宫，到时候还不是人为刀俎、我为鱼肉？

倒是岩仓具视特别镇定，他用很鄙视的眼光看着那些已经在瑟瑟发抖的人们："怕什么啊？是萨长的武士们去打仗，又不是你们去，就已经怕成这样了？还怎么指望你们以后保护天子大人？"

大家依然在发抖，这也很正常：敢情你岩大忽悠是不怕死，什么话都敢说什么事都敢做，你倒是出去迎战，杀几个幕府的士兵回来看看呀？

岩仓具视笑了笑："诸位不用太害怕，到时候要真的不行了，我会让萨长的武士们拼死挡住，然后给你们留出时间来，把天子大人打扮成女孩带着逃走就行啦。"

要说这招男扮女装然后逃跑，那可是天皇家的传统绝学，比如平

362

安时代的源义朝，也就是大名鼎鼎的源义经他爹叛乱的那会儿，当时的二条天皇就这么干过。南北朝时代，后醍醐天皇，老爷子都50多了，被人逼得急着逃走的时候也装过一回大姑娘。所以众公家一听，觉得这方法还靠谱，便稍稍安心了下来。

看着这群完蛋东西，岩仓具视无奈地摇了摇头，随即又换上了原来那副阴险的笑容转头对与会的西乡隆盛说道："这要那玩意儿在，我们绝对不会输的。"

西乡隆盛也笑了："那玩意儿已经准备好了？"

"您就放心吧，我早就搞定了。"

这俩哥们儿那玩意儿那玩意儿的说个不断，可就是不说那玩意儿到底是啥玩意儿，搞得大家一时间挺郁闷的，不过也只能干瞪着他们打哑谜。

之后，根据会议精神，长州藩、土佐藩的全部军队以及萨摩藩的一部分军队驻防伏见街道，在一个叫御香宫神社的地方布阵。这个神社建筑标高15米，离幕府控制的伏见奉行所非常近，长州藩的大本营也就自然而然地设在神社里面了。而萨摩藩则独自撑起了鸟羽方面的防务，主要的兵力部署在横跨鸭川的小枝桥上。

3日下午1点左右，幕府军终于到了。总司令竹中重固表示，鸟羽不是主战场，打赢了也没办法显示自己强大而又高超的水平，所以临时自己任命自己为伏见方面的总指挥，鸟羽的攻略则丢给了副司令泷川具举。这位泷川大人原先是大目付，也就是搞监察工作的，对于打仗是一窍不通，不过既然是上司的光荣任命，那也就只能硬着头皮上了。

2点，竹中重固下令各单位开会，做一下最后的战略部署。

大家都知道，说是开会其实就是歇歇脚，等会儿得去拼命呢，那可是体力活。唯独松平容保特别听话，真的开起了作战会议。他让手下各部指挥挨个发言，说明自己的作战方针以及作战位置。土方岁三

363

也在其中，因为新选组怎么说都是隶属于会津藩的。

正当轮到他的时候，一个老头儿颤颤巍巍地走了上来。看他的样子已经六七十了，走路的时候脚都在打颤，一口牙基本掉光，说个话满嘴漏风，但是穿戴得非常整齐，头盔、铠甲一样不落，虽然式样有点老，完全是源平时代的，距当时已经有快六七百年了。估计是老爷子家的传家宝，总算是碰到打仗了才从柜子里给挖出来穿上的。

"在……在下林权助……是……是会津的炮兵……指挥……"老爷子生怕松平容保不认得他，先做了个自我介绍。

松平容保连忙说您老辛苦了，没事儿吧？

"没……没事儿……要……要是那群萨……萨贼敢来，就……就让他们尝尝……我们会津大炮的……的厉害！"

一旁的土方岁三实在是看不下去了，也忍受不了这种满口漏风的说话声，自言自语地说了句："你是从哪个年代赶过来的？"

松平容保坐在前面，没听到；林权助这把年纪这副身子骨，听不到，所以谁也没理土方岁三一下。松平容保继续表示说，那就全都靠老爷子您了。

林权助激动得满身抽抽，一挥采配也就是指挥棍，大吼一声："出……出阵！"

大家轰地一声跟着站了起来，结果土方岁三到底也没能说上他的作战意见和看法。

顺便一说，这林权助他们家，但凡是嫡子的一般都叫林权助，因为权助是他老林家的嫡系专用名。他那孙子林权助在后来当上了日本的外交官，1898 年担任驻华参赞，在戊戌变法的时候，就是他把梁启超给营救出来送到日本的。这哥们儿曾经一度还异想天开地打算把光绪皇帝给一并救出，结果自然是没能成。

就在竹中部还开着会的时候，鸟羽那边已经传来了隆隆的炮声。

话说在下午 3 点的时候，泷川具举率部抵达了鸟羽口的小枝桥前。

364

负责鸟羽防守的萨摩指挥官叫做椎原小平太。这天椎原指挥官打扮得很帅，脚上穿着一双草鞋，身上穿着一套深蓝接近于黑的西洋军装，军装外面披着一件日式无袖马甲，也就是所谓的阵羽织。事实上不管是鸟羽口还是伏见口，新政府的军队都是差不多的打扮，不过小兵是没马甲穿的，只有军装，然后拿着一杆新式的来福枪，头上戴的是用铁皮做成的斗笠状头盔，类似于今天马戏团小丑戴的那种高尖帽。而指挥官们包括椎原小平太在内，戴的头盔又跟普通士兵不一样了。他们戴的那叫熊蓑，就是把熊的毛给粘在头盔上装饰，因为熊在日本数量不多，属于珍稀动物，所以只有指挥官且高级指挥官才用得上。各藩虽说都粘熊毛，但颜色却不一样，萨摩的是黑色，长州的是白色，土佐的是红色。

且说椎原小平太看着泷川具举率部越走越近，正准备下令迎战，没想到幕府阵前走出了一个人，朝着他大声喊道："我们是德川庆喜公的队伍！这次奉诏上洛参见圣上，请让我们过去。"

椎原小平太觉得受到了侮辱，那个人侮辱了他的智商。

要知道，整个京都现在属于新政府的管辖区，这圣旨基本上都是靠萨长或者那群挺萨长的公家起草誊写的，怎么可能就冒出来请你们家德川庆喜上洛的诏书呢？

于是，他下令手下准备举枪填弹，然后一挥手："射击！"

泷川具举本来是想骗开门的，结果因为手法过于拙劣导致了对方恼羞成怒，不得已，也只能下令迎战。双方就这么一个在桥上，一个在桥跟前的互相射击起来。

双方交战了快一个多小时了，泷川具举惊讶地发现，自己的一万大军，居然一步都前行不得，被只有人数还不到自己十分之一的萨摩人死死地压制在桥头。

当时萨摩人只有八百左右，然后是清一色的英式快枪。幕府虽说人多，但也只有直属部队配有法国的武器，其余的基本上不是老式的铁炮，就是长枪、日本刀。双方的武器装备还是有着一定差距的，更何况几百年来萨摩人一向是拼命狠角的形象，战斗力长期保持在日本前三位，所以一时间，幕府的大军也奈何不了他们。

再者，泷川具举是属于压根就不会指挥部队的人，一万多人的大军，自然得分好几十支部队，结果他愣是把这些部队给调动得你挡了我的道，我堵了你的路，谁也不能自由行动，只能凭空直挺挺地挨萨摩人的炮弹，场面一度陷入了极为混乱的状态。

还有一个原因就是，鸟羽街道也好，伏见街道也罢，都特别窄。尤其是鸟羽街道的那小枝桥，那地方我曾经去过一次，据说是后来在原有的基础上扩建改造过了，加宽了桥原本的宽度，但我看了看后发现，这加宽了之后的桥，也就能并排开三辆广本，虽说或许还有富余，这富余出来的空间估计最多也就再能通行一条狗，而且这狗还只能是京巴不能是藏獒。

这路一窄，人数的优势就显现不出来了，一条道儿上你挤我推你的，转个身都困难更别说舞刀弄枪，射子弹了。反倒是萨摩人，拉出几门大炮就轰了起来，反正面前都是人，闭着眼都能炸死几个。眼看着炮弹一颗一颗地往人堆里砸，每一次落地，都会发出一阵巨响，然后幕府军的阵地上飞出几条胳臂、大腿甚至是全的人类身体。反复这么几次之后，幕府军开始溃散，而泷川具举也受不了了，正打算下令撤退，结果被人给拦住了。

拦住他的人是佐佐木只三郎，见回组和新选组一样，这次也上了战场，只不过所在部曲不同而已。佐佐木只三郎对泷川具举说："让我们见回组冲一次吧，绝对能把萨摩人的阵地给冲散的。"

事到如今要想不败退也就只能这么死马当活马医了。泷川具举表示，我看好你哦。佐佐木只三郎高举手中的武士刀："兄弟们跟我上！"

见回组的弟兄们基本没有防具，除了人人额头上绑着一块以防万一的护额钵金之外，唯一的金属用品估计就是手上操着的那把明晃

366

晃的武士刀了，但是他们却毫无畏惧地冲了上去，迎着萨摩人的洋枪洋炮冲了上去。他们知道被打中的后果，但是他们别无选择，为了保护自己所忠于的德川家，他们将拿出自己的全部，包括肉体和生命。

一排枪响，倒下了一片；又一排枪响，又倒下了一片；还是一排枪响，佐佐木只三郎倒下了。

泷川具举见状拔出了开打以来就没出过鞘的武士刀，振臂一呼："撤！"

一般情况下，指挥官说了撤之后，大家就撤了，但这一次情况有些特殊，是大家已经开始自行逃跑了，泷川具举才大喊撤退的。

不过也没啥区别，总之鸟羽口是攻不下来了，幕府败了。

当在伏见的松平容保他们听到鸟羽那里的隆隆炮声时，便知道已经开打了，于是立刻派人去请示总司令竹中重固：是不是我们也开始进攻？

过了很久，手下回来了，松平容保忙问，竹中大人怎么说？

手下摇了摇头，面有难色，似乎有啥难言之隐。

松平容保加重了语气："竹中大人到底怎么说？"

"竹……竹中大人他不在。"

啥？

在手下结结巴巴的叙述中，松平容保算是明白了个大概，原来这位仁兄在接到自己主公也就是松平容保的命令之后，心急火燎地跑去找竹中总司令，可结果绕了好几个圈子，都没发现他的身影，倒是在指挥所周边看到了其他几支部队的传令兵。结果一问，他们也是来找总司令要指示的，可这总司令究竟在哪儿，那是谁也不知道，谁也没见过。

这下算是没辙了，眼看着这仗都打起来了，谁也没空去找那位总司令大爷了，也只能将就将就大家各自为政，看着该怎么打就怎么打吧。

还没等幕府军理出个头绪来，对方的大炮就开始轰鸣了。

367

据当时在场的永仓新八事后回忆说，在下午四五点的时候，从御香宫神社飞出好几十枚炮弹来，接着幕府军也不甘示弱，拉出了自家的大炮就开始起了对轰。轰得最猛的，还属那位会津的林权助老大爷。而十处打锣九处在的新选组，自然也不肯就这么抄着手看炮战，也从自己的队伍里拉出了唯一的就是芹泽鸭用过的那门大炮，朝着新政府军的方向发了一炮。

然后永仓新八自称这发神奇的炮弹成功命中了御香宫神社，然后打死了不少三藩的士兵。

当然，这是否属实估计也就他一个人知道。

炮战不断持续着，一开始还只是互放大炮，到后来发现火力不够密集，于是铁炮也被端上来了。新政府军在神社里居高临下，幕府军则趴在伏见奉行所的墙头，大家一对射就是俩小时，仍旧分不出个胜负。期间，土方岁三率领新选组众人冲出奉行所，打算依靠冲锋的方式撕开对方的阵线，结果被人家的炮弹给打了回来。手上几乎没有热武器的他们，只能缩在奉行所里干瞪眼，偶尔放个一两炮，过过瘾。

就在整个伏见街道陷入一片叮咣乱响的时候，突然十几枚炮弹硬生生地就砸进了伏见奉行所。而一旁会津藩的阵地上，也遭到了相当程度以及密度的轰击。

新选组众人一时间被打得头都抬不起来，只得各自找避难场所躲起来。他们也好，还是会津藩乃至幕府的也好，虽说被轰了个半死，但没有一个人知道这炮弹究竟从哪儿来的。

御香宫神社？不会啊，他们的炮哪能一下子打那么远？那除了这个高 15 米的地方，难不成还有其他制高点？

答案是废话。

在公布具体是哪儿之前，我先简单介绍一下伏见这个地方。

话说当年丰臣秀吉统一日本之后，于天正十九年（1591 年）年底，把关白的位子让给了自己的养子丰臣秀次，并且搬出了象征着丰臣家

368

权威的大阪城，在京都的伏见山上给自己造了一座宏伟的新居城，叫伏见城。城造得是非常华丽壮观，不仅如此，秀吉还在伏见山以及伏见街道周边种满了桃树，所以伏见山后来也被叫做桃山。而秀吉统治日本的时代，也被叫做桃山时代。

这炮弹，正是从桃山上打过来的。想出这招的，是萨摩藩的藩士大山岩，之前在寺田屋事变中出场过一回的那个。

这下幕府军是彻底没辙了，因为如此重要的一个制高点被人给站稳了，那么现在自己就等同于活靶子，除了挨打之外再也做不了其他的了。

那就撤吧。

以会津藩为首的幕府的大伙也不多废话，直接就开始拆炮装车，收起枪杆子准备走人。而一直抱头躲在奉行所里的新选组压根就不知道，不过土方岁三还是感到了一丝异常：怎么突然就听不到自己阵地的炮声了？他拿起刀，打算出去看看到底发生了什么。

萨摩的枪炮依然在往幕府的阵地上打。跑出奉行所，土方岁三直奔会津藩的本阵，一座净土宗的寺庙。刚刚到庙门口，首先映入眼帘的是林权助。此时的他已经身负重伤，只能靠人抬着走了。但即便如此，老爷子依然发出满口漏风的声音："出阵！出阵！"

土方岁三走上前去，叫住了一个会津藩士："怎么回事？"

"快撤吧，再不撤来不及了。"对方头也不回地说道。

土方岁三回到了奉行所。

"怎么回事儿？"六番队队长井上源三郎问道。

"我们被打败了，源。"

"不要说那么泄气的话，战争还没有结束呢！"

"恐怕……恐怕从此之后，将不再是刀剑的时代了。"土方岁三靠在墙根，抬头望着天，无比惆怅地说道，"我们也撤吧。"

我们也学习过西洋的兵器，西洋的技术，我们一样好好地跟洋人打过交道。你看看林权助那老头儿，虽说穿得跟一千年前的古坟里挖出来的一样，可他却是会津的炮兵队队长，这足以说明就算像他这样的老古董都不排斥西洋玩意儿，那为何我们还会在这里被打败呢？问题究竟出在哪里？

在撤退的路上，这个问题始终困扰着土方岁三。

4日，从伏见方面退下的幕府军跟从鸟羽那里逃过来的幕府军在一个叫做淀的地方会合了。淀位于今天的京都市伏见区淀本町，在当时属于淀藩的领地，而淀藩的大名是幕府的老中稻叶正邦。不过开始大家也没打算去麻烦他，而是就在城附近沿河一带的地方布下了阵。

而在京都，听到伏见、鸟羽两个关口都取得了胜利的消息后，岩仓具视顿时大喜，表示应该再接再厉，追击幕府军。西乡隆盛和大久保利通当即点头表示同意，下令全线出击，在淀那里歼灭幕府军队，当然，那玩意儿绝对不能忘了带。

早上七八点的时候，萨摩藩率先赶到了。迎着他们而来的，是新选组的人，背后还有会津藩的火力掩护。因为前一天新选组几乎没什么动作，整整一天除了偶尔打几炮听个响之外，就是蹲在地上抱着个头躲萨摩人的炮弹了，所以现在特别活跃。大家抱着一颗有仇报仇，没仇寻仇的心态冲向了萨摩人的队伍。连子弹都没来得及装的萨摩士兵被杀了个措手不及，一时间伤亡惨重。而在会津藩的左边，幕府直属军也组成了一道长而厚实的防线，把从鸟羽街道赶来的新政府军死死地堵在了外面。一时间，一左一右四支军队捉对厮杀，谁也进不了一步，也不肯后退一步。

就在这个时候，从新政府的阵地上突然传来了一阵很奇怪的声音，在这炮声隆隆喊杀声一片的战场上，它显得特别悦耳、特别不和谐。幕府军侧耳细听后，发现是吹号声和军鼓声。

这战场上怎么会有这种声音？就算是仿西洋，人家一般是在阅兵的时候才会这么又吹又打的，你说你在大伙正打得乐和的当儿跑出来

370

吹拉弹奏的，这不是找死么？

正当幕府军在郁闷的时候，这声音离自己越来越近，越来越近，渐渐地，都能看到那些乐手的身影了。他们和其他的新政府军一样的打扮，唯独的区别就是其他人拿着刀枪，他们拿着鼓号，似乎还举着个什么，好像是一面旗帜啊……

随着队伍的越走越近，旗帜上面的花纹也越发清晰可见了。大家瞪着眼睛仔细一看，不禁倒抽了一口冷气。

御之锦旗！

所谓御之锦旗就是菊章旗，指旗帜上画个 16 瓣花瓣的菊花。这是天皇家专用，其他人等一律不准私藏擅用，不然会被抓了坐牢。见此旗如见天皇，对此旗帜不敬的犹如对天皇不敬。

这就是岩仓具视口中的"那玩意儿"。总数有十面，都是最近造的，生产方是日本皇家用品工厂，厂长岩仓具视，车间主任玉松操。

要说在战场上树御之锦旗其实也是有典故的。在承久三年（1221年）的时候，后鸟羽上皇（天皇他爹）就把御之锦旗给了 10 位手下的将军，让他们率兵征讨当时的镰仓幕府。

现在，捧着这十面旗帜的萨长军队，无疑是在告诉所有人：我们是正规的官军，是天皇的军队，而你们是朝敌，是贼军。

尽管会津藩也好，新选组也好，大家都是跟着幕府混的，谁也没拿过你天皇一根稻草半斤棉花，但在日本人的传统思想里，不管实际统治的是将军还是什么玩意儿，日本唯一的象征、真正的象征，只能是天皇。造反的他敢反大名反将军，可唯独就不敢反天皇。

幕府军开始动摇了起来，他们纷纷怀疑自己是否真的是对的，自己所站的是否真的是正义的一方。军心一动摇，这仗自然是没办法打下去了。泷川具举打算先撤退，然后做一做大家的思想工作，让大家明白，这破旗子多半是萨长自己手工缝制的，跟天皇啥关系都没有。好在边上就是淀藩的城堡淀城，泷川具举打算先带兵进去休整休整，开个会啥的，好讨论讨论下一步的行动，顺便再吃个热乎饭什么的。

于是跑到了淀城的城下，叫开门，说自己是幕府的军队，请你们家的稻叶大人开个门，我们要进去。

城上守门的士兵比较直截了当地表示，这门开不了。

此时幕府军的总指挥竹中重固依然没有出现，所以只得由泷川具举接着代表幕府军跟淀藩交涉。且说这泷川大人在鸟羽撤退的途中就已经碰上过一次萨摩人，跟人家打了一场这才好不容易全身而退，现在又被人家拿着御之锦旗给压着打了好一阵，身上已经是灰头土脸，又累又饿，自然也没什么好心情了。他很直截了当地就叫了一嗓子："淀藩的人听着，这里是德川幕府的军队，请你们速速开门，我们要进城！"

"我们知道你们是幕府的军队，但我家大人有令，今天不管是谁的军队都不得放入城内，如要硬闯，那就只能休怪我们枪炮无眼了！"

幕府的老中居然拒绝幕府的军队入城，这听起来特别不可思议的事儿居然还真的成了真。

其实也没什么奇怪的，稻叶正邦一看幕府军队被新政府军打成这副德行，而且连御之锦旗都给打出来了，便立刻知道从今往后幕府做大的时代算是结束了，像自己这种属于是有重大幕府背景的阶级敌人。要想在今后的日子里混好，那唯有弃暗投明，脱离幕府，投向萨长新政府的怀抱。

被淀藩拒之门外后，幕府方面只得继续再退，一边退一边在淀藩的领地里放火打劫，也算是报复了。不过，更多的幕府士兵则在撤退的过程中，脱离了队伍，一去不复返了。

连老中都叛变了，还会有什么胜算呢？大家的想法基本就是如此。

5日，新选组和会津藩在淀川附近的千两松布下了防线，这个时候幕府兵基本上都逃得差不多了，新政府军还没怎么追上来，大家便就地找个能坐的地方休息了起来。

"大家来吃饭吧！"新选组的营地里，突然响起了这样一个声音。

众人抬头看去，发现井上源三郎不知何时捧了个锅子，里面都是饭团。

顿时，原本死气沉沉的阵地上又活跃了起来，苦战了数日大家连顿饭都没好好吃过，这些个饭团可谓是来得太及时了。大家一边不停往嘴里塞着大米饭一边也在想一个问题：这饭团是哪儿来的？

"我借用了附近的民宅给做的。"井上源三郎笑着说。

事实上从进入试卫馆以后，井上源三郎就一直给掌门近藤勇以及他的养父近藤周助端茶送水，有时候甚至还会做饭，以至于当年山南敬助初来乍到的时候，还以为这家伙就是这里的老仆。而在新选组内，尽管身居六番队的队长，但他依然永远对每个人都摆出一张笑脸，从来不大声说话。队士们找他不管什么事儿，能办的他都会尽力去办到，所以，也被誉为新选组内第一老好人。

而这并不意味着他不能打，事实上，井上源三郎特别能打，他尤其擅长拔刀术。

所谓的拔刀术，是日本剑道里的一种技能，难度比较高。它是指从刀鞘里把刀猛地抽出来，在刀出鞘的那一瞬间，以飞快的速度把对方给划拉死。

井上源三郎曾经在六番队队员面前表演过这种技能，把一块木头放在桩子上，然后从刀鞘里拔出刀猛地划拉过去，结果木头岿然不动，完好无损。正当大家憋着一口气想笑而不敢笑的时候，木头突然就变成了四段。

于是惊叹称奇声四起。

就在大家欢声笑语一片吃着饭团的当儿，新政府军到了。冲在最前面的，是萨摩军。于是大伙连忙放下手里的饭团操家伙迎敌去了。井上源三郎自然也没落下，他对准冲在最前头的萨摩小兵就是一刀，然后又挥刀杀入敌阵中一阵砍杀，一连放倒了三四个。由于大家都是近距离作战，所以洋枪的优势也不怎么能显现出来。

正在井上源三郎大杀特杀的时候，突然发现一个萨摩军中的小队长举着枪在向他瞄准。源三郎笑了，干脆丢下了自己正在追砍的对象，径直走到了那个小队长的跟前，然后，把刀收入了刀鞘。

"我们来比试比试，看看是你的枪快，还是我的刀快吧。"他说道。

昨天土方岁三那句听着让人无比悲伤的 "从今往后，恐怕就不是刀剑的时代了"这句话，让井上源三郎从内心感到不认可。

我们这些人放下了刀剑，还会做什么？难道用了一辈子的刀，说没用就没用了么？

不，我绝不认同！

井上源三郎压低了身子，左手的大拇指扶住刀镡，右手紧紧握住了刀柄，两只眼睛死死地盯着那个小队长扣在扳机上的手指。

指动，枪响，一道寒光随即闪过，两人同时倒地。

源三郎的腹部中弹，那位小队长却奇迹般地没有受伤，拍了拍土又爬了起来继续作战。

新选组六番队队长井上源三郎战死，年40岁。

据说这个故事还有一个超恐怖的结局：那位小队长在80岁大寿的时候，突然口吐鲜血倒地而亡，经医生检验后发现，他是身体内大出血所导致的死亡，可丝毫没有前兆，宛如莫名被刀砍了一般。

是真是假不知道，个人觉得多半是假的。

激战了数小时后，幕府军终于抵挡不住了，开始撤退，新政府军则继续开始追。

幕府军在一个叫桥本的地方被追上了。桥本是个宿场，也就是让过往旅客打尖住店的地方，附近还有几座山，其中一座叫男山的山上还有一个八幡宫神社。幕府方面决定以神社为本阵，分别在桥本宿场和山脚下布下防线，准备跟新政府军做最后的决战。在他们左手边有一条叫淀川的河，河对岸是山崎炮台，负责炮台防务的，是津藩的武士。津藩就是藤堂高虎传下来的那个藩，藩主藤堂高猷是新选组藤堂平助他爹。

结果幕府找来了津藩的人，说是让他们的炮台以炮火支援自己。津藩答应了。

6日一早，双方就开打了，幕府军普遍士气低落，新政府军普遍士气高涨。两家刚刚对打了没几分钟，突然对岸的山崎炮台大炮轰鸣，一颗颗炮弹飞出炮膛，划过长空形成了一条优美的抛物线，然后砸向了阵地——幕府军的阵地。

炮台没有被夺走，开炮的依然是津藩的人，只不过他们临时把大炮的角度调整了一下，改成对幕府开炮了。

这就是传说中的临阵背叛，俗称倒戈。让人称奇的是，这种背叛居然没有事先跟新政府军沟通过，而是纯粹的、完全的、百分百的自发性背叛，就是看着你幕府快不行了，我上来踩你两脚的那种。

对此，幕府方面的评价是：真有他们祖宗的遗风啊。

津藩的祖宗就是开藩老祖藤堂高虎。这人素有渡之鸟之称，同时也有外号叫寝业师，这两个词都是日语，要硬翻成中文的话倒也简单，也是三个字——跳槽王。他这一辈子都是如同墙头草一般要么跟着这个，要么跟着那个，每一次跳槽都能高升一步。

其实这也是没办法的事儿，刀光剑影、血肉横飞的，不随风倒怎么活下去呀？

且说这津藩一开炮，幕府军算是彻底崩溃了。这仗打到现在已经是没法接着打了，武器不如人，士气不如人，指挥官也不如人。最重要的是，大义名分都没了，自己打着打着都打成贼军了，让你去打仗打得从一名光荣的战士打成一个只能生活在阴暗角落的小偷，你干么？所以广大幕府官兵已经彻底厌倦了：打个毛啊，再打也就那么回事儿了，还不如回家种地去。

著名的伏见鸟羽会战就这么结束了。我们现在一般认为，这仗一打完，幕府就垮了，再也站不起来了，然后新政府就如鱼得水，要风来风，要雨下雨，要钱了天上立马咣当丢俩金币下来。其实这只是我们站在后人的角度，观察了整个历史之后得出的结论。事实上在当时，不管是幕府还是新政府，都只有一种感觉——革命尚未成功，同志还需努力。

新政府方面觉得，这一仗根本就算不上什么，可能连幕府的根基都不一定能动摇，所以还得努力努力再努力，高举御之锦旗，解放全日本。

而幕府方面则认为，尽管输了一阵蛮丢人的，可事情还没坏到没法收拾的地步。虽说一大群人已经没了战意，但也有想接着打下去的，比如松平容保。他不甘心幕府就这么垮了，200多年的德川江山就这么等同白送人一样地送走了。只要他作为会津松平家的人在这个世界上一天，他就会努力阻止这种悲剧发生。

其实办法倒也不是没有，再怎么说，现在明了打着旗号说反幕要武力消灭德川家的，基本上也就萨摩藩、长州藩、土佐藩、佐贺藩这四个，其他各藩依然处在或依附幕府或观望的状态，所以只要撤回大阪，让将军庆喜亲自出战，死守大阪城和新政府军一战。如果打赢了，那么天下的形势将再一次向幕府倾斜了。

同样打算死战到底的，还有近藤勇。他还记得5年前，自己随着浪士组上洛，被清河八郎坑了的时候，是谁收留了都快要流落街头成为野狗的他们。

曾经有一次，松平容保找他谈话的时候，说了一连串天皇怎么对他好、将军怎么对他好之类的话，然后表示自己誓死也要效忠天皇和幕府。接着他问近藤："近藤，你愿意和我一起效忠于朝廷和幕府么？"

一般情况下是人都会咬牙切齿地摆出一副下定决心、不怕万难的神情，然后拼着命地点头表示自己愿意。

然而，出乎所有人意料的是，近藤勇笑着摇了摇头。

"你说你不愿意？为什么？"

"在下近藤勇，愿意豁命来保护的，只有肥后（松平容保官居肥后守）大人您一个而已。不过，您要保护的东西，也是我要保护的！"

376

现在，是他兑现诺言的时候了。

除此之外，还有一些幕臣，比如那位大目付永井尚志之类的，人数还是比较可观的。总而言之一句话，只要大家能紧紧团结在将军周围，以大阪城为据点，打好这一场防御战，在这里打败敌军，那么幕府再兴是绝对有希望的。

话说这幕府军一路上且战且走，走一段路逃一拨人，总算是到了大阪城下。新政府军倒也没敢追来，毕竟大阪城城高墙厚的，要攻破它得好好准备一番，所以暂且退了回去。而松平容保他们一进城，连饭都来不及吃，衣服都来不及换，直接就冲向了德川庆喜的房间。他们要找将军汇报一下思想，然后告诉将军大人他们的作战计划。这样一来，也好让人家有个最终决战的心理准备。

结果他们没能找着德川庆喜。

松平容保惊了，这偌大一个大阪城，还就活生生地把将军给吃了？找！挖地三尺也得把他找出来不可。

大阪城的士兵跑来告诉他，您别找了，将军没被吃掉，而是自己走了。

走了？走哪儿去了？松平容保很郁闷。

回江户了，现在应该在去码头的路上吧。

松平容保立刻陷入了沉思中，他歪着脑袋想了好一会儿：不对呀，这大阪港周围应该已经没有了幕府的军舰才对，他是坐什么回去的？渔船？

此话一出，身边的一个人惊叫起来："不好！"

叫完之后拔腿就跑，松平容保他们也不知就里，一看他跑了也跟着一起跑。大家心想这哥们儿铁定是去追将军了，跟着他搞不好能追到。

于是一群人一路跑啊跑的，一口气跑到了大阪港的海边。带头的那位盯着大海看了又看，然后用脚死命地一跺："还是让他走了！我的开阳丸啊！"

大家一边喘着粗气，一边看着这个陌生的哥们儿，这才发现他有些与众不同，幕府的官员们穿的都是一身和服，而这家伙却是一身西洋军装、西洋军帽，还留了两撇八字胡，胡子被他梳得又尖又翘。

这人是谁啊……大家不由得发出了这么个疑问，这个哥们儿的样子，该不会是新政府军的吧？

"我叫榎本武扬，是幕府的海军副总裁。"

"啧，也不知道你这家伙是从哪块地方赶来的。"人群中，土方岁三又忍不住嘀咕道。

"欧罗巴的军人都是这个打扮。我真想让你看看欧罗巴军人出操时候的风采哪。"榎本武扬当年也就 32 岁，不聋不哑，听力好着呢，"武器、军制，这种东西需要改成西洋的，可这些并非是特别重要的，真正需要学西洋的，远不止这些。"

土方岁三觉得很奇怪：难道学西方列强的武器，学他们的军制，还不够么？

"最关键的是人的意识和社会的制度，日本只有把这两样学到手了，才会真正变得强大。"

意识？制度？那是什么东西？土方岁三第一次听到这两个名词，事实上周围的这一圈人都是第一次听到，大家都陷入了深深的疑惑之中。